明理文丛

刑法立法模式与修改方式研究

■姜瀛 著■

清华大学出版社
北京

版权所有，侵权必究。举报：010-62782989，beiqinquan@tup.tsinghua.edu.cn。

图书在版编目(CIP)数据

刑法立法模式与修改方式研究 / 姜瀛著．

北京：清华大学出版社，2025.1.

（明理文丛）．--ISBN 978-7-302-67979-0

Ⅰ．D924.04

中国国家版本馆 CIP 数据核字第 2025QZ5258 号

责任编辑：朱玉霞
封面设计：阿　东
版式设计：方加青
责任校对：王荣静
责任印制：沈　露

出版发行：清华大学出版社
　　　　网　　址：https://www.tup.com.cn，https://www.wqxuetang.com
　　　　地　　址：北京清华大学学研大厦 A 座　　邮　　编：100084
　　　　社 总 机：010-83470000　　邮　　购：010-62786544
　　　　投稿与读者服务：010-62776969，c-service@tup.tsinghua.edu.cn
　　　　质 量 反 馈：010-62772015，zhiliang@tup.tsinghua.edu.cn
印 装 者：涿州汇美亿浓印刷有限公司
经　　销：全国新华书店
开　　本：170mm×240mm　　印　张：15.75　　插　页：1　　字　数：270 千字
版　　次：2025 年 3 月第 1 版　　印　次：2025 年 3 月第 1 次印刷
定　　价：129.00 元

产品编号：100905-01

本书系国家社科基金青年项目"刑法立法模式与修改方式研究"研究成果（项目编号：19CFX038）。

序

卢建平[*]

从刑法缘起及其进化中可以发现，无论是纵向的历史考察还是横向的比较研究均表明，依靠一部法典或刑法治天下的时代已成为过去。刑法或刑事法规范体系结构更加复杂，反映了法治国家法律的专业化需要，体现了全球化、网络化和人权普遍化的时代需要，是为刑法的现代化。[1]《刑法立法模式与修改方式研究》一书正是反映法治国家法律专业化需要的研究成果，是全球化、网络化和人权普遍化时代背景下关于刑法规范载体形式现代化问题的最新思考。

在大陆法系国家或地区，刑法规范通常包括刑法典、单行刑事法律和附属刑法三种表现形式；因刑法规范载体的配置存在不同表现形式，由此可以引申出刑法立法模式这一学术命题。近年来，刑法修正案已经逐步成为我国刑法修改中的主导，甚至是目前唯一的模式，关于刑法修改方式问题的反思也逐步深入。整体来看，学界针对我国刑法立法模式与修改方式问题存在两种不同主张：其一是维持当前单一法典化的"一元化"立场；其二则是倡导刑法典、单行刑法与附属刑法并立的"多元化"立场，分歧十分明显。前者在论证其观点时，往往表达出一种对现行刑法颁行之前刑法规范体系混乱局面的"恐慌感"；后者虽然主张向多元化立法格局转变，但同时也认为这并不意味着会回归到往昔刑法规范体系混乱不堪的局面。对于围绕刑法立法模式与修改方式问题的学理纷争，《刑法立

---

[*] 北京师范大学法学院教授，博士生导师。
[1] 卢建平：《刑法法源与刑事立法模式》，《环球法律评论》2018 年第 6 期，第 6 页。

法模式与修改方式研究》一书展开了系统梳理与多维回应。

首先，针对刑法典、单行刑法与附属刑法等基本范畴的理论定位，该书作出如下描述，也即不同刑法规范载体形式配置所形成的立法选择，与犯罪类型的理论划分密不可分；在拥有大陆法系传统的国家或地区，上述立法规律被普遍遵循。

进而言之，一方面，传统自然犯被置于刑法典之中，在类型上保持相对的稳定性，但并不排斥适度的增补或细化罪名类型，以及对相关罪名构成要件与法定刑的调整与优化。与此同时，针对某一类犯罪行为，出于整合法律规范、刑事一体化或者刑事政策的需要，单行刑事立法也被广泛应用。另一方面，随着社会的发展，经济领域与社会管理领域的部门立法日趋细化。在传统自然犯之外，大量的经济与社会管理领域的行政犯被置于刑法典之外，只要非刑事法律部门存在犯罪化的必要，就可以将某种违法行为规定为犯罪并配置刑事罚则，由此形成了附属刑法的立法样态；附属刑法的行政目的要素较强，其指导原理主要是合目的性。同时，刑法典或单行刑法所规定的刑事犯，具有一种自然犯的违法性，其道德非难性高；而附属刑法所规定的犯罪，道德非难性程度往往较低，甚至是不存在的。

相比而言，我国学界虽然也存在"自然犯与行政犯（法定犯）"抑或是"重罪与轻罪"等犯罪类型的理论划分，但始终未能将之付诸立法实践——仍属于学界为了方便学术研讨所引入的理论范畴；在单一法典化的立法局面下，"自然犯与行政犯"（法定犯）抑或是"重罪与轻罪"等学理分类无法转化为多元化刑法立法或犯罪分层制度，犯罪分类的功能在刑事法治实践中便难以体现。

其次，在我看来，该书最具吸引力的亮点在于将结构化分析引入研究中，将刑法规范载体形式问题与刑法实质功能问题相关联，深入思考刑法立法模式选择对于刑法实质走向、法律适用理性以及犯罪治理功能等方面的影响。

如书中所言，"结构"往往是人们为了解释现象问题或难以直接认清的情势而设定的东西，目的在于深入揭示研究对象，为进一步作出判断、决定或是对策选择服务。在结构性分析过程中，该书提炼出"刑法规范载体的关系结构"之理论命题，并针对不同刑法立法模式结构化特征作出精妙的描述。书中指出，单一法典化的立法使我国刑法典呈现出一种紧缩的结构特征。刑法典章节安排相对紧凑，表面上容纳了大量条文或罪名，但实际上在罪名设置、罪状表述上都不得不进行简化。立法者虽然可以将各类自然犯与法定犯均纳入刑法典分则之中，但实际上并无法如单行刑法或附属刑法一般容纳"等量"的罪刑条文，因而只能在刑法典内部构造上采取一种紧缩式的技术设计，在法律适用中不可避免地面临着构成要件简化、明确性程度较低以及法定刑无法与各种违法类型相适应等结构弊端。由于单一法典化的上述结构性局限，承担刑法典补充功能的规范载体形式便不可能是单行刑法与附属刑法，而往往是由"两高"颁布抽象性司法解释。

基于"结构-功能主义"的思维方式，结构化的社会制度必然表现出特定的功能，结构的确立必然会延伸到功能性思考。因此，该书围绕"一元论"立场与"多元论"立场之间本质的差异，基于"刑法立法的实质走向、法律的明确性及其适用性效果、刑事政策制度化、犯罪治理效果"等多个功能性维度，对刑法立法模式与修改方式问题作出了延伸性思考。

书中指出，单一法典化结构制约着刑法的实质功能，印证了"形式理性影响实质功能"的基本论断。首先，功能制约在立法层面上表现为单一法典化结构难以契合当前预防性立法走向。在预防性立法背景下，将自然犯与法定犯全部纳入刑法典，而没有对两种犯罪类型进行严格区分，二者在危害法益类型、程度以及道德非难上的差异性本质区别并没有被充分地体现出来，各种法定犯可能面临严罚化境遇，背离了预防性立法背景下刑罚轻缓化（弱刑罚化）的本质。其次，从法律适用层面来看，刑法分则中概括式罪名与空白罪状的设置引申出一种紧缩式构造，同时又表现出与前置法相脱节的立法状况。概括式罪名在罪状中罗列了数种不同性质的违法类型却又配置相同的法定刑区间，表明此种结构实际上是一种不求甚解的粗犷式立法，不能体现出刑法的精确性；空白罪状容易导致前置法判断的核心内容并未在非刑事部门法中予以明确，暴露出立法上的空白地带，规范衔接不畅制约着法秩序统一性的实现。最后，单一法典化立法模式并不利于刑事政策的制度化推进。相比之下，单行刑法可以整合各种立法要素，无论是实体、程序还是专业技术性的，甚至将具有犯罪预防色彩的一些政策措施都纳入到单行刑法中，可以较好地综合规范刑法与刑事政策的优势，体现刑事一体化效果。

再次，该书提出一些颇具代表性的观点，体现出作者关于刑法立法模式与修改方式问题的独到见解。

第一，该书认为，"一元论"立场与"多元论"立场均认同应当树立刑法典的主导或核心地位，那么，这种主导或核心地位究竟应如何体现呢？主导意味着"主要的并且引领事物基本的发展方向"，刑法典的主导地位需要在与单行刑法、附属刑法等各类刑法规范载体的关系范畴中予以体现。事实上，刑法作为刑法规范体系的主干或主要渊源，是基于总则之基础性规定与分则所保护的重要法益，并非需要赋予刑法典一种绝对化的排他效果。言外之意，"主导"是一个相对性范畴，需要在与同类对象的对比与互动中呈现出来，而刑法典的主导地位并不等同于"追求将所有刑法规范的全面法典化"。

第二，该书指出，"97刑法"制定之际，立法机关对于单行刑法之否定，其原因被归结于以单行刑法对刑法典进行修改、补充这一运用方式所引发的规范体系混乱之局面，而事实上，上述混乱局面的产生并非是源于单行刑法之立法技术本身，而是在于立法机关无法科学、准确地运用单行刑法技术，也即未能对单行刑法与刑法典的规定范围进行科学界分并寻求作出协同优化，最终产生的效果却是全面否定了单行刑法这一立法技术本身。不善始者不善终，不会撑船怨河弯。因此，有必要为单行刑法技术"平反"！

第三，如果对我国20世纪80年代的立法演进过程进行整体审视——而不仅仅是梳理刑法立法的进程，就可以发现，我国在改革开放之初采取了"先刑法后他法"的逆向立法逻辑，这一立法逻辑一方面表明了刑法在整体法律体系中的优越定位；另一方面也说明，在改革开放之初，法治重建时期，法律规范体系尚未确立，只能采取"先刑事、后其他"的立法进路；其他部门法或前置法的严重缺位，导致附属刑法无所"依附"，本应是"最后法"的刑法无奈超车！可以说，我国刑法立法工作是在规范载体形式严重"先天不足"的情况下展开的，而非"顺理成章"之作。更为重要的是，这种"先天不足"也不仅仅是一个立法技术问题或立法结构上的形式问题，其与我国几千年延续下来的"重刑轻民"的思想观念密切相关。

最后，该书秉持"多元论"的基本立场，对当前刑法立法大一统的格局以及

"一元论"立场展开了认真反思。更为重要的是,该书对于"多元论"立场的推行方案与改革策略进行了具体分析,因而极具应用价值。进而言之,该书最后部分对于刑法典中罪名的移出、独立型附属刑法的设置以及非刑事部门法中移入刑法罪名的方案作出具体说明,以可行性阐释来化解学界对分散型立法变革可能产生的疑虑。该部分探讨了多元化立场下立法改进优化方案,并有针对性地分析了立法变革方案对于现实问题的回应性。简言之,该书为我们提供了一种循序渐进地实现多元论立法模式变革的操作方案,并试图降低立法模式变革引发的风险。

综上,应当看到,1997年刑法系统修订至今,刑法立法呈现出高度法典化的局面,但这种局面不仅未能体现出刑法典对其他刑法立法模式的指引作用,反而造成刑法功能上的僵化以及规范衔接上的困境,也即形式统一反而制约着实质功能。笔者充分认可法典在当今中国刑事立法中的主流或主干地位,但有主流必有支流,有主干必有枝杈,如此构成刑法法源的体系化或立体化。[2] 因此,笔者并不认同刑法单一法典化或全面法典化的立场。未来我国刑法典的优化与完善,是一个自我反思、不断变革的过程。中国刑法的现代化,不应当忽视人类社会共同的价值追求与立法规律。法典的主导地位是一种相对的范畴,需要在刑法典与其他刑法规范载体形式的关系范畴中予以体现;只有推动刑法立法模式朝着"多元化"发展,刑法典的主导地位方能突显,也才具有现实意义。

---

[2]　卢建平:《刑法法源与刑事立法模式》,《环球法律评论》2018年第6期,第25页。

目 录

导论 ///001///

第一章　刑法立法模式与修改方式之基本范畴 ///015///

第一节　刑法典与法典化 ///016///
一、现行刑法的"法典"品性 ///016///
二、刑法典的基本特征 ///018///
三、法典化理念对刑法立法的影响 ///021///

第二节　特别刑法的理论阐释与特征辨析 ///023///
一、单行刑法的理论阐释 ///023///
二、单行刑法的数量辨析 ///025///
三、附属刑法的理论阐释 ///027///
四、"依法追究刑事责任"条款的性质辨析 ///029///

第三节　刑法修改方式的理论阐释 ///032///
一、刑法修改的基本类型 ///032///
二、刑法修正案的技术特征 ///034///
三、刑法修改的幅度与频次 ///036///
四、现行刑法全面修订的时机把握 ///038///

小结 ///040///

第二章　我国刑法立法模式与修改方式的历史演进 ///043///

第一节　历史演进之过程梳理 ///044///
一、新中国成立至"79 刑法"颁布：无刑法典阶段 ///045///
二、"79 刑法"至"97 刑法"：刑法典与单行刑法并立阶段 ///046///
三、"97 刑法"至今："刑法典大一统阶段" ///048///

第二节　历史演进的特征分析 ///049///
一、刑法典"从无到有""由小到大" ///049///
二、单行刑法"由多到少""由强到弱" ///050///
三、独立型附属刑法"长期缺位" ///051///

第三节　历史演进的关键节点 ///052///
一、"79 刑法"实施后第一部单行刑法的出台 ///052///
二、"79 刑法"实施后"类推立法"的出现 ///053///
三、"97 刑法"实现立法大一统 ///054///
四、"97 刑法"实施后第一部刑法修正案的出台 ///056///
五、以"法典"命名的《民法典》之诞生 ///057///

小结 ///058///

第三章　域外刑法立法模式与修改方式的考察与比较 ///059///

第一节　日本刑法立法模式与修改方式的考察 ///060///
一、日本的多元化立法样态及其特征分析 ///060///
二、以"日本网络犯罪立法"为个案样本的具体考察 ///064///

第二节　德国刑法立法模式与修改方式的考察 ///066///
一、德国的多元化立法样态及其特征分析 ///066///
二、以"德国网络犯罪立法"为个案样本的具体考察 ///070///

第三节　美国刑法立法模式与修改方式的考察 ///072///
一、美国刑法法典化的努力 ///072///
二、以"美国网络犯罪立法"为个案样本的具体考察 ///075///

第四节　各国之比较分析 ///078///

第四章 "一元论"与"多元论"之间的立场纷争 ///083///

第一节 "一元论"立场的基本构造与主要理由 ///084///
一、"一元论"的立场呈现 ///084///
二、"一元论"的主要理由 ///087///

第二节 "多元论"立场的基本构造与主要理由 ///089///
一、"多元论"的立场呈现 ///089///
二、"多元论"的主要理由 ///092///

第三节 "一元论"与"多元论"的主要分歧及可能的误区 ///096///
一、关于确立刑法典的主导地位 ///096///
二、关于单行刑法与刑法修正案的关系 ///098///
三、关于刑法规范稳定性的标准与意义 ///099///
四、关于刑法适用中的规范衔接 ///101///
五、关于对犯罪化立法的控制效果 ///102///
六、关于刑法在犯罪治理中的功能发挥 ///103///

小结 ///104///

第五章 刑法立法大一统格局的结构化阐释 ///107///

第一节 对刑法立法模式展开结构化阐释的意义 ///108///
一、"结构"的理论视野 ///108///
二、刑法规范载体形式结构化阐释的基本维度 ///111///

第二节 刑法典分则特征的结构阐释 ///113///
一、刑法典分则的"大章制" ///114///
二、概括式罪名的设置 ///117///
三、空白罪状的广泛应用 ///124///

第三节 单行刑法与刑法典、刑法修正案的关系结构阐释 ///127///
一、三类刑法规范载体之间的关系考察 ///128///
二、结构化分析：依附型结构、排斥型结构与分工型结构 ///130///

第四节 刑法与非刑事法规范的关系结构阐释 ///133///
一、刑法与非刑事法规范之间的关系考察 ///133///
二、结构化分析：脱节型结构、纽带型结构与独立型结构 ///136///

第五节　刑法与抽象性司法解释的关系结构阐释 ///139///

一、刑法与抽象性司法解释的关系考察 ///140///

二、结构化分析：主副型结构与竞争型结构 ///144///

小结 ///146///

第六章　刑法立法大一统格局的功能性局限 ///149///

第一节　"结构 - 功能"：刑法规范载体形式与实质功能的关联范式 ///150///

一、"结构 - 功能"分析的方法论意义 ///150///

二、刑法规范载体形式对刑法实质功能的影响维度 ///152///

第二节　刑法立法大一统对预防性立法需求的制约 ///154///

一、预防性立法之实质走向 ///155///

二、单一法典化结构在预防性立法背景的局限性 ///157///

第三节　刑法立法大一统对法秩序统一性的制约 ///160///

一、法秩序统一性对刑法与前置法关联适用的要求 ///161///

二、脱节型立法结构对法秩序统一性要求的冲击 ///163///

第四节　刑法立法大一统对罪刑相适应的制约 ///166///

一、刑法的精确性与罪刑相适应原则的再解读 ///167///

二、紧缩式结构对罪刑相适应原则的冲击 ///169///

第五节　刑法立法大一统对犯罪治理诉求的制约 ///174///

一、犯罪治理科学化对刑法立法模式的诉求 ///174///

二、排斥型结构在刑事政策制度化上的功能制约 ///175///

小结 ///178///

第七章　塑造刑法立法大一统格局的原因分析 ///181///

第一节　刑法优位的观念因素 ///182///

一、立法顺序上的刑法优位 ///182///

二、对刑罚制裁的心理依赖 ///185///

第二节　法典的符号化因素 ///188///

一、强调法典的象征意义 ///188///

二、对法典主导地位的理解偏差 ///191///

第三节　立法技术上的误区因素　///193///

　　一、将修法文件与法律本身相混淆　///194///

　　二、将行政犯与前置法规范强行分割　///197///

小结　///200///

第八章　刑法立法"多元化"转型的推进方案 ///201///

第一节　独立型附属刑法的生成路径　///202///

　　一、刑法典中行政犯移出的路径设计　///202///

　　二、非刑事部门法中独立型附属刑法的设置方案　///206///

第二节　单行刑法的技术运用与领域选择　///210///

　　一、单行刑法的技术性阐释　///211///

　　二、单行刑法的领域选择：反思与展望　///212///

第三节　刑法修改模式的革新　///215///

　　一、协同修法模式之确立　///215///

　　二、"少量多次"的分散式修法之提倡　///218///

小结　///222///

结语　刑法变革中的"送出去"与"拿回来" ///225///

参考文献 ///229///

后记 ///233///

导论

一

刑法的完善应紧随时代的脉动。在社会高速发展的背景下，刑法应当具有适应性与前瞻性，积极面对社会治理的现实需求。然而，形式与实质之间的辩证关系告诉我们，刑法规范载体形式并不是纯粹的技术问题，实质是社会赋予刑法什么功能、期待刑法实现什么功能以及如何实现的问题。[1] 刑法规范载体形式将会制约着刑法机制与社会发展相适应的程度，影响到刑法实质功能的发挥；脱离刑法规范载体形式（规范的存在形式）来直接探讨刑法实质内容与社会发展相因应的问题，或许并不妥当。

改革开放以来，我国立法事业取得了长足进步，法律规范的数量达到相当规模，总体上实现有法可依；但与立法数量显著增长相比，立法质量上的提升并不突出。立法质量是衡量立法工作的生命线，而科学立法则是破解立法领域突出问题、保障立法质量的关键所在。[2] 党的十七大报告正式提出了"科学立法"的要求，也即"要坚持科学立法、民主立法，完善中国特色社会主义法律体系"；党的十八届四中全会通过《中共中央关于全面推进依法治国若干重大问题的决定》，进一步指出："建设中国特色社会主义法治体系，必须坚持立法先行，发挥立法的引领和推动作用，抓住提高立法质量这个关键"；党的十九大报告强调，"推进科学立法、民主立法、依法立法，以良法促进发展、保障善治"；党的二十大报告针对立法工作提出具体要求，即"推进科学立法、民主立法、依法立法，统筹立改废释纂，增强立法系统性、整体性、协同性、时效性"。党的二十大报告指出，"全面依法治国是国家治理的一场深刻革命，关系党执政兴国，关系人民幸福安康，关系党和国家长治久安"，而立法工作则是全面依法治国、推进法治中国建设的根基；与此同时，立法又是一项具有技术难度的工作，有其自身规律，科学立法要求立法者在遵循基本立法技术规范、充分把握立法规律的基础上实现公平正义。[3]

作为国家基本立法，刑法在社会治理中发挥着重要作用，直接关涉到法益保护与人权保障。[4] 在当下刑法立法活跃化的大背景下，每一次刑法立法都涉及重

---

[1] 卢建平：《刑法法源与刑事立法模式》，《环球法律评论》2018年第6期，第6页。

[2] 封丽霞：《引领科学立法的制度力量》，《中国纪检监察报》，2020年7月2日，第007版。

[3] 参见任才峰：《科学立法、民主立法、依法立法的理论与实践》，《人大研究》2019年第1期，第19页。

[4] 参见陈兴良：《回顾与展望：中国刑法立法四十年》，《法学》2018年第6期，第32-33页。

大利益关系的调整，牵动全社会的神经；从顶层设计上明确未来刑法立法的思路和方法，是践行刑事法治的基本要求，也是确保刑法立法质量的关键。[5] 而刑法立法质量上的高标准、严要求，不仅体现在刑法规范的实质内容能够契合社会发展的需求、契合刑法参与社会治理的功能定位，更体现在不同刑法规范载体形式配置上的合规律性，也即要追求刑法体系和立法技术科学化。[6] 可以说，刑法立法模式与修改方式符合立法的技术规范要求、体现立法基本规律，是刑法立法科学化的关键一环；确保刑法立法模式与修改方式的科学性，具有现实意义。

二

法学是一门价值学科，但这却并不妨碍学者对于法的科学性的追问；古往今来，即便对于法学究竟是不是一门科学存在诸多疑问与纷争，[7] 但这也并不能影响到法学家们围绕法的价值共识、客观规律及其方法论展开精益求精的探索，由此表达出一种对于知识的信仰。显然，法律家的上述努力符合科学精神的本质。

科学（Science）通常是描述人类对自然、社会或思维作出反应、进行探索、展开论证所积累的系统知识或发现的普遍规律，以及将之应用的过程。[8] 约瑟夫·阿伽西（Joseph Apassi）教授曾经指出，"在现代社会中，'科学的'往往就是被简单地定位为一种逻辑顺畅的理性标尺，是人们追求的理想状态；而'不科学的'则代表着事物内部或外部的不合规律或是矛盾重重"。[9] 在科学哲学思想中，"科学化"被认为是建立在经验基础上，经过检验和严密逻辑论证的关于客观世界各种事物的本质及运动规律的知识体系。"科学"获得稳定的地位首先归功于它在方法论上的意义，也即科学的独立性是因其所能提供的"确切的对象、

---

[5] 参见周光权：《转型时期刑法立法的思路与方法》，《中国社会科学》2016年第3期，第123页。
[6] 参见高铭暄：《推动刑法立法进程需把握的关键点》，《检察风云》2018年第10期，第31页。
[7] 参见 [德] 鲁道夫·冯·耶林：《法学是一门科学吗？》，李君韬译，法律出版社2010年版，第51-55页；[德] 冯·基尔希曼：《作为科学的法学的无价值性——在柏林法学会的演讲》，赵阳译，《比较法研究》2004年第1期，第139-141页；[德] 卡尔·拉伦茨：《论作为科学的法学的不可或缺性——1966年4月20日在柏林法学会的演讲》，赵阳译，《比较法研究》2005年第3期，第154-155页；张世明：《再思耶林之问：法学是一门科学吗？》，《法治研究》2019年第3期，第126-127页；郑戈：《再问法学是一门社会科学吗？——一个实用主义的视角》，《中国法律评论》2020年第4期，第50页；周永坤：《法学是科学吗？——德国法学界的史诗性论辩》，《上海政法学院学报（法治论丛）》2022年第2期，第60页。
[8] 参见冯契等：《哲学大辞典（上）》，上海辞书出版社2007年版，第264页。
[9] [美] 约瑟夫·阿伽西：《科学与文化》，邬晓燕译，中国人民大学出版社2006年版，第169页。

固定的范畴和逻辑一致"的研究方法。从价值体系来看,科学化所追求"科学的"(价值或效果),其往往被认为是一种可靠的认知状态,并由此获得了一种稳定的评价标准;而某一领域内(如社会的、人文的或叙事的知识)如果不尽快地引入科学的衡量体系或标尺,就可能背负起"不科学的"负面评价。[10]换言之,"科学的"似乎既是知识合规律性的衡量尺度,又是追求理想向度所依赖的路径;唯有进入科学之域,事物才具有了知识理性。

法律本应是理性的产物。不过,在认知法的本体、实现法的目的之时,我们又常常会发现其中掺杂着一些难以被绝对理性化的价值因素,这些难以被绝对理性化的价值因素恰恰是法学的魅力所在,逐步成为现代法治进程中所要审视的关键环节,由此而言,法之理性也是相对的。同时,如果将相对的理性作为法之"科学性"评价的核心标准,那么,这种对于理性的追求将会呈现出诸多面向,既包括法在实质层面上与其所调整社会关系的同步契合,更意味着法规范形式上所体现出的合规律性。

客观而言,在高速发展的现代化社会中,要求法律能及时、准确、全面地回应社会生活诸多方面,已成为神话般的设想;法律与其所调整社会关系之间必然存在着一定的距离。可以说,相较于追求法律最大程度地契合于其所调整社会关系以及由此所表现出的实质理性而言,法规范形式上的理性追求更容易契合"科学化"的目标。在马克斯·韦伯看来,法的发展大体上经历了"从形式非理性到实质理性再到形式理性的过程",而形式合理性实际上就是逻辑合理性与体系化,运用抽象的逻辑分析和解释的方法建立一套高度系统化的成文法体系,达到方法论上和逻辑合理性最高程度的形式。[11]法在不断演进过程中实现形式理性,法典是形式理性达到一定阶段后的产物,但仅仅凭借法典这一法规范体系中的重要元素(而非唯一元素)却难以全面表征法的形式理性。进而言之,就刑法这一部门法而言,刑法立法模式与修改方式上的形式理性,不仅体现为一种对于法典化的"完美"追求,更在于将法典化控制在理性程度,并寻求与其他规范载体形式之间的协调。

刑法立法模式与修改方式问题的研究,实际上就是促使刑法逐步摆脱各个

---

[10] 参见[法]让·皮亚杰:《人文科学认识论》,郑文彬译,中央编译出版社1999年版,第18-22页。
[11] 参见[德]马克斯·韦伯:《经济与社会》(下卷),林荣远译,商务印书馆1997年版,第17-18页。

"形式非理性"要素的束缚,以一种形式理性的标准实现科学化。这一过程中既包括了本体性认识,一种对感觉上相对熟悉的基本范畴进行重新审视,去发现那些在结构或体系逻辑上可能忽视的问题;也包括功能性层面的对比性思考,一种映射出所存在形式理性缺失的参照系;还包括观念性层面的"祛魅",也即挖掘出制约着我们去真正理解事物本质的东西;当然,更包括立法技术层面的误区反思,也即直接指出多年来我们在理论与立法实践中的错误理解以及那些未能真正意识到的立法技术问题,实现一种技术上的拨乱反正。

三

新中国第一部刑法于 1979 年 7 月 6 日通过、1980 年 8 月 1 日开始施行,我们称之为"79 刑法"。应当承认,"79 刑法"是一部好法,但由于规定得比较原则和粗疏,覆盖面不足,施行不久就感到不敷应用,[12] 立法机关便不得不制定单行刑法对"79 刑法"进行修改、补充,刑法规范体系逐步呈现复杂局面。[13] 事实上,在"79 刑法"制定之际,我们并没有对刑法规范载体形式问题有一个清晰的认知与系统规划,刑法规范形式选择具有一定的自发性;此后,受制于治安状况与犯罪治理的现实情况,加之严打刑事政策推动作用,我们不得不在立法上寻求作出快速反应,随之颁行的便是数十部单行刑法,并且在非刑事部门法中引入"类推立法"条款。可以说,在"79 刑法"颁行之后,我国刑法的修改、补充与完善经历了"头痛医头、脚痛医脚"的摸索过程。

对于 20 世纪 80 年代特别刑法在补充、完善刑法典方面所起到的作用,学界与实务部门在整体上充分予以肯定;可以说,在这一时期,特别刑法为尽力确保犯罪治理中的"有法可依"提供了规范依据。当然,由于这一时期的立法实践主要表现为特别刑法规范的增设及刑法规制范围的扩张,适用中逐步暴露出刑法体系庞杂与刑法规范协调性不足的困境,这也成为对刑法规范载体形式与立法技术方面展开系统反思的大背景。简言之,为了解决"79 刑法"在规制范围与制度设计上的局限,立法机关选择增设特别刑法规范;但这一路径选择又逐步引发不同刑法规范之间的适用性冲突,理顺特别刑法规范与刑法典关系便成为一个摆在立法机关面前的现实问题,立法机关开始重新审视"以特别刑法方式弥补'79

---

[12]　高铭暄:《新中国刑法立法的伟大成就》,《法治现代化研究》2020 年第 1 期,第 1 页。
[13]　卢建平:《刑法法源与刑事立法模式》,《环球法律评论》2018 年第 6 期,第 23 页。

刑法'之不足"这一立法路径选择。

此后，1988年第七届全国人大常委会将刑法典修订列入立法规划，加之"以特别刑法方式弥补'79刑法'之不足"的路径选择在法治实践中进一步暴露出各种新问题，刑法规范载体形式的选择问题开始成为学界系统反思的对象。在反思过程中，虽然也有观点提出，由于在立法上拘泥于不能在非刑事法律中规定实质意义上的罪状及法定刑，对于一些犯罪行为只好规定依照或比照刑法的某一条款处罚，以维护修改或补充的刑事条文与刑法在形式上的统一。但这恰恰却在更大程度上打破了刑法在内容上的统一性和完整性，造成了刑法规范间的不协调。[14]因而，应考虑在经济刑法、行政刑法中引入具有独立罪刑规范的创制性附属刑法。[15]但直至系统探讨刑法典修订方案之际，所形成的较为统一的声音则是，"1981年以来，最高立法机关通过出台单行刑事法律以及非刑事法律中设置附属刑法规范，对刑法典作了一系列的补充和修改。这些补充和修改解决了当前亟需的不少问题，弥补了刑法典中的某些缺陷，发挥了重大作用。但通过零散修补的方式并不能从根本上解决问题。因此，全面修改刑法具有必要性，应制定出一部系统、全面和现代化的刑法典"。[16]由此，理论界与立法机关大体上确立了化零为整将诸多特别刑法规范统一纳入刑法典的大一统式修订方案，最终呈现出由"过度分散到绝对统一"的立法转型。简言之，1997年刑法系统修订后（以下简称"97刑法"），刑法立法大一统格局初步形成。

立法者希望此次系统修订后的刑法典能够顺利延续到21世纪。然而，这一美好愿望未能实现，"97刑法"颁行之后，1998年便出现单行刑法，1999年便出现了第一部刑法修正案；直至2023年7月，立法机关已经相继颁布了十一部刑法修正案。二十多年来，由于刑法修正案成为主导刑法修改的方式——事实上已经成为唯一模式，而这一修法方式对于维系我国刑法典大一统的立法格局起到至关重要的作用；关于刑法立法模式与修改方式问题再次引发学界广泛关注。当然，此时所要反思的重点并不是刑法典与特别刑法并存所暴露出的刑法规范体系混乱之局面，成为焦点的问题是，"97刑法"由过度分散到绝对统一的立法思路在路径选择上是否具有科学性。由此而言，关于刑法立法模式与修改方式的反思开始进入到"由统一到分散"的新视域中。当然，强调引入具有独立罪刑规范的

---

[14] 黄太云：《试论完善我国刑事立法的形式问题》，《法学家》1989年第4期，第22页。

[15] 张明楷：《市场经济与刑事立法方式》，《学习与实践》1995年第1期，第63页。

[16] 高铭暄：《我国十五年来刑事立法的回顾与前瞻》，《法学》1995年第1期，第5-6页。

附属刑法、优化单行刑法的观点，在 1988 年确立刑法修订立法规划之后也曾出现；[17] 只不过，此类声音淹没在刑法典立法大一统的广泛呼声中，并未对立法实践产生实质性影响。

直至近年来，关于刑法立法模式与修改方式问题的论争开始逐步聚焦，不同观点纷纷亮剑，一方主张应坚守刑法典大一统并维持修正案模式，即"一元论"立场；另一方则是倡导刑法典、单行刑法与附属刑法并立的分散型刑法立法模式，即"多元论"立场。总之，问题开始聚焦，"一元论"与"多元论"均列出诸多理由来证明其观点的正当性。

与此同时，2017 年 10 月 14 日至 15 日，中国社会科学院法学研究所组织召开的"历次刑法修正评估与刑法立法科学化理论研讨会"，探讨了 1997 年刑法系统修订 20 年以来刑法立法观以及修法模式问题；[18]2022 年 9 月 17 至 18 日，中国社会科学院法学研究所再次组织召开"法典化背景下的刑法典再出发理论研讨会"，充分聚焦于刑法立法模式与刑法法典化问题。[19] 此外，《暨南学报（哲学社会科学版）》2017 年第 1 期推出"关于刑事立法的讨论"专题研究；《环球法律评论》2018 年第 6 期推出"刑法修正与刑事立法模式"专题研究；《东方法学》2021 年第 6 期专门聚焦"法典化问题"；《比较法研究》2022 年第 4 期围绕"刑法典与行政刑法立法"展开专题研讨。上述期刊的专题研究成果不仅探讨了刑法法典化或刑法立法模式等问题，还就法典化的一般理论以及其他部门法的法典化问题展开专门研讨。

可以说，本书所要研究的刑法立法模式与修改方式问题，是当前刑法学界关注的热点问题之一，也是一个相对成熟的课题；近年来，学界围绕该问题展开系列研讨，维持当前刑法立法大一统局面的"一元论"主张与推动解法典化并引入单行刑法和附属刑法的"多元论"主张之间存在明显的立场分歧（第四章将详细梳理），形成学术争鸣，这为本研究奠定了理论基础。当然，现有研究仍然存在着不足之处，也为本研究指明了主攻方向。

---

[17] 参见黄太云：《试论完善我国刑事立法的形式问题》，《法学家》1989 年第 4 期，第 24-25 页；张明楷：《市场经济与刑事立法方式》，《学习与实践》1995 年第 1 期，第 63 页。
[18] 参见张志钢：《转型期中国刑法立法的回顾与展望——"历次刑法修正评估与刑法立法科学化理论研讨会"观点综述》，《人民检察》2017 年第 21 期，第 53 页。
[19] 参见中国社会科学院刑法学重点学科暨创新工程论坛（2022）"法典化背景下的刑法典再出发"，http://iolaw.cssn.cn/gg/hy/202207/t20220701_5415147.shtml。最后访问时间 2022 年 9 月 18 日。

四

自"79刑法"颁行以来,我国刑法立法模式的修改方式始终处于变迁过程中;从中既可以认识到我国刑事法治建设所取得的成就,也能够发现刑法立法上有待完善的空间。从现有研究来看,学界并未能将刑法立法模式与修改方式问题置于改革开放之初的立法进程中,展开一种有效的历史切入,这便导致我们对于刑法立法模式与修改方式问题分析缺乏纵深。当然,历史考察并不仅仅在于对刑法立法进程展开历时性梳理,其要点在于基于立法格局与大历史观,将刑法立法模式与修改方式的变迁过程与我国改革开放以来的立法进程以及长期以来对于刑法的功能定位关联在一起,重新发现可能制约刑法规范载体形式选择的诸多因素。

刑法是治国理政、保护人民、惩治和预防犯罪不可缺少、不可替代的法律,是国家治理体系中极其重要的组成部分,因此,我们既要在历史进程中肯定我国刑法立法取得的成绩与进步性,又要以发展的眼光去探索刑法立法在形式与内容上存在的完善空间。[20] 事实上,由于对"79刑法"制定之时我国立法工作的整体布局与推进逻辑缺乏全面考察与深入思考,难以发现我国在刑法规范载体形式选择上可能存在的先天局限。此后,"97刑法"实现了规范形式上的统一整合,结束了"79刑法"与数十部单行刑法并行所引发的体系混乱局面,但同时也可能掩盖了诸多问题。改革开放之初,刑法具有优先于民商事立法与经济立法的地位,立法上采取了一种"先刑法后他法"的思维逻辑,率先制定刑法与刑事诉讼法,与市场经济相关的民商事立法与经济立法则明显落后于刑事法律;以此为线索来展开思考,可以认知我国存在先天的刑法依赖,促使刑法成为社会治理的首选;也可以思考我国刑法立法模式的先天局限,因非刑事部门法严重缺失而难以产生附属刑法模式。在这一阶段,刑法在整个法律体系中显然具有优势地位,这种"刑法优位观念"的根源值得进一步挖掘。同时,也有必要对20世纪80年代整体的立法变革重新审视和评价。在这一阶段,我们是否有机会调整我国刑法规范体系的格局,是否实际进行调整,原因又是什么?对1988年至1997年的刑法立法草案、立法资料进行梳理,也将有助于我们发现刑法立法模式与修改方式演进过程中的关键节点,并发现刑法立法大一统过程中可能被忽视的深层问题。

---

[20] 参见高铭暄:《新中国刑法立法的伟大成就》,《法治现代化研究》2020年第1期,第1-2页。

此外，在探讨刑法立法模式与修改方式问题时，只要稍微拓展横向考察的视野，将这一问题置于比较研究论域下，我们便不难发现我国与域外的差异性；对于这一事实，秉持"一元论"立场与"多元论"立场的学者都予以承认。当然，我国当前表现出刑法典立法大一统局面颇具中国特色，可谓是刑法立法上的创新之举，并不能仅凭借比较研究上的差异性便认为刑法典立法大一统局面不符合国际趋势，简单予以否定。不过，这也并不能说明，我们可以完全置域外刑法立法于不顾，以一种"存在即合理"态度予以回应，最终得出肯定结论。

目前，"多元论"者在论证中往往会强调域外刑法立法的多元化格局，并以之佐证其观点的正当性。不过，直观来看，域外刑法立法的多元化格局是一种既存事实；但关于域外刑法立法为何会选择多元化模式，多元化立法模式存在哪些优势与劣势，国内学者却鲜有深入分析。事实上，对于域外刑法立法模式与修改方式展开比较研究确实具有必要性，但这种考察不能简单归结为域外各个国家或地区采取了多元化立法这一实然状况；更为重要的是，我们要考察并分析域外刑法立法实践中如何发挥不同立法模式的功能，以及其背后的理论依据。进而言之，域外对于刑法典、单行刑法及附属刑法的技术特征与功能的理解，在立法实践过程中如何体现出来？发现立法实践背后的理论依据，应当成为比较研究中的主要目标。简言之，分析域外刑法立法或修法过程中如何配置各类刑法规范载体形式进而发挥出最优的刑法功能，成为本书所要所考察的核心内容。

综上，在历史分析与比较研究的基础上，本书将深化不同刑法立法模式之间的对比，对各种刑法规范载体形式的特征与功能作多视角诠释。同时，历史考察与比较研究也有助于认知到我国刑法立法模式与修改方式问题研究中可能存在的理论误区，准确厘清不同刑法规范载体形式的特征与存在价值；从宏观到中观再到微观，从表面现象入手逐步发现问题本质，明确刑法立法模式与修改方式在刑事法治建设中的重要意义。

五

毫无疑问，刑法规范载体形式与刑法实质功能之间存在紧密关联。不过，这种关联如何体现，或者说形式对实质功能如何产生影响，可以从何种具体视角或基于个案分析来充分剖析此类问题，既有研究并没有充分关注。事实上，刑法立法模式与修改方式问题实质上关系到刑法在整个法律系统中的理性定位，更关涉整个刑事法律系统的运行与功能。由此而言,本书关于刑法立法模式与修改方式问题研究的落脚点,更在于以刑法规范载体形式的科学配置来推动刑法参与社会治理的功能优化。

首先,既有研究未能在"刑法立法模式与修改方式"这一形式问题与当前的"刑法立法的实质演进趋势"之间建立起充分的关联。应当看到,各国刑法立法在不同程度上表现出积极立法观的倾向,而"处罚的早期化""预防性刑法"抑或是"象征性立法"等命题纷纷提出,并引发学界争鸣。从正面来讲,如何确保刑法立法模式与修改方式和上述刑法立法的演进趋势相契合?从反面来讲,在刑法规范载体形式制约下,我国刑法立法中的犯罪圈扩张是否面临着刑法典重刑化结构的限制?对于此类刑法立法基本趋势与刑法规范载体形式之间的关联性研究,有必要深入展开。

其次,刑法立法模式与修改方式还与司法层面上的刑法适用问题存在不同程度的关联,需要将问题逐一拆解。比如,司法解释立法化、概括式罪名与空白罪状的广泛设置、刑法精确性不足对罪刑法定原则、罪刑相适应原则的冲击等具体问题。上述问题本身长期存在,均属于我国刑法领域的常规性问题,但学界以往并未将之与刑法规范载体形式问题联系在一起。事实上,上述问题的研究均可以从刑法立法模式与修改方式这一形式问题层面找到新的突破口,进而作出不同的诠释与回应。

最后,刑法立法模式与修改方式问题还将对犯罪治理的效果产生影响,在刑事政策意义上对刑法规范载体形式问题展开思考也是对既有研究的有益补充。在犯罪治理实践中,不同的刑法规范载体形式选择将会表现出犯罪反应功能上的差异,从整体上优化犯罪治理中的刑法机制,需要确保刑法立法模式与修改方式的科学性。从根本上来讲,刑法规范载体形式的不同选择既可以产生一种犯罪治理的积极效应,也可能带来犯罪治理上的负面效果,提升犯罪治理效果也是发挥刑法最优功能的现实诉求。基于这一维度的辩证思考,将有助于从犯罪治理机制与模式等方面为我们思考刑法规范规范载体形式选择提供路径指引。

应当看到,任何立法事实或立法意向落实到立法实践中,便会涉及立法技术的运用。刑法立法模式与修改方式属于基本的立法技术,作为将立法事实、意图和目标转化为刑法规范文本的手段和桥梁,在形成刑法规范过程中发挥着不可替代的作用,甚至可以说起着关键性的作用,只有科学运用刑法立法技术才能够使立法目标得到真正的实现。[21] 由此而言，刑法立法模式与修改方式问题的研究是基于宏观上的立法技术思考，对于刑法立法中如何合理运用立法技术回应关于犯罪与刑罚的实质性内容展开研究，以科学性思维为纽带将符合形式理性标准的规范设计方案融入刑法立法中。探讨刑法规范载体形式对刑法实质功能的制约性，便可以确立"形式反制实质功能"的理论命题，并围绕这一命题深化我们关于刑法立法的实质走向与形式依托之间的互动性研究。

六

本书将刑法转型中的立法思潮、刑法适用中的法教义学以及犯罪治理中的刑事政策等实质性考量融入"刑法立法模式与修改方式"这一形式问题的思考中，融形式与实质于一体，这是对刑事一体化思想的践行。在上文对刑法立法模式与修改方式问题研究中的核心内容展开初步梳理之后，仍有必要简单交代本书的研究基调与思考维度。一方面，刑法立法模式与修改方式问题的研究目的是围绕我国现有的刑法规范载体形式问题展开反思，并寻求一种可行的变革方案，这是本书的研究基调。另一方面，在展开反思过程中，本书将呈现出一种"解构"（Deconstruction）式的思考维度。

通常认为，"解构"一词来源于德国哲学家马丁·海德格尔（Martin Heidegger）提出的德文词汇"destruktion"，该词含有"破坏、毁灭"等含义，但海德格尔却取其"颠覆性的分解"之意，表示"加以拆解，并从中发掘并彰显新的意义"。[22] 此后，法国哲学家、解构主义者雅克·德里达（Jacques Derrida）将"解构"诠释为一个术语，核心理论是对于整体或体系化本身的反感，认为符号本身已能够反映真实，对于单独个体的研究比对于整体的研究更重要。"解构"虽具有分解、消解、拆解、揭示等语义，但德里达在批判并反思西方形而上学传统思维方式的基础上补充了"反积淀"与"问题化"等意思，用来表达对形而上学稳固的结构依赖及其中心进行消解，每一次"解构"都表现为结构的中断、分裂或解体，但是每一次"解构"后又都是产生新的结构或思维模式，即"解

---

[21] 参见吴亚可：《当下中国功能主义刑法的合宪性检视》，《中国刑事法杂志》2021年第6期，第125-126页。

[22] 参见宋继杰：《海德格尔与存在论历史的解构》，凤凰出版传媒集团2008年版，第1-3页。

构"将会催生新的建构——新的认知维度。[23]因此,在后现代哲学、社会科学的研究中,尤其是文学理论研究中,"解构"成为一种特有的认知范式与反思方法,"解构"式研究往往会引入新颖的视角或分析工具,对传统研究格局产生冲击。

考虑到刑法立法模式与修改方式问题处于复杂的关系之中,"解构"可以拓展我们的认知视野,帮助我们更好地观察与分析问题,为认知刑法规范载体形式的关联性问题提供方法上的突破。当然,"解构"将呈现出新的认知维度,产生了新的建构。由此说来,本书的"解构"式研究,重点在于反思并产生新的认知维度,也即呈现我国刑法立法模式与修改方式的实然构造,反思其中的观念束缚、技术偏差以及功能制约,从多维度重新建构了刑法立法模式与修改方式问题研究的理论形象。基于"解构"思维,本书尝试通过"结构""功能"以及"成因"将刑法立法模式与修改方式的问题认知切割为多个"断面","由浅入深"地逐步呈现问题的复杂样态,触及问题本质,进而论证刑法立法模式与修改方式变革的必要性以及可行的路径选择。

第一,本书的前四章围绕刑法立法模式与修改方式中的基本范畴展开理论性阐释,并寻求纵深扩展。基于对核心范畴进行阐释与辨析,并以此为基础先对我国刑法立法模式与修改方式的历史演进过程进行纵向梳理,再对域外刑法立法模式与修改方式的基本样态展开横向考察与比较分析;上述研究将有助于充分认知我国刑法立法模式与修改方式的现实状况与鲜明特征,进而为我们深入分析"一元论"与"多元论"之间的立场纷争奠定知识基础。

第二,"结构化反思"为我们重新认识刑法立法模式与修改方式问题提供了不同视野。"结构"往往是人们为了解释现象问题或难以直接认清的情势而设定的东西,其目的在于深入揭示研究对象,为作出判断、决定或是对策选择提供支撑。"结构"的建立都将经过模式化与抽象化的过程,这一过程往往是剔除某一些具体或感性的东西,然后在此基础上建设起一些称为结构式的东西,由此可以观察到事物内部的逻辑、联系或冲突、矛盾。在结构性分析中,本书首先对当前刑法典大一统格局展开一种结构化叙事,也即围绕"刑法典内部的犯罪设置构造""刑法典与单行刑法、刑法修正案之间的关系构造""刑法与其他非刑事部门法之间的关系构造"以及"刑法与抽象性司法解释之间的关系构造"确立不同的

---

[23] 参见[美]西蒙·格伦迪宁:《德里达》,李永毅译,译林出版社2019年版,第46-48页;孙全胜:《德里达解构主义的马克思主义研究》,九州出版社2021年版,第2-3页。

结构模式，进而提炼出"刑法规范载体的关系结构"之理论命题。以"刑法规范载体的关系结构"作为理论依托，我们可以更好地对"一元化"与"多元化"的不同立场进行对比分析。

第三，以"结构化反思"为基础，研究进入到"功能性反思"维度。基于"结构-功能主义"的基本定位，社会系统中的制度性结构必然表现出特定的功能；结构的确立以及由此发展的批判分析，必然会延伸到功能性思考。从实质层面上来讲，社会中的某一结构化单位不仅具有某种预期中的"显功能"，同时还会表现出某一些尚未被意识到的或者是预期之外的"潜功能"。结构分析是将分析对象作为一个整体纳入到其与外部环境（待解决的对象问题）的互动作用之中，并通过对比分析呈现出不同结构的功能差异。结构与外部环境（待解决的对象问题）的联系将如何确立，这是"结构-功能分析"所关心的问题。在刑法规范载体形式上所形成的不同结构，显然在功能上会存在差异。目前，我国刑法立法呈现出明显刑法典大一统局面，刑法规范载体的形式结构较为简单；"一元化"立场虽然有助于简化刑法规范体系的复杂局面，避免规范之间的矛盾冲突，但同时却可能暴露出某种功能性局限，也即这种简化目标的实现可能是以功能缺陷为代价。立足于"结构-功能主义"的分析范式，本书将聚焦于"一元论"立场与"多元论"立场之间的功能性差异，基于"刑法立法的实质走向、法律的明确性及其适用性效果、刑事政策制度化、犯罪治理效果"等多个功能性维度对刑法立法模式与修改方式问题展开探讨。

第四，"成因分析"展现出"结构-功能分析"之后的问题意识，是研究中不可缺失的环节。"结构"在一定程度上是研究中抽象出来的分析工具，"功能"实际上建基于不同刑法立法模式与修改方式所表现出来的、作用于犯罪治理或刑法适用过程中的实际效果。而在结构与功能背后，我们要进一步挖掘出传统、观念或技术层面的影响因素。直观来看，传统思维层面上的反思主要表现在对"刑法优位"的立法逻辑以及"刑罚依赖"传统的反思；"法典观"层面的反思主要在于对法典象征意义的过度推崇以及在追求绝对法典化背后的制度迷失；技术因素层面的反思主要在于分析我们对于法典、特别刑法以及法律修改方式理解上的技术性误区。正是由于传统思维、法典观念以及立法技术等多方面因素所影响，导致我国在刑法立法模式与修改方式的选择上缺乏理性的坐标。

最后，在从结构与功能维度展开反思并分析塑造当前刑法立法大一统格局之多重因素后，研究将论证刑法立法模式与修改方式变革的具体操作方案。事实上，我国刑法立法模式与修改方式的变与不变，不仅仅是理论论证与逻辑分析，更需要基于我国的立法现状评估其可能面临的风险，确保变革的妥当性与可行性。

第一章 刑法立法模式与修改方式之基本范畴

在大陆法系国家或地区，刑法规范通常包括刑法典、单行刑法和附属刑法三种表现形式。由于刑法规范构成在整体上呈现出不同组合样态，由此可以引申出"刑法立法模式"之学术命题；上述各类刑法规范必然涉及修改、完善，由此又引申出"刑法修改方式"这一关联性问题。应当看到，在"宜粗不宜细"的立法思想指导下所制定的"79刑法"，必然是一部相对粗糙的刑法，通过多部单行刑法对其进行修改、补充，最终难以逃脱被系统修订的命运。"97刑法"虽然被认为是相对完美的法典——相比于"97刑法"而言，但仍然不能"阻止"立法机关在一两年之后相继出台单行刑法与刑法修正案的现实境遇。"97刑法"实施以来，刑法修正案已经成为刑法修改的主导性、甚至是唯一方式，维持现状抑或是寻求变革，"一元论"与"多元论"之立场纷争逐步明朗化。显然，厘清刑法典、单行刑法和附属刑法等刑法规范载体形式与各种刑法修改方式等基本范畴的内涵，辨析不同概念之间的差异，是展开后文论说的前提条件。

第一节　刑法典与法典化

一、现行刑法的"法典"品性

法典，被视为是最高程度的立法，法典编纂（技术或方法）则是推进法律进步的技艺。从立法实践来看，法典一方面可以指在特定法领域基于立法技术设置一般性规定（总则）所实现的体系化的立法形式，另一方面也可以指收集那些正式存在的法律所形成的集合。[1] 而法典编纂或法典化，则是对应于着上述不同的"法典"语义而使用。此外，在英美法系国家，法典化还可以用来描述将部分判例法的内容转化为制定法的过程，大体上等同于制定法形成的过程，[2] 因而不同于大陆法系中法典的话语体系。上述各种法典化形式，均可以起到增强法律被公众认知的"可视化"效果，并实现一种规范统一的作用。

当然，现代意义上的法典，一般是指大陆法系国家或地区（以及受到大陆法系传统所影响的区域）以部门法为基础、基于立法技术所形成的法典化（编纂）产物，古代诸法合体形式的综合性法典与英美法系因法律汇编所形成的"汇编式

---

[1] 参见陈金钊：《法典化语用及其意义》，《政治与法律》2021年第11期，第3-5页。
[2] ［日］木原浩之「英米法における新たな法典化運動の展開」横浜国際経済法学20巻3号（2012）90頁。

法典",因并非现代立法技术的产物,故并不被视为是严格意义上的法典。[3] 在大陆法系国家或地区,法典往往表现出总分式的章节体例结构,能够融理性的思维逻辑、精细化的结构与完备的规范内容于一身,实现法典化往往是某一部门法成熟的表现。正因如此,拥有大陆法系传统的国家或地区往往将法典编纂作为法治发展的基本目标,法典成为法治文明的象征。

就我国而言,各部门法的法典化程度并不一致,当前所处的境遇也有所不同。2020 年 5 月 28 日,十三届全国人大第三次会议通过《中华人民共和国民法典》(以下简称《民法典》),在推进全面依法治国、建设中国特色社会主义法治体系方面具有里程碑意义。[4] 在民法实现法典化之际,我国刑法立法究竟处于何种境遇,学界对此存在不同理解。有部分声音主张,"民法典诞生后,建议适时制定刑法典"。[5] 不过,在刑法学界,多数学者仍普遍认为,"1979 年中国刑法典宣告诞生,这也是中华人民共和国成立近 30 年第一次有了刑法典";[6]"根据法典的基本特征,我国 1979 年通过的与 1997 年修订的《中华人民共和国刑法》均为刑法典,我国刑法已经法典化",[7]"我国现行刑法属于实质意义上的法典"。[8] 此外,有些学者专门指出,"随着《中华人民共和国民法典》(以下简称民法典)通过之后,民法典成为我国立法史上第一部名称中带有'典'的法律。但是这并不意味着民法典是新中国成立以来的第一部法典,因为一部法律是不是法典,关键不在于该部法律的名称中是否带有'典'字,而是取决于该部法律是否具有法典的基本特征。基于此,应当认为我国刑法早已是实质意义上的法典,无论是 1979 年《刑法》还是 1997 年修订的《刑法》都具备法典的基本特征"。[9]

事实上,不仅我国刑法学者认为我们现行刑法(包括"79 刑法")就是一部刑法典,专门研究法典编纂的学者也曾指出,"1979 年刑法典是我国自拨乱反正

---

[3] 参见封丽霞:《法典编纂论——一个比较法的视角》,清华大学出版社 2002 年版,第 5 页(注释②)。
[4] 黄薇:《民法典的主要制度与创新》,《中国人大》2020 年第 13 期,第 22 页。
[5] 陈百灵:《民法典诞生后,建议适时制定刑法典》,https://www.bjnews.com.cn/news/2020/05/23/730707.html,最后访问时间 2022 年 5 月 26 日。
[6] 参见高铭暄:《中华人民共和国刑法的孕育诞生和发展完善》,北京大学出版社 2012 年版,第 3-4 页。
[7] 张明楷:《刑法修正案与刑法法典化》,《政法论坛》2021 年第 4 期,第 4 页。
[8] 周光权:《法典化时代的刑法典修订》,《中国法学》2021 年第 5 期,第 39 页。
[9] 姚建龙、刘兆炀:《法典化语境下刑事立法的理性与抉择——刑法多元立法模式的再倡导》,《法治社会》2022 年第 5 期,第 39 页。

以来制定的第一部法典，它的诞生宣告了刑事立法长期依靠单行刑事法和刑事政策的落后局面的结束；1997年刑法典在修改、补充和整合的基础上进一步实现了刑法典的统一性与完备性"，[10] "1997年《刑法》是中国目前规模最大的法典，也是二十年来中国立法的主要成就之一"。[11] 此外，也有日本学者将"79刑法"与现行的"97刑法"均称为"中国的刑法典"。[12]

或许可以认为，《民法典》是新中国成立以来第一部以法典命名的部门法。而从名称（形式层面）上来讲，"79刑法"以及1997年系统修订后实施的现行刑法，虽没有法典这个"名分"——缺乏一个"典"字，但这并不妨碍多数学者认为其是一部实质意义的法典。当然，以上关于现行刑法具有法典属性之结论，主要是基于文献分析所形成的结果，而从实质层面来讲，现行刑法也契合了法典的基本特征。

二、刑法典的基本特征

何为"法典"，《中华人民共和国立法法》（以下简称《立法法》）中并无明确界定。在一定意义上，"法典"是学术研讨中普遍使用的术语，并非是源于法律规范层面的基本范畴；多年来，我们更多的是在理论上阐释法典的特征、优势或不足，但并没有在立法上给出法典的规范形象。甚至从学术层面来讲，法典也未获得统一的判断标准。如学者所言，"广义的法典，既包括古代的综合性法典，也包括现代英美法系以法律汇编形式生成的法典，还包括大陆法系近代意义上的部门法法典，当然甚至可能包括官方或民间对各类规范性文件的汇编；而狭义的法典仅只大陆法系的重要部门法的法典化立法"。[13] 但问题在于，理论上所有部门法都可以通过整理编纂而获得法典之名，法典化似乎就等同于部门立法的过程，这是否又过于简单呢？进而言之，法典应当具有哪些公认的特征？

有刑法学者指出，"刑法典具备两个明显的特征，即体系性与完备性。体系性是法典的必要条件但并非充要条件，因为体系性是一个相对的要求。完备性也

---

[10] 封丽霞：《法典编纂论——一个比较法的视角》，清华大学出版社2002年版，第390页。

[11] 周旺生：《中国立法五十年（上）——1949—1999年中国立法检视》，《法制与社会发展》2000年第6期，第16页。

[12] 参见[日]小口彦太「中国の罪刑法定原則についての一、二の考察」早稲田法学82卷3号（2007年）1-2頁。

[13] 封丽霞：《法典编纂论——一个比较法的视角》，清华大学出版社2002年版，第12页。

可谓内容的全面性,其基本要求是法典必须包括一个部门法的基本法律规则(总则)与该部门法所调整与保护之领域的基本方面(分则)"。[14]另有民法学者指出,"法典一词中的'典'字的使用表明三层含义,第一,法律的地位很重要,需上升到国家基本典章的高度;第二,该法律的作用范围很大,相较于其他法律,其涉及的事务内容更多、更广泛;第三,正因为法典辐射的范围广、涉及的内容多,在'法典'一词使用过程中,更需要强调立法的科学性和体系性"。[15]此外,专门从事立法学研究的学者指出,"法典具有条文众多、体系完备而且逻辑严密等特征,法典的内容也尽可能涵盖同类法律行为的各个方面,符合某类社会生活的最新发展,从而大大增强法律的确定性"。[16]"根据理性主义的原则,法典编纂的焦点在于对法律体系进行系统化与简易化,以便消除普通法框架的复杂性。因此,制定一部规则融贯一致、清晰明确、并且完备而无任何漏洞的法典也就成为必要"。[17]概言之,法典化的本质在于法律渊源的理性化。[18]

从上述学者关于法典特征的概括来看,法典除了基于其部门法地位而表现出重要性之外,一般还要具备完备性、简明性以及体系性等基本特点,本书亦赞同上述对于法典特征的基本定位。当然,关于法典所体现出的体系性、完备性与简明性的程度,我们还需要作进一步描述。在本书看来,上述法典的特征归根结底是要为充分发挥法律参与社会治理的功能而服务的,因而要准确把握法典化的程度。同时,关于完备性、简明性以及体系性等基本特征的理解也存在着疑惑之处,影响着我们对于法典化技术的理解。

首先,就完备性特征而言,目前,在现行刑法之外,我国只有一部单行刑法,不存在直接规定罪刑规范的非刑事部门法。刑法法典化究竟要实达到一种绝对的完备性,还是说达到一种相对完备的程度即可,这将成为理解法典化程度与限度的关键问题。进而言之,将和犯罪与刑罚相关的一般性、基础性或统领性规则规定在刑法总则部分,并将传统的自然犯罪类型系统地规定于刑法分则中,是否已经符合了完备性的要求?还是说,将全部犯罪类型都规定在刑法典中,排除特别刑法的存在,才能体现出完备性?法典完备性的程度如何把握,将决定着我

---

[14] 张明楷:《刑法修正案与刑法法典化》,《政法论坛》2021年第4期,第4页。
[15] 孙宪忠:《论民法典贯彻体系性科学逻辑的几个要点》,《东方法学》2020年第4期,第19页。
[16] 封丽霞:《法典编纂论——一个比较法的视角》,清华大学出版社2002年版,第5页。
[17] 参见[秘]玛利亚·路易莎·穆里约:《大陆法系法典编幕的演变:迈向解法典化与法典的重构》,许中缘、周林刚译,孙雅婷校,《清华法学》第8辑,清华大学出版社2006年版,第69页。
[18] 石佳友:《解码法典化:基于比较法的全景式观察》,《比较法研究》2020年第4期,第14页。

们法典化的未来走向。

其次，就简明性特征而言，简明属于法典的基础性要求，也是近代以来推动法典化过程的主要因素之一，"拿破仑法典"的颁布就是受简明性特征影响的典型代表。当然，简明性特征也是相对的；用简明、易懂的语言对法典中的条文加以描述，但语言所要表达的法律意涵实际上并不简单。由于法律职业性所决定，法律从业者与普通民众之间仍然存在着差距，所以简明性实际上要求法典在文字表述与结构安排上达到普通民众完全充分理解的程度，但普通民众显然无法做到熟练适用法典。并且，简明性与完备性之间存在一种相对的紧张关系，完备性似乎表现一种全面性的追求，而简明性则是一种对法典化规模与条文设置的适度约束，二者之间如何协调，也是我们处理刑法立法模式与修改方式问题时所要思考的关键问题。

最后，就体系性特征而言，体系化始终是法典所追求的最核心价值，"体系化程度"代表了某一部门法法典化的成熟程度。当然，体系既包括我们可以直接从法典中观察到的构造，如总则与分则的立法体例，总则所规定的一般理论将会运用到刑法分则的具体罪名以及其他单行法；与此同时，体系化的魅力在于将理论贯穿于刑法规范所形成的思维方式，这种由理论思考、争鸣并逐步形成（部分）共识的体系化推进过程，是刑法体系形成的主要推动力量，甚至刑法分则部分也可以将一些共性元素提炼、理论化最终生成某一理论体系，这都是刑法典体系特征的体现。但体系性的追求归根结底要体现在法典的功能性优势，易言之，在于法典适用过程中所运用的体系性解释以及理论化建构，而这一特征又与法教义学直接关联在一起。

总体而言，现行刑法"总则-分则"的总分体例结构，符合法典体系性的基本要求，且在罪刑关系构造上体现出基本的法律逻辑性，可以在刑法总则基础规定与刑法分则具体罪名之中较为妥当地贯彻犯罪构成理论；加之刑法在社会生活中具有的重要作用，称之为"基本法律"并无不当之处；其语言表述上通俗、简练、明确，但却不失专业性的特点。更为突出的是，现行刑法几乎穷尽了我国所有刑法规范，似乎是法典完备性的典型代表。因此，在刑法学界或实务部门的固有思维与行文表述中，现行刑法虽无"法典"之名，但却完全符合法典的基本特征，显然不失为一部具有"法典品性"的法律规范。

同时，也应看到，法典应具有其功能优势，完备性、简明性便于查阅与适用，消除法规存在的某些缺陷并避免冲突，表现体系协调性，都是法典功能优势的体现，也是法典的魅力所在；法典变动过程中所表现出的"牵一发而动全身"的效果，则是体系的自然属性。

当然，法典的特征及其存在的意义，也是在其与其他不同类型（非法典）的刑法规范之对比中体现出来，也即在关系结构中去挖掘出意义；如果不存其他刑法规范类型，称之为"法典"在一定程度上失去了立法技术上的独特性。

三、法典化理念对刑法立法的影响

在成文法国家，法典化使法律规范进一步集中化、系统化和条理化，法典化的水平是衡量立法技术水准的基本标尺。[19]在明确了法典的基本特征以及现行刑法已经具有法典之品性的基础上，需要进一步指出的是，不同的法典化理念会对刑法立法模式与修改方的选择产生实质性的影响。法典化理念生成于不同的历史条件，表明了法典之各项基本特征在法典化进程中所要实现的程度，也即法典的完备性、简明性与体系性究竟要达到何种程度。对于法典化的理念，学者们存在不同解读。

有学者以刑法立法为基础，总结出三种类型的法典观，第一是理想主义法典观，也即主张法典必须像《罗马法大全》那样完整，否则就不如没有法典。理想主义法典观还主张法典的单一性。第二是保守主义法典观。也即主张法典只不过是现行法的体系化。法典只是现行法的"宣言"，规模不需要扩大，也不要求有高度的完整性。第三是折衷主义法典观。这种法典观介于上述两种主张之间，认为法典只需要一定的完整性，但修改的范围与规模应限定在现实的必要性之内。[20]

另有学者以行政法为样本，将法典分为四种类型：第一种是最完全的法典化，即不论是程序事项，还是实体事项，全部通过法律结构安排统一规定于一部法律中。第二种为统一的程序法典，即行政法典中将行政程序完全法典化，使所有的行政事项统一适用行政程序法。第三种为行政总则法典，即仅将行政事项的共通适用部分纳入其中，内容可包括实体内容和程序内容。第四种为行政纲架法典，即仅对几种重要行政类型规定适用的程序，这种类型的行政法典又称为最低

---

[19] 高铭暄、孙道萃：《97刑法典颁行20年的基本回顾与完善展望》，《华南师范大学学报（社会科学版）》2018年第1期，第39页。

[20] 张明楷：《刑法修正案与刑法法典化》，《政法论坛》2021年第4期，第6页。

程度的行政法典。[21]

此外，还有学者在论证环境法法典化的立法选择问题时指出，从中国环境法治建设现状、环境管理体制、法典化技术以及环境法学理论研究基础等因素综合判断，编纂一部像《民法典》那样完整体系化、能够包含全部或绝大多数民事规范的实质性法典在实践中难以实现。因此，"适度法典化"的主张被提出并得到广泛认同，这是一种"法典法与单行法"并行的"适度法典化"模式。[22]

从法典化理念来看，刑法的法典化也可以划分为适度的（相对的）法典化与绝对的法典化。就我国现行刑法而言，其不仅是一部法典，甚至可谓是绝对法典化的典型样本。由于近现代的立法实践区分出"体系型"和"汇编型"两种法典的理想类型，体系型法典的"总则"或"一般规定"部分具有提纲挈领的体系整合功能，且概念使用较为抽象；而汇编型法典虽然也可能存在作为原则性规范的"一般规定"，但"一般规定"不必然具备体系整合功能，而其完备性程度却可能相对较高，可以将各类规范汇编于统一法典之中。[23]我国现行刑法显然是一部"体系型"的法典，但其完备程度却可能达到汇编型法典的程度，可谓是兼具体系型与汇编型法典的特点。不过，追求绝对完备性的刑法典或许是法典化的一种类型，但未必是刑法规范载体形式配置的理想状态，很可能带来"体系化泡沫"与解释负担。

事实上，法典是某个法领域已经在法教义学层面发展成熟到一个阶段以后、可以"外部化"为一个涵盖全法域的东西。尽管部门取向的体系化也能带来一定体系效益，且政治上有较高的可行性，但从长远看，过度法典化呈现的复杂体系需要教义学阐释方面承担较高的成本。尤其是考虑到大陆法就是以法条作为主要法源，法条之间的逻辑往往会决定构成要件的解释，最后决定判决，只有这样才能说服法律社群来接受这个判决是正当的。法教义学层面的体系化思考，却正是大陆法系的法文化，属于演绎式的，在适用法条时会把法条放在整个法体系当中思考。[24]由此而言，以全面性与完备性为终极目标的绝对法典化理念有沦为汇编型法典的风险，体系化目标张力将会导致法教义学上承载过度的负担，最终可能

---

[21] 王万华：《行政程序论》，载罗豪才主编：《行政法论丛》（第三卷），法律出版社2000年版，第56页。
[22] 参见吕忠梅：《中国环境法典的编纂条件及基本定位》，《当代法学》2021年第6期，第9页。
[23] 朱明哲：《法典化模式选择的法理辨析》，《法制与社会发展》2021年第1期，第90页。
[24] 参见苏永钦：《只恐双溪舴艋舟，载不动许多愁——从法典学的角度评价和展望中国大陆的民法典》，《月旦民商法杂志》2020年第9期，第8-9页。

导致体系的崩塌。因此，认同我国现行刑法具有法典品性，这并不意味着我国刑法的绝对法典化就是完美无缺的，我们也要正视其所表现出的刑法立法大一统倾向——一种绝对法典化理念——可能在体系化与功能上所面临的问题。

总体而言，对于刑法立法模式与修改方式展开研究的过程中，刑法典仍然是处于中心地位的，是研讨刑法立法模式与修改方式问题的核心范畴。当然，法典处于中心地位，并不意味着在刑法规范体系中要实现绝对法典化；刑法典的存在是否意味着其他刑法规范载体形式不再需要，对此完全可能有不同的看法。只不过在开展刑法立法模式与修改方式问题研究过程中，我们要由法典入手进而探讨单行刑法、附属刑法与法典之间的关系，探讨刑法修正案在维系法典化过程究竟带来了何种效果。在此基础上，才能进一步围绕刑法规范体系的结构、功能以及形成原因等不同维度展开深入思考。

第二节　特别刑法的理论阐释与特征辨析

理论上来看，对特别刑法的解读可从形式或实质两个维度来展开，形式维度的解读一般表述为现行刑法典以外的一切有关犯罪及其刑罚的法律规范，包括单行刑事法律和附属刑法，实质维度的解读一般表述为国家或地区为了适应某种特殊需要而颁布的效力及于特定人、特定时间、特定地点或特定条件的刑事法律"，如"战时特别法"。从基本类型来看，特别刑法有可划分为单行刑法与附属刑法；通常而言，特别刑法的特别之处在于两个方面，其一是所规定的不是刑法的一般性问题（由刑法典总则所规定）；其二是针对特别问题或特定领域设置的罪刑规范。本部分的对于特别刑法的理论阐释与特征辨析将围绕单行刑法与附属刑法两种类型分别展开。

▌一、单行刑法的理论阐释

理论上来看，单行刑法是独立于刑法典之外的、针对某一特定类型的犯罪及其法律后果或其他事项所作出的刑事特别规定。[25]"79 刑法"实施之后，为了快速应对社会经济发展过程中的新问题，我国在刑法典之外制定了数十部单行刑法，成为 20 世纪 80 年代重要的刑法立法现象。长期以来，我国学界对于单行刑

---

[25]　张明楷：《刑法学（上）》（第六版），法律出版社 2021 年版，第 21 页。

法的理解是建立在"97刑法"颁行前的单行刑法立法实践基础之上的，本部分对我国单行刑法基本特征的初步梳理也主要来源于此。

首先，从地位上来讲，单行刑法是与刑法典相对应的独立范畴；法典具有基础性、体系化与综合性的特征，而单行刑法则是针对某个或某一类犯罪抑或是针对关于犯罪或刑罚的特别法律事项所进行的专门性规定。与此同时，"单行"的称谓意味着此类特别刑法处于法典之外、具有相对的独立性，在内容上是对刑法典的补充；但从适用层面来讲，单行刑法要受刑法典总则一般性规定的约束和指导。事实上，《刑法》第101条规定，"本法总则适用于其他有刑罚规定的法律，但其他法律有特别规定的除外"，这表明，单行刑法在适用过程中应当遵循刑法总则的一般性规定；但当单行刑法作出特定规定时，应当优先适用。

其次，从类型上来讲，我国学界一般基于20世纪80年代的立法实践经验将单行刑法分为两种类型，一是作为刑法典补充的单行刑事法律，二是对刑法典进行修改的单行刑法。从具体形态来看，单行刑法与刑法典分则中相关条文之间的关系较为复杂，大体上可分为四种情形：[26] 一是结合关系，即单行刑法对刑法典分则某一条文中的部分内容（如其中一款）进行了修改和补充，二者之间结合在一起成为发挥作用；二是替代关系，即单行刑法完全替代了刑法典分则中某一条文；三是竞合关系，即刑法典分则已有规定的犯罪，单行刑法为了突出其中的某一类型而又作特别的规定，此类规定往往具有一定提示性或解释性，两种刑法规范均具有法律效力，通常是依据特别法优于普通法的原则适用；四是增补关系，即在单行刑法中规定刑法典中所没有规定的新罪，作为一个相对独立的刑法规范而存在。

再次，从具体表现形式来讲，我国单行刑法立法在名称、结构、篇幅等方面体现出自身特征。从名称上来看，单行刑法往往采用的是"条例、决定或补充规定"，也即并未直接获得一种"法律"上的称谓；从体例结构与篇幅上来看，单行刑法显然不存在总则与分则的区分，并且条文数量较少，可能仅涉及关于某一（类）犯罪或刑罚的实体法方面的问题。当然，从域外立法来看，单行刑法可以兼顾了实体与程序两方面内容，并且单行刑法的名称也可以表述为"关于×××的法律"；我国立法实践中选择使用"条例、决定或补充规定"等规范表述方式，更加突显出单行刑法相较于刑法典的辅助性地位。

最后，从主要的功能定位上来看，我国传统观点将单行刑法视为是对刑法典

---

[26] 参见赫兴旺：《我国单行刑法的若干基本理论问题研析》，《法学家》1994年第4期，第43页。

进行补充或修改的形式，通过单行刑法对一些急需但尚不很成熟、不宜列入刑法典的内容作出规定，便能够达到立法者应急的目的。[27] 当然，学界通常也并不否认，单行刑法本身具有创制独立性罪刑规范的功能，这一功能在一定程度上有助于保持刑法典的稳定。[28]

单行刑法作为一种刑法渊源，属于刑法规范体系中的一部分，与其他各类刑法渊源之间具有相对的独立性，同时也不应当破坏刑法规范在整体上的协调性。不过，对于"97刑法"颁行之前单行刑法与刑法典之间表现出的交叉、重合甚至是矛盾冲突的情形，学界在回顾的过程中多是认为，单行刑法对于刑法典的修改与补充往往是'头痛医头、脚痛医脚'，一事一议的模式导致其立法过程缺乏统筹规划、内容理论论证不足，更导致刑法规范失去平衡，由刑法典所确定的传统格局就很容易被突破，导致刑法典被肢解并产生种种不协调现象。[29] 可以说，大量的单行刑法被认为是引发刑法规范体系混乱的直接原因，因此，"97刑法"系统修订过程中，一项很重要的工作就是将大量单行刑法纳入刑法典之中，彻底实现刑法立法大一统。

当然，单行刑法在一段时期内所表现出的问题，究竟是源于其本身的功能局限，也即单行刑法本身存在的弊端；还是说源于立法实践中对单行刑法的不当运用，也即在立法实践过程中未能妥当应用单行刑法技术并处理好其与刑法典之间的关系[30]，这是一个需要仔细甄别并深入分析的问题。随着学界对于刑法立法模式与修改方式问题研究的逐步深入，部分学者也开始反思我们对于单行刑法可能存在的认识误区，后文关于"一元论"与"多元论"的立场梳理，将进一步呈现出学者在评价单行刑法时所展现出的"拨乱反正"态度。

二、单行刑法的数量辨析

虽然在单行刑法的理论界定方面，学界并没有太大的分歧，但对于我国单行刑法立法所呈现出的实然局面，学者仍然存在不同理解，因此，仍有必要结合前

---

[27] 熊万林：《单行刑事法律若干问题研讨》，《法学评论》1993年第3期，第17页。
[28] 赫兴旺：《我国单行刑法的若干基本理论问题研析》，《法学家》1994年第4期，第41页。
[29] 参见赵秉志：《当代中国刑法法典化研究》，《法学研究》2014年第6期，第186页；陈兴良：《刑法修正案的立法方式考察》，《法商研究》2016年第3期，第7页。
[30] 邹易材：《我国单行刑法保留的必要性研究——基于〈刑法修正案（九）〉施行时的思考》，《广西大学学报（哲学社会科学版）》2016年第4期，第121页。

文的基础性阐释对单行刑法数量作必要的辨析。

事实上，对于"97刑法"颁行之前，我国究竟存在多少部单行刑法，学界存在不同观点，分别有"22部说"[31]"23部说"[32]"24部说"[33]以及"25部说"。[34]当然，1997年对刑法进行系统修订，实际上将"79刑法"实施近二十年来、由全国人大常委会作出的有关刑法的修改补充规定和决定编入刑法，之前存在的大量单行刑法也就成为历史，当前的研讨似乎没有必要纠结于这一时期单行刑法的具体数量。但关于这一阶段单行刑法数量的不同看法，在一定程度上反映出我们在单行刑法认定标准上的差异，进而影响到对现行单行刑法的认知与判断。

关于现行有效的单行刑法的数量，学界也存在分歧。部分学者认为，"97刑法"颁布之后，我国实际上颁布了一部单行刑法，即1998年12月29日颁布的《关于惩治骗购、逃汇和非法买卖外汇犯罪的决定》（以下简称《骗购外汇决定》）；[35]但也有观点将1999年10月30日通过的《关于取缔邪教组织、防范和惩治邪教活动的决定》（以下简称《邪教决定》）与2000年12月28日通过的《关于维护互联网安全的决定》（以下简称《互联网决定》）也作为单行刑法来看待。如有学者采取实质与形式的区分方法进而指出，"1997年《刑法》实施之后，全国人大常委会形式上通过了3部单行刑法。但由于1999年10月30日通过的《关于取缔邪教组织、防范和惩治邪教活动的决定》与2000年12月28日通过的《关于维护互联网安全的决定》并未从实质上对现行刑法进行修改或者补充，也没有创制新的罪名，因而新刑法颁布之后，实质上还只有《关于惩治骗购、逃汇和非法买卖外汇犯罪的决定》一部单行刑法"。[36]此外，还有观点认为，2020年6月30日通过的《中华人民共和国香港特别行政区国家安全法》（以下简称《香港国安法》）属于一部单行刑法。[37]

应当看到，由于《邪教决定》与《互联网决定》并没有设立独立的罪刑条款，内容仅属于提示性规定，处理相关犯罪问题时所要援引的规范仍然是现行刑

---

[31] 陈兴良：《刑法修正案的立法方式考察》，《法商研究》2016年第3期，第5页。
[32] 刘之雄：《单一法典化的刑法立法模式反思》，《中南民族大学学报（人文社会科学版）》2009年第1期，109页。
[33] 储槐植：《1997年刑法二十年的前思后想》，《中国法律评论》2017年第6期，第4页。
[34] 赵秉志：《当代中国刑法法典化研究》，《法学研究》2014年第6期，第189页。
[35] 赵秉志、袁彬：《当代中国刑法立法模式的演进与选择》，《法治现代化研究》2021年第6期，第5页。
[36] 黄明儒：《论刑法的修改形式》，《法学论坛》2011年第3期，第16页。
[37] 张明楷：《刑法学（上）》（第六版），法律出版社2021年版，第19页。

法中的条文，故上述《邪教决定》与《互联网决定》并不是真正的或者说典型的单行刑法。[38] 易言之，即便承认上述《邪教决定》与《互联网决定》具有一定单行刑法的色彩，但由于上述规范不能成为定罪量刑的依据，难以彰显出刑法的基本功能。相比之下，《骗购外汇决定》设置了"骗购外汇罪"这一独立罪名，规定了特定的罪状与法定刑，具有独立性。并且，单行刑法作为刑法渊源的类型之一，可以成为司法裁判直接援引的定罪量刑依据，并写入刑事裁判文书中，《骗购外汇决定》恰恰具有这样的功能特征。此外，需要说明的是，《香港国安法》规定了具体的罪刑规范，在性质上确实属于单行刑法，但却是一部具有特定性的——针对香港特别行政区——刑事法律。因此，本书并未将其作为重点分析对象展开研讨。后文仍然是基于既有分析，将《骗购外汇决定》这一并不对时空条件作出限定的法律作为单行刑法的分析样本。

三、附属刑法的理论阐释

在我国学界以及实务部门中，附属刑法的称谓虽已被广泛接受，但对于附属刑法的基本类型与判定标准，或者说"附属刑法"一语究竟可以指称哪些法律条文，学界存在不同的看法。进而言之，关于附属刑法的概念，我国学者往往是从不同视角予以阐释。有学者认为，"附属刑法是特指那些非刑事法律中的义务性规定及其违反后的刑事罚则；由于实质上配置了法定刑，所以此类规范条文具有了刑法性质"。[39] 另有学者指出，"附属刑法是指具有'由国家立法机关制定'、基本内容是'犯罪与刑罚的行为规范'与'非刑事法律中附加制定'等三个基本构成特征的刑法规范类型"。[40] 还有学者指出，"附属刑法实际上泛指非刑法中包含刑事责任的条款"。[41] 直观来看，附属刑法是附着于非刑事法律规范中的、与认定犯罪或科处刑罚问题直接相关的条款。

对于附属刑法的基本类型，学界也展开了进一步探讨。有观点认为，"非刑事法律中的刑法条款通常可分为三种类型：一是抽象型的刑法条款，此类条款仅在相应的非刑事法律中规定某种违法行为应依法追究刑事责任。二是引用型的刑法条款，此类条款对违反非刑事法律的某种违法行为，明确规定应引用刑法典某

---

[38] 张明楷：《刑法学（上）》（第六版），法律出版社 2021 年版，第 19 页。
[39] 张明楷：《刑法学（上）》（第六版），法律出版社 2021 年版，第 20 页。
[40] 孟庆华：《附属刑法的立法模式问题探讨》，《法学论坛》2010 年第 5 期，第 76 页。
[41] 齐文远：《刑法学》，北京大学出版社 2011 年版，第 11 页。

某条款定罪量刑。三是独立型的刑法条款,此类条款单独在非刑事法律中规定了相应的罪名和法定刑故称为独立型条款"。[42]另有学者从广义上将附属刑法划分为附属刑事责任条款与实质性附属刑法,其认为,"1997年刑法修订之后,非刑事法律规范中制定了许多有关刑事责任的条款,'构成犯罪的,依法追究刑事责任',此类条款可被称之为'附属刑事责任条款'。而附属刑法作为一种刑法渊源,必须具备刑法规范的基本特征,只有当非刑事法律中设置了包含有罪状(行为模式)和法定刑(法律后果)的规定,可被称之为实质性附属刑法"。[43]还有学者认为,"我国附属刑法目前主要有'笼统式'与'依照式'两种立法模式。'笼统式'规定一般表述为'构成犯罪的,依法追究刑事责任','依照式'规定一般表述为"依照刑法追究刑事责任",这些表述由于缺乏必要的明确性,因而缺乏实际的可操作性。"[44]此外,有学者研究指出,"依据条文的明确性,可将这种泛称为附属刑法的条文分为三种不同模式,一是明示型,即虽然附属刑法缺乏法定刑规定,但就犯罪如何处理,行政法律明确规定了直接适用的刑法条文;二是半明示型,即仅仅明确罪状,但是对于法定刑或者应当适用的刑法条文不予明确规定;三是宣示型,也就是有关刑事责任的规定不针对任何具体的行为,而且在整个法条中就用一个条文加以表述,即'违反本法规定,构成犯罪的,依法追究刑事责任'"。[45]可以看到,以上关于附属刑法的类型描述存在一定差异,有学者强调附属刑法实质上是指包含了独立设置罪刑条款的类型;而也有学者结合我国刑法立法实践,考虑到我国并未设置独立设置罪刑条款类型,因而依托于条款明确性程度将附属刑法划分出三种不同类型。

大体而言,在"97刑法"颁布之前,我国非刑事法律规范中虽然未曾出现过包含明确罪状与法定刑的独立意义上的附属刑法;但当时非刑事法律规范中确实存在着相对具体的关于涉嫌犯罪行为的规范表述,仍然具有一定的法律创设色彩。在这一时期,一些民事、经济、行政法律中"依照""比照"刑法有关条文追究刑事责任的规定,虽然存在自身的法治局限,但实际上仍然属于具有相对明确指引作用的"转至性条款"。例如,1984年颁布的《专利法》第63条规定:

---

[42] 赵国强:《刑事立法导论》,中国政法大学出版社1993年版,第246页。
[43] 吴情树、陈开欢:《附属刑法规范的理性分析与现实选择》,《福建警察学院学报》2008年第5期,第100页。
[44] 孟庆华:《附属刑法的立法模式问题探讨》,《法学论坛》2010年第5期,第76页。
[45] 童德华:《附属刑法:实现刑法参与国家治理的有效形式》,《时代法学》2020年第1期,第2-3页。

"假冒他人专利的,依照本法第六十条的规定处理;情节严重的,对直接责任人员比照刑法第一百二十七条的规定追究刑事责任"。对于此类规定,有学者指出,我国刑法本来没有规定关于假冒专利的犯罪,为了有效地保护专利权益,新设了这一犯罪,这一条款属于刑法特别法规。[46]事实上,"79刑法"仅在第127条规定了"假冒注册商标罪",旧《专利法》第63条的规定,是将假冒专利的行为按照假冒注册商标罪予以规制,确实具有一定的创制性——将尚未缺乏刑法明文规定的行为作为犯罪来处理。但无论如何,这一规定没有创造出独立的新罪名;即便存在对违法行为的规范表述,但也未能明确其相应的法定刑,而只能援引刑法中的某一相似罪名,因而也不能被视为实质意义上的附属刑法。

在"97刑法"颁行之后,我国非刑事法律规范中的"法律责任"章节中逐步开始出现"构成犯罪的,依法追究刑事责任"条款;随着2009年全国人大常委会通过《关于修改部分法律的决定》,将我国非刑事法律中最后几条具有实质指引作用的条文悉数变更为宣示性规定,标志着我国附属刑法单一犯罪宣示性立法模式的最终确立。[47]近年来,非刑事法律规范中几乎无一例外地会规定此类条款。

四、"依法追究刑事责任"条款的性质辨析

从规范分析层面来讲,目前学者在附属刑法的界定上呈现出细微的差别,主要源于对当前非刑事部门法中普遍存在的"构成犯罪的,依法追究刑事责任"条款的不同理解。

有学者指出,"在我国立法中,'构成犯罪的,依法追究刑事责任'使我国附属刑法虚化现象明显;此类条款缺乏实质性内容,表明我国法律体系中并不存在严格意义上的附属刑法"。[48]另有学者强调,"目前看来,我国'构成犯罪的,依法追究刑事责任'附属刑法没有独立的体系地位,仅体现出犯罪宣示的形式机能,只是对刑法法典内容的重申,定罪量刑必须依托法典进行。附属刑法实质机

---

[46] 高铭暄、姜伟:《刑法特别法规的立法原则初探》,《法学评论》1986年第6期,第11页。
[47] 王桢:《向死而生:我国附属刑法的立法批判与体系重构》,《天府新论》2019年第1期,第122页。
[48] 童德华:《附属刑法:实现刑法参与国家治理的有效形式》,《时代法学》2020年第1期,第2-3页。

能若消失殆尽,则成为空留'躯壳'的形式,也就意味着死亡"。[49] 与上述观点有所不同,另有观点认为,"罪状与法定刑不论是否存在于同一法规,均可以作为刑法规范的两个组成部分。我国刑法典及单行刑事法律中所规定的刑法规范大都是由这两部分构成的,可称为是完整的刑法规范。附属刑法仅规定罪状,法定刑却需参照或引用刑法典有关条款,因此,'构成犯罪的,依法追究刑事责任'并非全部不具有罪状(行为模式)与法定刑(法律后果),可称之为不完整的刑法规范,仍然具有刑法规范的性质。将附属刑法中规定的罪状与刑法的法定刑结合起来,便会形成一个完整的刑法规范"。[50] 另有学者概括指出,"在非刑事法律中,'构成犯罪的,依法追究刑事责任'是间接规定了罪状及法定刑,故我国具有真正的附属刑法"。[51]

值得思考的是,如果说在非刑事法律规范中存在某一条文提及"犯罪、刑罚或刑事责任",表现出某种与刑法相关联的特征,这种条款具有一定程度的"刑法"因素,故可以称之为附属刑法的话,那么,我们当然可以认为现有的非刑事法律规范中存在"附属刑法"。但问题在于,此类"附属刑法"是否具有刑法品行以及实际功能。毕竟,任何法律范畴的存在都要表现出在规范设置上的意义或适用上的功能。

客观而言,"构成犯罪的,依法追究刑事责任"条款并没有指向任何具体的违法类型,仅具有宣示意义,而缺乏创制性;无法直接适用于刑事司法实践——相关行为是否构成犯罪仍然取决于刑法的规定,显然也不能将之理解为具有独立意义的附属刑法。[52] 事实上,只有在非刑事法律中直接规定了具体的违法类型及其法定刑的条款,才能被称为实质意义上的附属刑法,也即前文提及的独立型刑法条款。域外刑法规范体系中,由非刑事部门法规定义务规范以及违反后的刑罚措施,是一种常态;而且附属刑法占据着极大的比例,数量之多甚至难以全面统计,[53] 但我国现有立法中尚未出现此类具有独立意义的附属刑法规范。对于附属刑法,我们可以从如下方面把握其性质,并以此确立后文反思性研究的基本坐标。

---

[49] 王桢:《向死而生:我国附属刑法的立法批判与体系重构》,《天府新论》2019 年第 1 期,第 122 页。

[50] 孟庆华:《附属刑法的立法模式问题探讨》,《法学论坛》2010 年第 5 期,第 77-78 页。

[51] 邹易材:《刑法法典化背景下的附属刑法论争》,《广西警察学院学报》2019 年第 5 期,第 12 页。

[52] 储槐植:《1997 年刑法二十年的前思后想》,《中国法律评论》2017 年第 6 期,第 4 页。

[53] 储槐植:《1997 年刑法二十年的前思后想》,《中国法律评论》2017 年第 6 期,第 4 页。

首先，从理论上来讲，附属刑法表现出附属性、补充性以及行政性等特征。就附属性而言，"附属"意味着依附于其他，也即附属刑法实际上是被设置在民商经济法、行政法或社会法等非刑事法律规范之中；就补充性而言，"补充"意味着附属刑法表现出不同于刑法典、以自然犯为基础并对传统法益进行直接保护的模式，附属刑法往往不会直接涉及国家安全、人身或财产等法益的保护，而主要是通过在经济或社会管理领域发挥刑法的治理功能，以实现一种对非传统法益的补充性保护。就行政性特征而言，"行政"意味着附属刑法的适用往往是以行为具有行政违法性为前提，因而体现出刑法所应具有的二次规范特征，并表现出在行政手段难以充分发挥作用的前提下适度进行刑事干预的色彩。总体而言，上述关于附属刑法特征的分析所针对的是独立型附属刑法。由于我国并上不存在真正意义上的附属刑法，具有行政管理色彩的犯罪也几乎全部集中规定在刑法典中；在当前自然犯与法定犯集中于刑法典的立法局面下，法定犯所表现出的与实质附属刑法规范的差异性，便成为后文所要反思的重点内容。

其次，就独立型附属刑法立法而言，其规定方式主要有两种情况："一是像刑法典分则条文一样，条文的前段规定具体的罪状，而后段规定法定刑；二是在一个条文中规定禁止事项或命令事项，在另一条文规定"违反本法第××条的，处……"。理论上来讲，对罪状容易作简短表述的，应采取前一种方式；行为复杂、对罪状不易作简短表述的，应采取第二种方式。[54] 由于我国目前并不存在独立型附属刑法，且并未表现出明确引入独立型附属刑法的倾向，对于此种附属刑法立法的设置模式及其条文表述的研究尚不深入。后文在展开结构性反思并探讨我国刑法立法模式与修改方式的未来走向时，将对独立型附属刑法缺位的影响以及未来的具体选择展开进一步探讨。

最后，需要补充说明的是，当前普遍存在"构成犯罪的，依法追究刑事责任"条款虽然不属于实质意义上的附属刑法，但该条款是否表明立法事实的客观存在并具有指引刑法立法的"约束"作用，学界存在不同理解。一种观点强调，非刑事部门法中规定"构成犯罪的，依法追究刑事责任"条款，已经表明该法中的某一不法行为具备了需要依靠刑法予以规制的社会危害性，因而可以推进刑法立法。[55] 另一种观点强调，非刑事部门法中规定"构成犯罪的，依法追究刑事责

---

[54] 张明楷：《行政刑法辨析》，《中国社会科学》1995年第3期，第117页。
[55] 参见孙运英、邵新：《浅议"构成犯罪的，依法追究刑事责任"》，《法学评论》2006年第4期，第154页。

任"条款，主要是出于威慑力考虑，这种条款并不能直接决定刑法是否应当将某一不法行为犯罪化；是否推动刑法立法，仍然需要作出独立判断[56]。上述观点的分歧，表明我们目前在刑法与非刑事部门法的规范衔接立法实践上并没有形成明确的认知，因此，有必要对当前刑法与前置法之间的规范衔接立法实践展开进一步的考察，并就当前刑法立法大一统局面下刑法与前置法之间的关联结构以及刑法在回应与前置法的规范衔接立法需求时所暴露出的实际问题展开必要的反思。

第三节 刑法修改方式的理论阐释

一、刑法修改的基本类型

法律自生效之日起就可能落后于社会发展，表现出滞后性。为了确保法律能够因应社会发展，避免与现实相脱节，并同时保证法律本身的延续性与相对的稳定性，法律修改便成为立法活动中必不可少的环节，是法律因时而动的表现。尤其是对于刑法而言，罪刑法定原则的约束使得刑法难以适用于尚未被明确规定为犯罪的违法类型，为了保持刑法的适用性，立法机关必然要适时地修改刑法。

从理论上来讲，刑法修改是立法机关根据社会需要以及犯罪发展态势，适时针对不合理的刑法条文作出相应修改或者针对特定立法事实选择增补刑法条文的立法活动。如有学者指出，"从刑法修改的范围来看，有全面修改与部分修改两种形式；从修改所采取的载体形式看，有刑法典修改、单行刑法修改与附属刑法修改等形式；从修改所涉及的内容看，有废止型修改、修订型修改与补充型修改几种形式"。[57] 应当看到，刑法修改作为法律修改中的常规样本，理论上可以存在多种方式、涉及多个考察维度；但由于立法模式所限，目前我国关于刑法修改的实践主要是以刑法修正案的方式来展开的。直观来看，刑法修改是对现行刑法的补充和完善，包括增设条文、删减条文或对现有条文的表述与内容所做出的变更，其目的在于确保刑法与社会发展保持相对的同步性，契合社会治理的现实需求。由此而言，刑法修改的预期目标也有所不同，可以是基于否定性目标对存在问题的现有条文作出废止，也可以是基于改善性目标对现有条文作出优化完善，

---

[56] 参见吴允锋：《非刑事法律规范中的刑事责任条款性质研究》，《华东政法大学学报》2009年第2期，第42页。

[57] 黄明儒：《论刑法的修改形式》，《法学论坛》2011年第3期，第12页。

还可能是基于补充性目标针对立法漏洞增补特定条文。

在我国立法实践中，法律修改包括两种基本类型，即"法律修正"和"法律修订"。前者通常所针对的是待修改内容较少的情形，也即对法律进行部分修改，因立法机关发布的专门性修法文件的类型有所不同，"修正"可被进一步划分为"修改决定"与"修正案"两种不同方式。与"修正"——对法律作出部分修改——有所不同，"修订"是一种对法律进行全面、系统修改的方式；法律经过修订后，立法机关需要重新颁布修订后的法律文本，而不是颁布专门性的立法文件。[58] 可以看到，"法律修正"属于小修小补，而"法律修订"则属于大修；"法律修正"属于法律修改的常态，而"法律修订"则相对慎重，不能经常开展。并且在载体形式上，"法律修正"与"法律修订"存在明显差异，前者存在专门性法律文件，而后者则是颁布新法。更为重要的是，"法律修正"是以维持现有法律规范的体系结构为基础，不会引发条文顺序与篇章结构的变化，而"法律修订"具有系统优化的特征，法律往往要经过重新编纂，篇章结构与条文顺序均将发生改变。

如前所述，刑法修改方式与刑法立法模式存在紧密关联，但又处于不同维度，刑法立法模式上的不同选择将会对刑法修改的方式产生直接影响。进而言之，如果基于刑法立法大一统模式，刑法规范载体选择排除了单行刑法与附属刑法的存在空间，那么刑法修正案似乎便成为目前刑法修改的唯一方式，直至有朝一日对刑法典进行全面修订，也即出现了"新刑法"。如果说意欲打破刑法典大一统格局，推动刑法规范载体选择上的"多元化"，刑法修改的方式也自然不限于刑法修正案，对单行刑法与附属刑法自身作出修改的各类形式也将成为刑法修改的常规方式。此外，在刑法规范载体"多元化"的局面下，对于同时涉及刑法典与单行行为或附属刑法的关联性犯罪问题，刑法修改还可能涉及同时对刑法典与单行刑法或附属刑法作出联动性修改。

由于法律修改包括了修正与修订两种基本类型，刑法修改也可被划分为"刑法内容的部分修正"与"刑法典的全面修订"两种类型。就"修正"而言，如果是在多元化立法的背景下，刑法规范的修正既包括对刑法典进行修改时的"修正案"模式与"修改决定"模式，也包括对单行刑法与附属刑法进行修改时采取的修改决定模式。一方面，"97刑法"颁行之前，立法机关以单行刑法对刑法典进行修改在一定程度上更接近于"修改决定"模式，但由于对刑法典作出修改的

---

[58] 吴恩玉：《修正与修订的界分及相关法律适用问题》，《人大研究》2010年第1期，第39-40页。

具体条文又依附于单行刑法，因此不能完全被刑法典所吸纳，反而造成了刑法典与单行刑法之间的交错局面；另一方面，理论上来讲，对于单行刑法也可以采取修正案的模式，这主要取决于单行刑法的篇幅。此外，如果是在刑法立法大一统背景下，修正案则往往成为刑法修改的常规途径，也即我国目前刑法修改的基本样态。就"修订"而言，刑法典的全面修订则是以刑法典为修改对象，其目标是颁布新的刑法典，其中不仅有条文的删改与补充，更涉及体系结构的重构，1997年刑法系统修订便属于这一类型。

二、刑法修正案的技术特征

如前所述，"修正"可被进一步划分为"修改决定"与"修正案"两种不同方式。事实上，我国刑法修正经历了由"决定""补充规定"等单行法律文件向"修正案"方式转变的过程。作为当前刑法修改常见方式之一，修正案的技术特征在于其最终将融入刑法典，并且能够保持当前的刑法条文顺序，不会对刑法体系结构带来变化，兼顾法律的稳定性和适应性。[59] 采取修正案的方式对法律进行修改，被认为是我国立法技术进步的重要标志。例如，1982年12月4日，五届全国人大五次会议通过现行《中华人民共和国宪法》（以下简称《宪法》）；此后，1988年首次对现行《宪法》进行修改之时便采取了修正案的方式，新中国成立后我国首次在修法过程中采用修正案的方式。

事实上，早在20世纪90年代，针对"单行刑法是对刑法典修改补充的方式"这一传统观点，有学者便提出商榷意见，主张"可尝试通过修正案模式对刑法典进行修改"，[60] 但这一想法并没有为立法机关所采纳而付诸实践；直至"97刑法"颁行后，1999年12月25日，九届全国人大常委会第13次会议通过的《中华人民共和国刑法修正案》，是新中国立法史上第一次以修正案方式对刑法进行修改。无论是从刑法修改方式之形式层面，还是从完善刑法罪刑规范之实质层面来看，第一部《刑法修正案》对我国的刑事立法均产生深远的影响。第一次尝试运用《刑法修正案》对刑法典作出修改的原因在于，国务院在会上提出了《关于惩治违反会计法犯罪的决定（草案）》和《关于惩治期货犯罪的决定（草案）》两项单行刑法修改议案，一些委员、部门和专家提出应考虑到刑法的统一，

---

[59] 孔德王：《论作为法律修改方式的法律修正案》，《四川师范大学学报（社会科学版）》2017年第6期，第25页。

[60] 赵国强：《刑事立法导论》，中国政法大学出版社1993年版，第225页。

认为采取刑法修正案的方式修改刑法比较合适。[61] 以修正案方式对刑法典做出修改，实际上是对 20 世纪 80 年代以来以"决定""补充规定"等单行法律文件单行刑法来修改、补充刑法规范之修法方式的重大调整。

"97 刑法"颁行以后，立法机关采取刑法修正案的形式修改刑法，其中原因之一就是考虑到以单行刑法形式修改刑法典往往对刑法典本身的统一性、完整性乃至权威性具有破坏作用，不利于实现刑法典修订与刑法典本身的有效融合，并且不利于司法机关适用刑法。相对而言，刑法修正案是对刑法典原有条文的修改、补充、替换或者在刑法典中增补新的条文，不但可以直接将其修订内容纳入刑法典，不致打乱刑法典的条文次序，从而有利于维护刑法典的完整性、连续性和稳定性，有利于刑事法治的统一和协调，同时还有利于直接促成刑法典的改进，从而方便理解与适用。[62] 从技术特征来看，采取修正案对刑法典分则条文进行改换、删除、增补，被叫做"增删法"，通过直接注明修改和补充的内容在刑法典中的位置和作用，不仅有利于明确修正案与刑法典之间的关系，而且从形式上保证了刑法典的完整性和权威性，是法典编纂的一个新的尝试，这在我国刑法立法技术史上具有重要的意义。[63]

总体而言，修正案具有如下技术优势。其一，修正案不会改变现有刑法中条文顺序与体系结构。如果是以修正案来增加条文，便可以将之置于内容相近的条文之后列为"之一"或"之二"，由此保持条文顺序的连贯性。如果是对某一条文作出修改，则刑法之中的原条文便会产生相应的变化，最终直接转变为新的条文。如果是删除某一条文，则该条文序号下则将出现空白，待将来新增条文时再予以填补。可以看到，修正案可以在不改变刑法分则体例结构的情况下，直接而明确地实现条文的修改、补充或更换，优化刑法典中的罪刑规范。由此而言，修正案可以在不改变刑法典条文顺序的情况下实现条文增减，有利于维护刑法典的完整性和稳定性。

其二，刑法修正案虽然具有一定的独立性，但最终将会融入刑法典之中，因而修正案并不会引发刑法典与其他规范之间的外部冲突，这被认为是以往以单行刑法对刑法典进行修改、补充所不具备的技术特征。刑法修正案与刑法典相关条文的关系，是形式上的同一和内容上的替代关系，刑法修正案在形式上和内容

---

[61] 黄太云：《刑法修正案涉及的主要问题》，《中国人大》2000 年第 2 期，第 19 页。
[62] 黄京平、彭辅顺：《刑法修正案的若干思考》，《政法论丛》2004 年第 3 期，第 50-51 页。
[63] 高一飞：《〈刑法修正案〉述评》，《法学》2000 年第 6 期，第 41 页。

上取得了刑法典相应规定的效力。因此，刑法修正案一旦通过，立即完成它的使命，而被纳入于刑法典中，原刑法典的内容立即被新的内容所替代。[64] 因此，在部分学者看来，中国应当在承认刑法修正案形式合理性的基础上，进一步将刑法修正案作为中国刑法修订的唯一的合法形式（模式）。[65]

三、刑法修改的幅度与频次

在"97刑法"颁行至2023年7月的26年时间里，立法机关已经颁布了十一部刑法修正案对刑法典进行修改、补充，大体上平均二年左右便出台一部刑法修正案，涉及对刑法作出实质性修改、补充的条文共计达到200条以上。如何评价我国以刑法修正案对刑法典进行的幅度与频率，究竟是频率太高太快、修改增补条文数量太多，需要予以调整；还是说这种修改的幅度与频率符合社会发展的现实需求，因而是可取的；抑或是仍然有不足之处，存在进一步完善的空间。进而言之，目前刑法修改的幅度与频率是否科学呢？

从运用刑法修正案这一修法技术的初衷来看，修正案主要针对的是刑法分则之具体罪名，一般不应涉及对刑法总则条文的修改。如学者所指出，"修正案的立法技术进一步完善主要表现在，修正案的全部内容只涉及刑法分则，没有涉及刑法总则。修正案只是关注刑法分则的修改与增加，对一些犯罪的构成要件进行修改"。[66] 并且，由于刑法修正案所涉及的条文往往不会聚焦于某一类犯罪，而单行刑法往往是以某一类犯罪问题作为修改对象——属于主题性修改，所以刑法修正案可能涉及对刑法分则中数个条文的修改。在2011年2月25日《刑法修正案（八）》颁布之前，我国采取刑法修正案方式的修法实践大体上坚持了上述原则，也即对刑法分则涉及某一类犯罪的少量条文作出部分修改，并未涉及总则部分。但是，自《刑法修正案（八）》开始，以修正案方式对刑法典的修改篇幅明显增加——《刑法修正案（八）》共计50条，并且修改内容也不再限于刑法分则部分，刑法总则部分也可以通过刑法修正案的方式作出修改；此后，《刑法修正案（九）》与《刑法修正案（十一）》也是延续了"修改篇幅较大"与"涉及总则部分"等特点。

---

[64] 黄明儒：《论刑法的修改形式》，《法学论坛》2011年第3期，第15页。
[65] 魏东：《刑法修正案观察与检讨》，《法治研究》2013年第2期，第19页。
[66] 高铭暄、吕华红：《论刑法修正案对刑法典的修订》，《河南省政法管理干部学院学报》2009年第1期，第17页。

同时，从刑法修改的主要内容来看，增补或完善的条文大多集中于经济犯罪或社会管理等领域，相比之下，传统的自然犯较为稳定，修改条文数量相对较少。事实上，上述修法状况与我国刑法立法大一统模式直接相关。由于我国目前几乎将全部犯罪统统规定在刑法典中，而刑法分则第三章"破坏社会主义市场经济秩序罪"和第六章"妨害社会管理秩序罪"又是条文最多的章节，历次刑法修正都集中在这些领域。进而言之，社会发展中的刑法规范输出诉求多是为了回应经济发展或社会管理所引发的新兴问题，为积极推进刑法参与社会治理，抑或是为了有效防范新生事物所引发的风险，立法者通过对刑法典中的行政犯进行持续性的增加或细化，不断充实犯罪类型，以保障经济秩序或维护社会管理秩序。[67]相比于域外多元化立法模式而言，我国将本应由行政刑法、经济刑法规定的行政犯罪、经济犯罪纳入刑法典中，由此可能引发的问题在于，要么因为频繁修改，导致刑法典丧失稳定性，要么为了维护刑法典的稳定性，而不能及时规制行政犯罪、经济犯罪。[68]

事实上，在《刑法修正案（八）》颁布之后，有学者便指出我国的刑法修改过于频繁，其认为，"如此频繁的刑法修改，不但在古今中国刑法立法史上绝无仅有，而且在有据可查的世界刑法立法史上，恐也无出其右"。[69]有学者进一步强调，"尽量避免高频次的刑法修订。毕竟，刑法是关乎公民根本利益的后盾法，如此频繁地修改刑法典，公民就会对法典本身产生质疑，动摇其心中对法典或者法权威的信念刑法修正案不宜过于频繁启动，除非在发现刑法典存在重大漏洞或者严重不适应社会生活需要的情况下，才可以经过严肃慎重的立法修改的启动程序和修改程序而制定出台刑法修正案，以保持刑法典的相对稳定性。即使需要制定出台刑法修正案，最好也要调研论证5年、10年甚至更长时间，切实做到刑法修正过程是一个严肃认真、周全权衡的过程，切实兼顾好刑法修正案与刑法典之间的有效融合，并由国家立法机关在制定出台新的刑法修正案的同时立即公布经过刑法修正案修正之后的现行刑法典"。[70]

当然，也有学者基于对域外修法实践的考察，指出我国当前以刑法修正案为

---

[67] 参见曹波、于世淇：《论新时代统一刑法典模式的辩驳与坚持》，《重庆理工大学学报（社会科学版）》2020年第10期，第82页。
[68] 张明楷：《刑事立法的发展方向》，《中国法学》2006年第4期，第19页。
[69] 邢馨宇、邱兴隆：《刑法的修改：轨迹、应然与实然——兼及对刑法修正案（八）的评价》，《法学研究》2011年第2期，第20页。
[70] 魏东：《刑法修正案观察与检讨》，《法治研究》2013年第2期，第19-20页。

基本形式的修法实践，无论是整体的篇幅，还是修改的频率，都难以被称为"频繁"。[71] 考虑到我国刑法立法大一统立法局面下，行政犯都被置于刑法典之中，当前刑法规范的变动主要集中在经济犯罪或社会管理领域犯罪；而域外对于刑法典修改的统计并不包括置于非刑事部门法中附属刑法（行政刑法）。如果是基于横向对比，考虑到各种刑法规范类型在整体数量上的差异，或许可以认为，我国刑法修改的频次可能并非如质疑者所认为的过于频繁。

此外，从近几次刑法修改实践来看，我国大体上采取了一种"积攒式"修法模式，也即将多个领域的刑法立法问题积攒到一起，进行统一讨论、集中立法。换言之，除了《刑法修正案（十）》之外——体现出快速回应的特点，立法机关通常要对刑法中的数个甚至数十个条文进行修改、补充，最终颁布的修正案也是涉猎广泛、内容庞杂。这种"积攒式"修法模式主要是在当前刑法立法大一统格局下出于控制修法频率、保持刑法稳定性的考虑；并且，从理论上来讲，基于较长时间的修法研讨，对于立法事实问题的认知与条文草案的分析可能会更为深入。但是，将数个不同领域的刑法立法问题积攒到一起纳入同一刑法修正案，实际上也使得刑法在回应社会问题时相对滞后。

与刑法立法大一统局面下的"积攒式"修法模式相对应的是一种"零散式"修法模式（后文将梳理德日等国修法特点），也即，当某一对象问题确实存在着犯罪化的必要性时，由此引发的刑法规范输出需求，刑法立法往往采取一事一立、次数频繁的"小修小补"修法模式，也即整体上表现出一种少量多次的修法。事实上，如《刑法修正案（十）》一般仅涉及一个条文的简约式修法模式，在我国也是完全可行的。对于"积攒式"与"零散式"这两种修法模式的差异及其效果，后文也将展开进一步的反思。

四、现行刑法全面修订的时机把握

自 1997 年对刑法典进行系统修订之后，我国主要是以刑法修正案的方式对刑法典进行修改和补充，较好地维持了刑法典体系结构的完整性。但由于经过系统修订后的"97 刑法"已经实施了二十多年，是否有必要对其再次作出系统修订以实现一种体系结构上的整体性优化呢？如学者所言，"多次对刑法进行部分

---

[71] 参见张明楷：《日本刑法的修改及其重要问题》，《国外社会科学》2019 年第 4 期，第 4 页；张志钢：《转型期中国刑法立法的回顾与展望——"历次刑法修正评估与刑法立法科学化理论研讨会"观点综述》，《人民检察》2017 年第 21 期，第 53 页。

修改最终可能导致刑法的全面修改，可以说，部分修改方式是全面修改方式的前提与基础，而全面修改方式则属于部分修改方式的后果与经验总结"。[72] 当刑法典部分修改的经验已经积累到一定程度之后，是继续坚持当前以修正案方式对刑法典进行适时修改、补充之基本态度，还是说这种以修正案为基础的刑法典适时修正方式已经不足以满足刑法典体系结构优化的基本要求，而需要系统修订刑法典已实现一种升级式的法典编纂。虽然学界都认可应当在适当时机对刑法典作出全面系统的修订，如学者所言，"在适当的时机，国家立法机关还可以考虑将对刑法典集中而系统、全面的修改提上立法工作的日程，以修订出更加科学、完备因而具有更长久的适应性的刑法典"，[73] 不过，对刑法典系统修订的时机如何把握，如何确定一种具体标准，实际上也是一个值得探讨的问题。

目前，对于系统修订刑法典是否处于恰当的时机问题或者说系统修改之必要性问题，学界存在不同看法。部分学者认为，现行刑法典仍然处于一个理想的适用期，并非是达到一种非系统修订不可的局面，因此，刑法修正案仍应是中国刑法典的常态改良方式，全面修订"97 刑法"为时尚早。具体而言，这一观点主张，"没有任何证据充分地显示，"97 刑法"已经陈旧到了不堪重用的地步，或严重脱离刑法理论体系，因而也就不存在全面修订的现实必要性。但客观地看，随着社会形势的发展和刑事政策的调整，全面修订刑法典也可能是未来某个时期必要的选择。不过，不宜推进得过快，要结合中国经济社会发展的现实情况，在条件成熟之际理性启动"。[74]

与上述观点有所不同，另有观点认为全面、系统修订刑法典已经迫在眉睫，但对于系统修订刑法典是否会产生实质的立法模式变革，学界仍存在不同看法。有学者认为刑法典系统修订的动因在于变革当前刑法规范载体的"一元化"格局，也即认为，"如果继续采取刑法典单轨模式，将大量的法定犯、行政犯纳入刑法典予以统一规制，不仅可能导致刑法典臃肿肥大、功能失调，而且必然会因为法定犯、行政犯不法与罪责内涵、程度的易变性，而破坏刑法典的稳定性与权威性。因此，我们不仅需要斟酌适时启动对 1997 年刑法的全面修订，而且应当反思刑法典单轨模式本身的利弊，总结 1979 年刑法时期刑法典、特别刑法与附

---

[72]　黄明儒：《论刑法的修改形式》，《法学论坛》2011 年第 3 期，第 15 页。
[73]　赵秉志、王俊平：《改革开放三十年的我国刑法立法》，《河北法学》2008 年第 11 期，第 2 页。
[74]　高铭暄、孙道萃：《97 刑法典颁行 20 年的基本回顾与完善展望》，《华南师范大学学报（社会科学版）》2018 年第 1 期，第 43 页。

属刑法三者并立立法模式的经验教训,借鉴其他法治国家的立法模式,构建适应我国当下犯罪控制与社会治理需要的刑法立法模式"。[75]

当然,另有主张应尽快系统修订的刑法典的学者则将修法的着眼点解读为"大幅度提升法律的现实性、整合性和系统性",其认为,"当前的刑法典系法典化立法处于探索、起步阶段的产物,在新时代有必要按照法典化的更高要求打造刑法典的'升级版'。法典编纂的理念全面修订刑法典的任务包括整合反恐法、反间谍法、监察法等其他法律的处罚内容;与民法典等其他部门法有机衔接;吸纳现存的单行刑法、刑法修正案、立法解释以及司法解释的合理内容"。[76] 易言之,在上述学者看来,由于刑法典在实质层面存在上述诸多问题,因而有必要全面修订。

直观来看,如果说现行刑法典在适用中并未暴露出某种明显的功能障碍,似乎系统修改刑法典的必要性尚未显现。但仅就刑法规范载体形式问题而言,若是有必要改变当前刑法立法大一统的局面,那么似乎只有对刑法典进行全面、系统的修订才能实现这一目标。易言之,当前能够决定是否全面系统修订刑法典的是我们对于法典化这一立法技术本身的理解。事实上,如果认为应当维持刑法立法大一统局面,那么目前选择系统修订现行刑法似乎并不是必要的时机;并且在社会发展稳步向前的今日,这种合适时机的判断标准也难以被明确。反之,如果改变刑法立法大一统局面势在必行,那么,系统修订刑法则在所难免,越早推进这一系统化的立法变革所带来的阻力就会越小。

小　　结

由于历史条件的制约与立法经验的欠缺,"79 刑法"的出台更多表现为一种"仓促"之举,体例结构、规范内容和立法技术上的缺陷很快导致其无法适应社会发展的需求,以单行刑法为基础的立法补救措施也未见明显效果,可谓法制发展过程与政治、社会之间明显"脱节",因此不得不寻求系统性修改。于是,刑法典"由小到大"吞并了大量的特别刑法,并形成了刑法典大一统格局。客观而言,刑法规范的系统化整合后进一步法典化的初衷是好的,然而,由"97 刑法"所确立的刑法立法大一统,主要是对曾经的刑法规范混乱局面的纠偏,但这种纠

---

[75]　梁根林:《刑法修正:维度、策略、评价与反思》,《法学研究》2017 年第 1 期,第 63 页。
[76]　周光权:《法典化时代的刑法典修订》,《中国法学》2021 年第 5 期,第 39 页。

偏后所形成的单一法典化立法选择可能有"矫枉过正"之嫌。当下，在民法法典化的背景下，刑法是否也要紧跟民法的步伐寻求进一步的再法典化呢？事实上，刑法法典化不仅是立法技术上的问题，更关系到我国刑事法治的实质推进。面对法典化的宏大理想，刑法不应操之过急，刑法立法模式与修改方式的诸多问题仍有待从多维度展开考察与思辨。

第二章 我国刑法立法模式与修改方式的历史演进

自 1949 年新中国成立以来，我国刑法规范的载体形式与配置结构始终处于调整变化之中。"79 刑法"的颁行解决了我国刑法典"从无到有"的问题，值得肯定；但由于受到法治观念、社会环境以及立法技术运用等多方面因素的影响，"79 刑法"颁行之后不久便开始受到单行刑法的"冲击"，刑法规范体系逐步复杂化。"97 刑法"试图将单行刑法以及各种非刑事部门法中的"比照型"条款全部吸收并整合成为一部完美的刑法典，但由于社会经济形势快速发展，1998 年便出现《骗购外汇决定》这一单行刑法，1999 年又出现了第一部刑法修正案。近年来，刑法立法模式问题引发学界广泛关注，"大一统"模式与"分散型"模式或者说"一元论"与"多元论"之立场纷争逐步明朗化。[1] 以新中国成立 70 多年来刑法立法模式与修改方式的变迁过程为视角，立足立法史维度，将有助于进一步思辨我国刑法规范载体形式演进中的特征、影响因素与关键节点，为后文问题反思与对策选择奠定理论基础。

第一节　历史演进之过程梳理

对新中国成立以来刑法立法模式的变迁过程，学界曾从不同角度作出评价，试图总结出其中规律。有观点认为，"新中国成立 70 余年，我国在刑法立法模式上经历了一个由单行刑法与附属刑法并存，到刑法典、单行刑法与附属刑法并存，再到以刑法典为主并辅之以单行刑法的过程"。[2] 另有学者总结指出，"自新中国成立以来，我国刑法立法模式经历了复杂的变迁过程。从中国刑法立法的发展历史来看，刑法立法模式经历了三个阶段，即单一单行刑法阶段、以刑法典为主体单行刑法为补充阶段、以刑法典为主体刑法修正案为补充阶段"。[3] 此外，有学者回顾党的十一届三中全会以来我国刑法立法的发展历程时指出，"我国刑法立法模式大体上可以分为以 1979 刑法典的制定为重心、以 1997 刑法典的制定为重心、以 1997 刑法典的修改与完善为重心的三个阶段。这一系列进程积累了

---

[1] 参见张志钢：《转型期中国刑法立法的回顾与展望——"历次刑法修正评估与刑法立法科学化理论研讨会"观点综述》，《人民检察》2017 年第 21 期，第 53-55 页。

[2] 赵秉志、袁彬：《当代中国刑法立法模式的演进与选择》，《法治现代化研究》2021 年第 6 期，第 1 页。

[3] 柳忠卫：《刑法立法模式的刑事政策考察》，《现代法学》2010 年第 3 期；第 53 页。

我国刑法立法的基本成就"。[4] 可以看到，学界一般认为，"新中国成立后我国的刑事立法，经历了一个从分散到统一的历程"；[5] 在这一过程中，中国的刑法立法技术也经历了一个由粗疏到精细、由分散到集中、由不科学到比较科学的过程。在此过程中，中国刑法逐步走向法典化。[6] 事实上，基于不同的考察视角，我们可以对刑法立法模式变迁过程作出不同解读。在本文看来，若是以"刑法典的有无及其地位"为坐标，我们可以简要地将新中国成立后刑法立法模式变迁过程划分为"无刑法典阶段""刑法典与单行刑法并立阶段"以及"刑法典大一统阶段"。

一、新中国成立至"79 刑法"颁布：无刑法典阶段

在新中国成立至"79 刑法"颁布前的一段时间内，由于系统化刑事立法的条件尚不成熟，单行刑法、少量附属刑法规范和政务院、最高人民法院有关刑事制裁的批示、通令以及当时的刑事政策，上述法律文件共同构成了一个有欠系统的刑法体系。[7] 由于国家立法机关没有制定和颁布刑法典，单行刑法成为这一时期主要的立法模式，诸如《惩治反革命条例》《妨碍国家货币治罪暂行条例》《惩治贪污条例》，等等。这些单行刑事法律在同危害国家安全（反革命）、贪污、伪造国家货币等犯罪作斗争中发挥了重大作用。[8] 但是，这些法律只是基于特殊形势需要所制定的，是零散的、暂时的；与在全国范围内建立一套完整且相对稳定的刑法规定的要求，显然差距很大。[9]

值得注意的是，在这一阶段，一些非刑事法律也规定了罪刑规范，也即存在实质意义上的附属刑法。对此，有学者曾明确指出，"在附属刑法规范中直接规定罪名与法定刑，我国也是有先例的。例如，1957 年颁布的《国境卫生检疫条例》第 7 条规定：'如果因违反本条例和本条例实施规则而引起检疫传染病的传

---

[4] 高铭暄、孙道萃：《我国刑法立法的回顾与展望——纪念中国共产党十一届三中全会召开四十周年》，《河北法学》2019 年第 5 期，第 3 页。
[5] 刘之雄：《单一法典化的刑法立法模式反思》，《中南民族大学学报（人文社会科学版）》2009 年第 1 期，第 108 页。
[6] 赵秉志：《当代中国刑法法典化研究》，《法学研究》2014 年第 6 期，第 184 页。
[7] 参见刘之雄：《单一法典化的刑法立法模式反思》，《中南民族大学学报（人文社会科学版）》2009 年第 1 期，第 108 页。
[8] 高铭暄、赵秉志：《中国刑法立法之演进》，法律出版社 2007 年版，第 37 页。
[9] 参见高铭暄、赵秉志、王勇：《中国刑事立法十年的回顾与展望》，《中国法学》1989 年第 2 期，第 67 页。

播或者引起检疫传染病传播的严重危险,人民法院可以根据轻重依法判处二年以下有期徒刑或者拘役,并处或者单处一千元以上五千元以下罚金'。类似这样的立法方式还有不少"。[10] 可见,由于新中国成立初期刑法典的缺位,一些非刑事法律不得不规定了少量罪刑规范;考虑到新中国成立初期不断变化的社会形势以及不断产生的犯罪类型,在附属刑法中直接规定犯罪的构成要件与法定刑成为一种较为务实的立法选择。

还需要指出的是,虽然新中国成立初期制定刑法典的条件并不成熟,但国家并没有完全忽视刑法典的起草工作。从1950年开始,当时的中央人民政府法制委员会就开始了刑法典起草的准备工作。1954年宪法颁行以后,刑法典起草工作由全国人大常委会办公厅法律室来负责。法律室从1954年10月开始起草刑法,到1957年6月28日,草拟出了第二十二稿。[11] 至1963年10月9日,全国人大常委会办公厅法律室组织法律专家围绕"刑法典草案"拟出33稿。只是由于"四清"运动以及为期十年的"文化大革命",刑法典草案不得不束之高阁了。[12] 概言之,新中国成立之后,我国一直在为制定刑法典而努力,刑法典起草工作已经有序开展,但由于种种原因,始终未能进入立法程序之中。

二、"79刑法"至"97刑法":刑法典与单行刑法并立阶段

十一届三中全会之后,国家法制建设重新启动。1979年7月1日,新中国第一部刑法典诞生(1980年1月1日正式施行),标志着刑法在规范形式上的统一和刑事法制正规化建设的初步实现。从整体来说,"79刑法"对维护社会秩序、惩罚犯罪、保障改革开放起了重要作用。但由于历史条件的限制以及立法经验的不足,"79刑法"在体系结构、规范内容和立法技术上都存在一定的缺陷。[13] 随着我国改革开放的纵深推进,社会生活的各个领域都在发生着深刻变化,新情况、新问题不断涌现。单一刑法典的立法格局很快被打破,为快速适应经济

---

[10] 张明楷:《市场经济与刑事立法方式》,《学习与实践》1995年第1期,第64页。
[11] 高铭暄:《十一届三中全会以来我国刑法的回顾和展望》,公丕祥主编《法制现代化研究》(第五卷),南京师范大学出版社1999年版,第4页。
[12] 高铭暄:《中华人民共和国刑法的孕育诞生和发展完善》,北京大学出版社2012年版,(前言部分)第2页。
[13] 储槐植:《1997年刑法二十年的前思后想》,《中国法律评论》2017年第6期,第1页。

转型与社会发展的现实需要，1981年至1995年之间，立法机关先后通过了二十多部单行刑法对刑法典进行修改和补充，这一时期可谓是刑法典与单行刑法并立的立法阶段。

应当看到，刑法典与单行刑法并立并非是一种清晰划界的立法格局；通过单行刑法对刑法典作出零散修补，往往是"头痛医头、脚痛医脚"，并且部分单行刑法出台以后，刑法典原有条文规定是否失效也不甚明确。比如，"79刑法"第155条贪污罪条文，在1988年《关于惩治贪污罪贿赂罪的补充规定》颁行后实际上被废除了；"79刑法"第141条拐卖人口罪条文，在1991年《关于严惩拐卖、绑架妇女、儿童的犯罪分子的决定》颁行时是否还存在，值得质疑。[14]可以说，"79刑法"与单行刑法之间错综复杂的构造是引发刑法规范体系混乱的主要原因。由于"79刑法"与各单行刑法之间交错重叠导致法律适用上出现诸多难题，所以确有必要对其做一次全面系统的修订。可以说，单行刑法作为修改补充刑法典的主要方式，不仅造成了刑法规范体系的混乱，而且也未能从根本上解决刑法典在回应经济发展与社会生活的滞后性问题。

同时，考虑到"79刑法"本身存在着一些不尽完善、不科学之处，全面修订我国刑法典就显得十分必要。鉴于此，1988年七届全国人大常委会二次会议作出了修改我国刑法典的重大决策，并将之纳入立法规划。1988年12月25日，全国人大常委会法制工作委员会草拟了《中华人民共和国刑法（修改稿）》。此时，距离"79刑法"实施才八年。从1988年立法机关正式启动刑法修改，到1997年3月14日颁布修订后的刑法，在这十年之间，刑法修改成为我国刑法学界与立法机关所关注的重点问题。[15]最终，我国单行刑法中的刑事条款全部被刑法典所吸收，这也成为单行刑法命运的转折点。

在1988年第七届全国人大常委会把刑法典的修订列入立法规划之后，学界由此开始转入对刑法立法问题的反思性研究；由于刑法立法模式问题直接关系到刑法典修订时规范载体形式的科学选择，因而成为反思中的重要内容。有学者指出，"由于在立法上拘泥于不能在非刑事法律中规定刑罚，对于一些犯罪行为只好规定依照或比照刑法的某一条款处罚，以维护修改或补充的刑事条文与刑法在形式上的统一。但这恰恰却在更大程度上打破了刑法在内容上的统一性和完整

---

[14] 高铭暄：《我国十五年来刑事立法的回顾与前瞻》，《法学》1995年第1期，第5页。
[15] 陈兴良：《从以立法为中心到以司法为中心——刑法学研究四十年回顾与前瞻》，《检察日报》2018年1月15日，第003版。

性，造成了刑法规范间的不协调"。[16] 也有学者指出，"我国刑法典与刑法关系法规（"各种特别刑法规范"）之间存在矛盾冲突、重叠多余；在系统修订刑法典之际，应考虑吸收成熟、可行的刑法关系法规，并对一些不合时宜的规定予以废除"。[17] 同时，在这一阶段，学界对一些传统论断或曾经的主流观点提出不同看法。如对"单行刑法是对刑法典修改补充的方式"这一传统观点，有学者提出商榷意见，主张"可尝试通过修正案模式对刑法典进行修改"。[18] 又如，对我国"非刑事法律不能够详细规定具体犯罪与法定刑"的传统观点，有学者提出质疑，认为"应在经济刑法、行政刑法中引入具有独立罪刑规范的创制性附属刑法"。[19]

至系统探讨"97刑法"的修订方案之际，学界已经形成较为统一的声音，即1981年以来，最高立法机关通过出台单行刑事法律以及非刑事法律中设置附属刑法规范，对刑法典作了一系列的补充和修改。这些补充和修改解决了当前不少急迫的问题，弥补了刑法典中的某些缺陷，发挥了重大作用。但通过零散修补的方式并不能从根本上解决问题。因此，全面修改刑法具有必要性，应制定出一部系统、全面和现代化的刑法典。[20]

三、"97刑法"至今："刑法典大一统阶段"

1997年3月1日至14日，第八届全国人大五次会议在北京召开，审议刑法修订草案是这次会议的最重要的议程之一。3月14日，现行"刑法"表决通过，自1997年10月1日起施行。至此，一部崭新的、统一的、比较完备的、具有时代气息和多方面显著进展的《中华人民共和国刑法》即1997年刑法典正式诞生。[21] 之前单行刑法中的各种刑事实体规范全部纳入刑法典，形成了以刑法典为单一形式的大一统刑法格局，这标志着新中国刑法法典化的最终完成。[22]

通过此次修订，刑法学界与立法机关均希望这部刑法典能够全面覆盖社会生活的方方面面，并顺利进入21世纪。但现实并非如此。1998年，为了应对亚洲

---

[16] 黄太云：《试论完善我国刑事立法的形式问题》，《法学家》1989年第4期，第25页。
[17] 陈兴良、青锋：《修改刑法与关系法规的处理》，《法学》1989年第3期，第20页。
[18] 赵国强：《刑事立法导论》，中国政法大学出版社1993年版，第225页。
[19] 张明楷：《市场经济与刑事立法方式》，《学习与实践》1995年第1期，第63页。
[20] 高铭暄：《我国十五年来刑事立法的回顾与前瞻》，《法学》1995年第1期，第7页。
[21] 高铭暄：《新中国刑法立法的变迁与完善》，《人民检察》2019年第19-20期，第24页。
[22] 刘之雄：《单一法典化的刑法立法模式反思》，《中南民族大学学报（人文社会科学版）》2009年第1期，第108页。

金融危机，我国便颁布了《骗购外汇决定》这一单行刑法；而自 1999 年起，立法机关陆续颁布了十部"刑法修正案"。此后，为了维持这种单一法典化的格局，对刑法的补充、修改均是以修正案形式进行的。在"97 刑法"之后，我国出台了十一部刑法修正案对刑法典进行了较大幅度的修改和补充，2011 年颁布的《刑法修正案（八）》、2015 年颁行的《刑法修正案（九）》以及 2020 年颁行的《刑法修正案（十一）》所修改和增补的条文均达 50 条左右，三部刑法修正案合计修改和增补的条文接近 150 条。

可以说，"97 刑法"的全面修订是我国刑法立法史上的转折点，其不仅接受了现代化的立法理念，而且在立法形式上进一步表明了全面法典化的趋势；刑法修正案的修改方式巩固了刑法典在我国刑法规范体系中的绝对核心地位，标志着我国以刑法典为单一形式的"刑法立法大一统格局"的形成。[23]

第二节　历史演进的特征分析

通过对新中国成立 70 多年来刑法立法模式变迁过程的简要回顾，我们可以发现，我国刑法立法呈现出特别刑法规范"由多到少"、刑法典"从无到有、由小到大"的发展脉络。具体而言，其基本特征表现在以下三个方面。

一、刑法典"从无到有""由小到大"

从法典化进程来看，我国刑法立法经历了刑法典从无到有、由小到大的过程，最终形成了刑法典一统天下的基本格局。新中国成立后，我国刑法立法表现为刑法典"从无到有"，"79 刑法"标志着我国刑事法治建设取得的实质性进展；"97 刑法"标志着我国刑法立法的现代化转型，表征了我国法治事业的发展与完善。由"79 刑法"到"97 刑法"，经过全面修订的刑法典"由小到大"，进一步巩固了其在刑法规范体系中的主导地位。可以说，"97 刑法"的全面修订是我国刑法立法史上的转折点，其不仅接受了现代化的立法理念，而且开启了全面法典化趋势。

应当看到，新中国成立之初，国家就开始着手刑法典的起草工作，刑法典草案多次讨论、反复修改、数易稿本，但却未能成行。对于新中国成立 70 多年来

---

[23]　童德华：《当代中国刑法法典化批判》，《法学评论》2017 年第 4 期，第 78 页。

刑法立法模式的发展演变过程，有学者总结指出，"在政治运动压倒一切的时期，法律本身都形同虚设，就更谈不上刑法的法典化。而在改革开放快速发展时期，社会形势急剧变化，各种犯罪不断涌现，这就要求立法快速、及时地应对，此时单行刑法和附属刑法规范是现实的选择。到了社会形势稳定、犯罪态势相对平稳的时期，统一的刑法典更能发挥功效，刑法的法典化程度也会有所提高。可见，社会形势变化越快，刑法的法典化程度通常越低；社会形势越稳定，刑法的法典化程度通常越高"。[24] 我们不难发现，立法过程（法制发展过程）本身受到了政治环境与社会发展进程的影响。新中国成立70多年来刑法立法实践已经证明了我国刑法立法的法典化进路，标志着我国以刑法典为单一形式的大一统刑法格局的形成。[25] 即使我们充分认可立法并非是一种"附庸现象"，但仍然需要思考的是，法制建设在政治环境与社会发展过程中是如何发挥作用的，或者说应当去认知刑法立法过程中所要实现的政治效果与社会效果。

此外，1999年通过第一部《刑法修正案》对"97刑法"进行修改完善，标志着我国深化了法典化道路，延续至今。值得注意的是，与域外刑法典修正过程中次数频繁的"小修小补"有所不同（后文将详细展开），在"97刑法"之后，我国出台了十一部刑法修正案对刑法典进行了较大幅度的修改和补充，仅2011年的《刑法修正案（八）》和2015年的《刑法修正案（九）》所修改和增补的条文就已超过100条，2020年颁布的《刑法修正案（十一）》延续了这种大幅度增补条文的基本趋势。可以说，刑法修正案似乎成为当代立法机关修改刑法时采用的唯一形式，这种立法方式强化了我国刑法立法法典化的色彩，维持着刑法立法大一统的基本格局。

二、单行刑法"由多到少""由强到弱"

不可否认，单行刑法在新中国成立初期起到了稳定局势的积极作用；在短时间内无法制定刑法典的情况下，单行刑法为司法机关依法制裁犯罪行为提供了依据和参考。并且，在"79刑法"面对改革开放初期我国社会的各个领域所发生的深刻变化表现出局限性时，单行刑法再一次被委以重任——补充、修改刑法典，以之应对改革开放进程中出现的许多新情况、新问题。然而，无论是刑法学

---

[24] 赵秉志：《当代中国刑法法典化研究》，《法学研究》2014年第6期，第186页。
[25] 童德华：《当代中国刑法法典化批判》，《法学评论》2017年第4期，第76页。

界，还是立法机关与司法实务部门，均已经意识到，单行刑法的补充、修改实属无奈之举，绝非刑事法治的理想选择。因此，"97 刑法"将各单行刑法中的刑事条款全部吸收，这也成为单行刑法命运的转折点。可以看到，在刑法立法演进过程中，我国的单行刑法数量"由多到少"，在犯罪治理中地位与作用也是"由强到弱"，在被"97 刑法"全面吸收后，地位边缘化。在我国，与刑法典所经历的"从无到有、由小到大"的发展脉络有所不同，单行刑法表现出"由盛转衰"的变迁过程。

值得注意的是，单行刑法的地位变迁呈现出一种"激变式"特征。进而言之，这种"激变"表现为，立法机关并不是由于某一单行刑法本身存在实质性问题而从法律效力上对其进行废止，而是对单行刑法这一立法技术从整体上予以否定。并且，这种否定也不是一种循序渐进的过程，而是采取了将单行刑法中刑事条款完全纳入到刑法典的彻底变革方式，曾经大量存在单行刑法在"97 刑法"颁行之后便随之消失了。

此外，如果以 20 世纪末我国刑法立法实践为考察背景的话，单行刑法的被边缘化或者说地位弱化是与刑法修正案这种修法模式的启用直接相关的。二者实际上形成了在修法方式上的交替现象，或者说，可以将刑法修正案解释为单行刑法地位弱化的直接推动因素。从单行刑法与刑法典并行甚至架空了刑法典的局面，直接转变为当前单一法典化模式，也即实现了从一个极端走向另一个极端。本质而言，立法机关对于单行刑法的否定，是源于以单行刑法对刑法典进行修改、补充这一运用方式所引发的规范体系混乱之局面；但最终的效果却是全面否定了单行刑法这一立法技术本身，刑法修正案则取而代之成为对刑法典作出修改、补充的方式。

三、独立型附属刑法"长期缺位"

在我国刑法规范体系的历史变迁中，单行刑法曾经一度占据重要地位，而刑法典则在目前占据着统治地位。与之相对，独立型附属刑法在我国却一直没有获得重视；除了新中国成立初期曾在非刑事法律中设置罪刑规范之外，我国再未出现过真正意义上的附属刑法。从理论上来讲，一国刑法典所保护的是国家安全、公民人身、财产以及公共安全等最为基本的法益，所规定的是最为基本的犯罪类型。但就我国而言，刑法典所规定的内容更为全面，涵盖了经济与社会管理领域等方方面面；即便在"79刑法"颁行之后，为了回应改革开放过程中经济或社会管理领域的新问题，立法机关也是选择通过单行刑法予以应对，未能在非刑事部门法中设置独立型附属刑法规范，直至今日。

如前所述，在20世纪80年代，非刑事部门法中出现了"类推立法"现象，也即将某一行为类推适用刑法典中的某一罪名的规定，此类立法虽然不是真正的附属刑法，但往往会对作为犯罪构成要件的不法类型进行一定程度的表述，只不过在罪名适用与法定刑裁量上需要类推刑法典中的相应罪名。而在"97刑法"确立了单一法典化的格局之后，"类推立法"因与罪刑法定原则相冲突而被否定，由此转变为非刑事部门法中的"法律责任"部分普遍设置了"构成犯罪的，依法追究刑事责任"条款。

虽然自"79刑法"以来，我国独立型附属刑法始终是处于缺位状态。但如果仔细考察"79刑法"至今的演变过程，我们或许可以发现，"97刑法"所带来刑法立法大一统格局也使得曾经的"类推立法"转变为如今仅具有象征意义的"构成犯罪的，依法追究刑事责任"条款。易言之，"类推立法"没有最终转变为构成要件与法定刑均被明确规定的独立型附属刑法，反而向相反的方向转变，也即发展成为一种具有象征意义的口号化"构成犯罪的，依法追究刑事责任"条款。这种细微变化也是与"97刑法"所要实现的将所有刑事犯罪条款全部纳入到刑法典中的立法理念相关。进而言之，正是受到这种立法理念影响，非刑事部门法中不能实质体现出任何实质的罪刑因素。

第三节　历史演进的关键节点

在"79刑法"出台之后，我国刑法立法模式与修改方式几经转折。在这一过程中，一些重要立法现象或事件的出现，成为刑法我国刑法立法变迁的关键节点，值得进一步说明。

一、"79刑法"实施后第一部单行刑法的出台

1981年6月10日，第五届全国人民代表大会常务委员会第19次会议通过了《惩治军人违反职责罪暂行条例》；该条例是"79刑法"实施后出台的第一部单行刑法，打破了当时刑法立法的单一格局。值得思考的是，在当时立法机关为

何没有选择通过"修正案"方式对刑法典进行修改补充呢？这里我们不妨进行一个简单的对比。1982年12月4日，第五届全国人民代表大会第五次会议通过现行《宪法》（即"82宪法"）后，1988年对《宪法》的第一次修改时便采用了"修正案"的方式。当时，立法机关认识到，"以修正案对宪法作出修改，不需要重新公布宪法文本；这会给社会成员一个直观感觉是宪法的稳定性强，有利于增强宪法的权威性和尊严。这是我国采用'宪法修正案'方式的重要原因"。[26]易言之，在20世纪80年代，立法机关并非完全不理解或者说无法应用修正案这一立法技术，立法机关已经开展了以修正案对立法作出修改的法治实践。

当然，在这一时期，刑法修改与补充过程中所面临的问题与宪法修改并不相同。由于我国传统上具有强烈的刑法依赖，改革开放初期的社会治理诉求以及推进"从严从快"打击犯罪过程中的规范输出需求，造成了刑法立法的紧迫性。正因如此，效率便成为立法过程中的首要价值，而单行刑法在立法权限上具有明显的优势，因而便成为20世纪80年代立法机关对刑法典进行修改和补充的主要选择。但颇为遗憾的是，在第一部单行刑法出台后，学界与立法机关并没有及时围绕单行刑法与刑法修正案的关系展开深入思考，以至于1988年开启全面修订刑法典工作之后，修法的基本方式均是单行刑法。

二、"79刑法"实施后"类推立法"的出现

如前所述，在20世纪80年代，除了单行刑法之外，非刑事法律部门中也出现了新的立法现象，有学者将之概括为"类推立法"，[27]也有学者称之为"比照性的刑法条款"。[28]例如，旧《专利法》第63条规定："假冒他人专利的，依照本法第六十条的规定处理；情节严重的，对直接责任人员比照刑法第一百二十七条的规定追究刑事责任"。直观来看，此类条文实际上是强化了刑法对于专利制度的保护，通过此类条文相当于在刑法分则中增加了一个新的罪名"假冒专利罪"，但审判机关仍然需要根据刑法已有罪名（即"假冒注册商标罪"）来定罪处罚。[29]

---

[26] 胡锦光：《我国宪法修正案的技术性与规范性评析》，《法商研究（中南政法学院学报）》1999年第6期，第4页。
[27] 参见张引、周继东：《类推立法初探》，《法学杂志》1984年第5期，第32页。
[28] 赵国强：《刑事立法导论》，中国政法大学出版社1993年版，第245页。
[29] 甘忠荣：《非刑事法律中的刑事条款研究——试论类推立法》，《法学》1989年第10期，第26页。

可以看到，所谓的"类推立法"往往是简单表述罪状但并不直接规定法定刑，而是比照刑法中某一罪名（如"假冒注册商标罪"）的规定进行定罪量刑。然而，这种将非刑事部门法中的某一不法行为类推适用某一刑法条文的规定，仍然不是真正意义上的附属刑法。不过，也应当看到，类推立法在一定程度上已经达到了"立法犯罪化"的目的，若是直接规定了法定刑——而非比照刑法中相关条文，便可成为真正意义上的附属刑法。

事实上，在 20 世纪 80 年代，在相关民商事立法、经济立法中，"类推立法"条款的设置与真正意义上的独立型附属刑法或许仅有一步之遥。当然，由于此种立法技术仍然具有"类推"的色彩，与罪刑法定原则不符，取消"类推立法"总体上是妥当的。但颇为遗憾的是，时至今日，立法机关却仅仅是在行政法、经济法等非刑事部门法的"法律责任"章节中笼统地规定"构成犯罪的，依法追究刑事责任"；相比之下，域外的附属刑法就是行政刑法，而我国的此类规定是附而不属的影子刑法，并不具有实际意义。[30] 在取消了"类推立法"之后，自然犯与法定犯均被置于刑法典之中，立法机关也已经习惯在非刑事部门法中运用"构成犯罪的，依法追究刑事责任"的表述，并没有基于优化"类推立法"的进路深入思考"在非刑事法律中设置独立型罪刑条款"的必要性。易言之，在反思"类推立法"的过程中，我们选择了一种作"减法"的简化处理方式，并没有基于作"加法"的思维孕育出独立型附属刑法；立法机关不仅未能推动非刑事部门法中设置独立的罪型条款，反而将本来具有一定明确性的"类推立法"转变为一种仅具有象征意义的"构成犯罪的，依法追究刑事责任"，相比于"类推立法"而言，此类条文与独立型附属刑法的距离更为遥远。

三、"97 刑法"实现立法大一统

1988 年 7 月，全国人大常委会明确了对"79 刑法"做一次全面系统修订的必要性，确立了系统修订刑法典的立法规划，当时修订刑法典的指导思想之一便是"要制定一部统一的、比较完备的刑法典"；[31] 进而言之，这种系统修订要将刑法实施 17 年来由全国人大常委会作出的有关刑法的修改补充规定和决定研究修改编入刑法；将拟制定的反贪污贿赂法和军委提请常委会审议的惩治军人违反

---

[30] 储槐植：《1997 年刑法二十年的前思后想》，《中国法律评论》2017 年第 6 期，第 4 页。
[31] 高铭暄：《新中国刑法立法的变迁与完善》，《人民检察》2019 年第 19-20 期，第 24 页。

职责犯罪条例编入刑法，在刑法中规定为贪污贿赂罪和军人违反职责罪两章。[32]同时，将多年来修改刑法的补充规定和决定以及一些非刑事法律规范中"比照"型条文一并纳入刑法典成为刑法典修改过程中重点任务。[33] 鉴于此，"97 刑法"的颁布意味着对既有单行刑法规范的整体吸纳，也即将各种刑事责任实体规范全部纳入刑法典。

应当看到，"97 刑法"的颁行体现出对曾经因多元化立法所导致的刑法体系结构混乱局面所进行的纠偏，实现了立法整合的功能。如学者所言，"97 刑法"的法典化过程使刑法规范集中化、系统化和条理化，表征了中国刑事立法的重大发展与刑法立法水平的显著提高，而其正是理论研究取得长足进展的真实写照。简言之，"97 刑法"是一部史诗级的现代刑法典佳作。[34]

与此同时，也应当认识到，"97 刑法"的制定过程，本来是一个总结经验教训、深入探讨各种立法技术以及刑法典与单行刑法、附属刑法之间关系的良好契机。但从确立立法规划之初，我国刑法立法基本上朝着集中性、统一性方向发展；这种目标的确立虽然是源于一段时间以来刑法规范体系混乱的局面，但却对后续立法产生了重要的影响。此后，即便 1998 年出于应对亚洲金融危机的急迫性需要，我们不得不选择快速制定《骗购外汇决定》这一单行刑法；但立法机关也认识到此举打破了立法大一统格局，不应成为常态，随后便进入到刑法修正案一统天下的时代。简言之，"97 刑法"不仅带来了立法大一统的格局，更塑造出一种不应打破这种格局、避免刑法规范体系混乱的固有认知。

进而言之，由于"97 刑法"实际上是基于大一统理念所形成的法典化产物，无论是基于与域外刑事立法之比较研究，还是基于对我国近代法典化进程的梳理，这种单一法典化的立法尝试都是独一无二的。然而，对于这种尝试或者说创新，我们的论证似乎并不充分，将之作为克服刑法规范体系混乱局面的方案，似乎想法过于简单直接，决策略显草率。从立法技术层面而言，关于刑法立法大一统局面对于刑法典内部结构、外部关系以及实质功能的影响，立法过程似乎也没有前瞻性研讨。

---

[32] 张明楷：《刑事立法的发展方向》，《中国法学》2006 年第 4 期，第 22 页。
[33] 高铭暄：《20 年来我国刑事立法的回顾与展望》，《中国法学》1998 年第 6 期，第 26 页。
[34] 高铭暄，孙道萃：《97 刑法典颁行 20 年的基本回顾与完善展望》，《华南师范大学学报（社会科学版）》2018 年第 1 期，第 40 页。

四、"97刑法"实施后第一部刑法修正案的出台

如前所述,在"97刑法"颁行之后,立法机关先是于1998年颁布了《骗购外汇决定》单行刑法。此后,1999年6月28日,国务院曾经在第九届全国人大常委会第十次会议上提交了《关于惩治违反会计法犯罪的决定(草案)》和《关于惩治期货犯罪的决定(草案)》,但最终因酝酿中的刑法修正案而被叫停。[35] 可以看到,这一时期的立法实践中仍然存在着修法方式上的不同看法,相关机关提交单行刑法立法草案表明单行刑法这一立法模式仍然为实务部门所接受。当然,也是在这一时期,由于传统上以单行刑法对刑法典进行修改的做法已经受到了质疑,学界与立法机关希望从修法技术上寻求进一步的创新。可以说,在"97刑法"颁行之后不久,立法机关与学界便出现了修法模式的纷争。

最终,在1999年12月25日,第九届全国人大常委会第13次会议通过的《中华人民共和国刑法修正案》,这是新中国刑法史上第一次以修正案方式对《刑法》进行修改、补充。修正案作为一种刑法修改方式,获得了立法机关的肯定;尤其是考虑到修正案的内容将被吸收到刑法典之中,其不会破坏刑法典的完整性,这被认为是修正案的技术优势。自1999年颁布第一部刑法修正案以来,我国已经颁布了十一部刑法修正案,却再未出现单行刑法。如学者所言,采用"刑法修正案"的模式来修正刑法典的某些规定,事实上已经被确立为新中国刑法修正方式的主流地位。[36]

应当看到,在"97刑法"生效后较短的时间内,我国在刑法修改的形式上完成了彻底的改变。并且,在2000年以前,由于单行刑法与刑法修正案几乎是同步颁行,在这一时期,仍然难以预料到修正案会最终取代单行刑法成为后续唯一的修法模式。客观而言,刑法修正案在刑法典修改完善中,确实表现出的有利于维护刑法典完整性和稳定性的独特优势,[37] 但这种优势是否足以完全否定单行刑法的存在价值?更为重要的是,二者之间究竟是否存在一种本质上的对立关系,还是说基于多种原因导致了二者之间被塑造出一种排斥关系,上述问题在修法模式转变过程中似乎也没有得到深入研讨。

---

[35] 黄太云:《刑法修正案涉及的主要问题》,《中国人大》2000年第1期,第19页。
[36] 高铭暄:《新中国刑法立法的变迁与完善》,《人民检察》2019年第19-20期,第26页。
[37] 参见黄京平、彭辅顺:《刑法修正案的若干思考》,《政法论丛》2004年第3期,第52页。

五、以"法典"命名的《民法典》之诞生

如前所述,作为我国第一部获得法典"名分"的法律,《民法典》的诞生引发了各个部门法学领域的关联性思考,推进各部门法的法典化呼声日渐高涨,刑法领域也是如此。以《民法典》颁行作为契机,诸多部门法领域都开始进行着法典化展望。可以说,围绕各部门法自身特色、调整对象或规制问题展开一种体系化的思考进而确立法典化的构想,激发起诸多部门法研究者的兴趣,部门法法典化一时间成为新的学术增长点。刑法领域作为法典化的先行者,与环境法领域、行政法领域、劳动法领域所面临的法典化问题似乎有所不同。相比而言,刑法之外的各部门法领域所面临的法典化之正当性以及具体路径的问题,回应的挑战是法典从无到有,遵循一种建构式研究进路;刑法领域所面临的问题在于对当前法典化局面的重新审视,回应的挑战是刑法法典化"从有到优",也即更为妥当的把握刑法法典化的程度与限度的问题,遵循反思式研究进路,涉及"维持现有以刑法修正案为基础大一统格局""重新编纂刑法典"疑惑是"刑法立法多元化"之间的碰撞与思辨。

同时,需要说明的是,刑法以及相关部门法领域对于法典化问题的关注,也是受到党和国家立法政策的引导,体现出建设中国特色社会主义法治道路的现实要求。2020年11月,习近平总书记在中央全面依法治国工作会议上的讲话中曾明确指出:"民法典为其他领域立法法典化提供了很好的范例,要总结编纂民法典的经验,适时推动条件成熟的立法领域法典编纂工作。要研究丰富立法形式,可以搞一些'大块头',也要搞一些'小快灵',增强立法的针对性、适用性、可操作性。"[38] 党的二十大工作报告指出,"加强重点领域、新兴领域、涉外领域立法,统筹推进国内法治和涉外法治,推进科学立法、民主立法、依法立法,统筹立改废释纂,增强立法系统性、整体性、协同性、时效性"。此外,《全国人大常委会2021年度立法工作计划》要求,"研究启动环境法典、教育法典、行政基本法典等条件成熟的行政立法领域的法典编纂工作"。同时,2021年立法工作计划中还系统提出"加强立法理论研究"的要求,其中明确指出"总结民法典编纂立法经验,开展相关领域法典化编纂和法律体系化研究"。《全国人大常委会2022年度立法工

---

[38] 习近平:《坚定不移走中国特色社会主义法治道路 为全面建设社会主义现代化国家提供有力法治保障》,"中国政府网",http://www.gov.cn/xinwen/2021-02/28/content_5589323.htm。最后访问时间2022年9月20日。

作计划》再次强调,"研究启动条件成熟的相关领域法典编纂工作"。

应当看到,在条件成熟的立法领域推进法典编纂,是统筹立改废释纂工作的重要一环,相关部门法的法典化将会成为一段时间内立法工作的重要内容。在当前积极推进各部门法法典编纂的时代背景下,刑法大一统立法局面也将被置于时代潮流之中接受进一步检视。究竟是维持现状还是寻求转变,涉及刑法立法的未来走向;若是寻求改变,是否有必要以系统修订现行刑法为基础实现法典的重新编纂,还是说有必要打破现有的刑法立法大一统的格局,走向多元化立法。可以说,刑法立法模式与修改方式问题再次进入历史关键节点,可能迎来新的机遇。当然,准确地讲,《民法典》的编纂与颁布只是为理论意义上的刑法法典化思潮之形成提供了一个背景和契机,我们不能想当然地以《民法典》的编纂与颁布及其所形成的法律法典化思潮,作为刑法等其他部门法领域启动法律法典化工作的根本理由甚至唯一理由。[39] 简言之,刑法法典化问题仍然要基于自身的立法科学化需求作出独立判断。

小　　结

总而言之,新中国成立70多年来,我国刑法规范载体形式此消彼长,刑法立法模式一直处于变化之中,但刑法典、单行刑法与附属刑法三足鼎立的格局始终未能出现。"79刑法"到"97刑法",经过全面修订的刑法典"由小到大",确立了其在刑法规范体系中的绝对核心地位,"97刑法"确实起到了刑法规范体系化整合的效果。通过刑法修正案来修改刑法典能够在形式上维护刑法典的稳定性,减少不同刑法规范之间的摩擦,实际上是对以往刑法规范体系混乱局面的纠偏。不过,在纠偏后,长期以来以刑法修正案所维系的刑法立法大一统局面,确有"矫枉过正"之嫌。在刑法立法演变过程中,新的立法现象的出现总是稍显匆忙;由于立法研讨不足或过程仓促,问题未能充分暴露出来。当立法实践迅速推进之后,学理反思才逐步跟进,却难以产生实质性影响。

---

[39] 参见吴亚可:《在理论与实践之间:刑法再法典化的正当性根据检视》,《中外法学》2023年第1期,第163页。

第三章 域外刑法立法模式与修改方式的考察与比较

总体而言，传统的大陆法系国家或地区，刑法典大多是关于普通刑事犯罪的刑法规范集成。与其说是法典，倒不如说是刑法规范的运行通则，很多具体、例外的刑事罚则规定在单行刑法或者附属刑法规范中大量存在。而英美法系国家或地区，刑法法源的散在性仍然比较突出。应当看到，两大法系在刑法规范表现形式上的差异性始终存在。但新时代是一个充满包容性和成长性的时代，意味着前所未有的开放与接纳。[1] 随着法律文化的日渐交融，两大法系也在借鉴对方的长处；英美法系不断制定成文法，而大陆法系则越来越重视判例的作用。[2] 中国刑法的本土化建构，不应当忽视人类社会共同的价值追求；在揭示刑法立法共性规律的基础上寻求民族精神融入与突破创新，已经为我国刑法理论发展的应然目标。通过对域外各国刑法立法模式与修改方式的比较考察，有助于扩展本研究的国际视野；深入认知域外的刑法立法实践，有助于为思考我国刑法立法模式与修改方式问题提供参考。此外，需要说明的是，在开展比较研究的过程中，为了提升考察对象的针对性，本部分选择网络犯罪立法作为个案样本，也即对域外各国在网络犯罪问题上的立法选择进行了具体考察与比较分析。由于我国刑法立法上呈现出大一统格局，网络犯罪置于其中，不可避免地要受到整体上的模式制约。相比之下，域外关于网络犯罪的立法呈现出"多元化"的基本特征，但在具体选择上仍然存在差异性。对于网络犯罪立法的考察，将有助于基于具体个案分析我国与域外各国在刑法立法模式与修改方式上的不同着眼点，拓展思考视野，并挖掘差异性的深层原因。

第一节　日本刑法立法模式与修改方式的考察

一、日本的多元化立法样态及其特征分析

现行《日本刑法典》是于 1907 年（明治 40 年）基于"法律第 45 号"系统修订后的"新刑法"，而刑法典以外的刑事法规都可以被称为"特别刑法"。特别刑法又可以被进一步划分为刑事刑法和行政刑法，其中的"刑事刑法"又可以被理解为狭义的特别刑法，具有刑事犯的基本特征，与刑法典中的犯罪在品性上

---

[1] 张明楷：《中国刑法学的发展方向》，《中国社会科学报》2021 年 1 月 2 日，第 004 版。
[2] 卢建平：《刑法法源与刑事立法模式》，《环球法律评论》2018 年第 6 期，第 7 页。

更为相近；而行政刑法则是为了实现行政性目的而对规范违反行为科处刑事罚则，因而称被称之为行政犯或法定犯。[3] 进而言之，在刑法典之外的刑事法规，一般存在（狭义）特别刑法与行政刑法之称谓上的区分。从立法实践来看，刑法典、特别刑法与行政刑法三足鼎立构建起日本刑法规范载体的基本形式，由此形成了一种"多元化"立法格局；在刑法典之外，特别刑法与行政刑法广泛存在。

日本（狭义）的特别刑法实际上属于单行法，具有"准刑法"的品性，是补充、扩张刑法典的单行刑事立法；其形式上具有相对独立性，起到补充作用，这与我国单行刑法的特征与功能是一致的。日本的行政刑法实际上是规定在行政法、民商经济法以及社会法等各种非刑事法律部门中具有行政管理色彩的刑事罚则，这与我国附属刑法的基本定位是一致的。

总体而言，在"多元化"立法格局下，日本学界对于刑法典、特别刑法以及行政刑法呈现出不同的理论定位。一方面，刑法典是规范基本生活秩序的法律，直接关系到国民基本生活的安定，属于司法法，司法法的最重要指导原理是法的安定性，要求刑法典具有相对的稳定性。作为单行法存在的（狭义）特别刑法，也具有上述特征，并且往往针对某一类较为复杂的犯罪行为，期待形成一种有效的刑事政策。相比之下，行政刑法主要是为了实现行政规制、经济社会管理目的而借用了刑罚手段的法律，其指导原理主要是合目的性。另一方面，对刑法典及特别刑法发挥限制作用的仍然是"法益"，但就行政刑法而言，其存在根据是具有合目的性的"福祉"，因不法类型众多且庞杂，法益并不是一定会直接发挥某种指引或约束作用。并且，刑法典及特别刑法所规定的刑事犯，具有一种自然犯罪的违法性，其道德谴责性高。而行政刑法所规定犯罪，其道德非难性程度往往较低，甚至是不存在。[4] 由此而言，日本不仅在立法实践中确立起"多元化"立法格局，并且在理论上明确刑法典、特别刑法以及行政刑法的功能差别，为立法实践奠定的理论基础。

首先，日本一直存在着特别刑法的立法传统，尤其是从20世纪90年代开始，日本在刑法典之外颁布了数十部特别刑法规范，涉及的领域十分广泛，诸如《关于防止暴力团员的不当行为的法律》《关于处罚儿童卖淫、儿童色情等行为及保护儿童的法律》《关于规制实施无差别大量杀人行为的团体的法律》《关于有组织犯罪的处罚及犯罪收益规制等的法律》《关于防止虐待儿童等法律》《关于

---

[3] [日] 井田良「最近の刑事立法をめぐる方法論的諸問題」ジュリスト1369卷（2008）55頁。
[4] 参见 [日] 内田文昭『犯罪概念と犯罪論の体系』（信山社・1989）75頁。

禁止非法访问（计算机系统）行为的法律》《关于规制跟踪狂（纠缠）行为等的法律》和《关于防止配偶的暴力及保护被害人的法律》《关于处罚驾驶机动车致人死伤行为的法律》，等等，均属于具有代表性的特别刑法。并且，日本的特别刑法在篇幅上相对较小、条文数量不多，如《关于处罚驾驶机动车致人死伤行为的法律》仅有6条，其核心内容是对以危险方法驾驶机动车致人死伤行为进行刑事处罚的实体法规定；又如《关于处罚有组织犯罪以及规制犯罪收益的法律》仅有7条，但涉及的问题却可以关联到很多其他部门法，除了涉及共谋罪等实体法规定，还涉及犯罪财产处置的程序性内容；再如《关于禁止非法访问（计算机系统）行为的法律》共有14条规定，其中既有规定罪刑规范的实体法的规定，更涉及计算机犯罪预防对策方面的机制性规定。

其次，就行政刑法而言，日本几乎所有部门法的"罚则"部分均规定了违反部门法相关章节所设定法律义务的刑罚后果，未规定刑事"罚则"的部门法属于少数，较为罕见。学者在评价日本刑法规范时指出，虽然一般认为刑法典中的刑法规范既是裁判规范也是行为规范，但刑法典并没有直接表述行为规范，而是直接表述裁判规范。其他法律如经济法、行政法等法律中的规范，首先必须是行为规范，即首先必须明确规定相关人员应当做什么、禁止做什么，然后再规定违法行为的法律后果。[5] 具体来看，日本的行政刑法（附属刑法）通常所采取的表述方式是在非刑事法律规范中的不同章节分别规定了"义务违反的构成要件"与"罚则"两部分内容。例如，日本《道路交通法》第65条第1款规定，"禁止任何人带酒气驾驶车辆等交通工具"；（罚则部分）在第117条之二规定，"符合以下任意之一者，处五年以下徒刑或一百万日元以下罚金。'一、违反第六十五条（禁止带酒驾驶）第一项规定，驾驶车辆等的人在驾驶时处于醉酒状态（指因酒精影响而无法正常驾驶的状态。以下相同）的'"。第117条之二第二款则规定，"符合以下任意之一者，处三年以下徒刑或五十万日元以下罚金。'三、违反第六十五条（禁止带酒驾等）第一项规定，驾驶车辆（轻型车辆除外。以下相同）时身体内酒精含量达到政令所规定标准的'"。也即先是规定了"禁止任何人带酒气驾驶车辆等交通工具"（禁止做什么），然后再规定各种刑事罚则作为违法上述禁止性规定的法律后果。

最后，对于中国与日本在刑法立法模式上的差异，我国学者曾评价道，"在日本，刑法典、单行刑法与行政刑法所规定的犯罪难计其数，即使在中国人看

---

[5] 张明楷：《日本刑法的修改及其重要问题》，《国外社会科学》2019年第4期，第15页。

来相对轻微的危害行为，也被规定为犯罪；相反，在中国，只有刑法典与少数单行刑法规定犯罪及其法定刑，不存在行政刑法（其他法律中不规定犯罪与法定刑）"。[6] 日本刑法典十分简洁，不仅法条少，而且法条的表述也非常简短。如果将需要详细描述的犯罪放在刑法典中，就显得不协调。此外，与中国几乎所有的刑罚法规都集中在刑法典之中明显不同，日本的刑法典条文非常少，仅仅有 264 条规定，所规定的多为传统的自然犯，刑法典中几乎不存在涉及经济活动领域的刑事立法；可以说，条文数稀少以及条文表述的简洁性是日本刑法典的显著特征。[7] 相比之下，中国不存在日本所谓的行政刑法，其优点在于一目了然，但社会生活变化可能会导致刑法典的频繁修改。同时，日本学者在对比中日两国刑法立法时指出，"和日本不同，在中国，至少在现阶段，所有的刑罚法规都集中在刑法典之中，而在刑法典之外则几乎看不见，因此，在中国不存在日本所谓的行政刑法。由于刑法典上的条文数量很少，因此，乍看之下，中国刑法中的处罚范围似乎很广，但实际上则不是，日本刑法中的处罚范围比中国要广泛得多。所以，在非犯罪化方面，中国远比日本进步，这一点必须引起注意"。[8]

从刑法修改层面来看，现行《日本刑法典》生效 110 多年以来，已经先后修改过 30 余次，平均每 3-4 年修改一次。不过，日本刑法典历经百年而未被（或者说无须被）系统修订，条文数稀少以及条文表述的相对简洁成为其中的重要原因；数次修改过程中，1947 年战后改革所伴随的刑法修改以及 1995 年刑法口语化的修改属于较为大规模的刑法修改。整体来看，日本的刑法典修改可以划分为两个阶段。首先，在 20 世纪 90 年代之前相当长的一段时间内，日本立法机关很少修改刑法典，日本刑事法学者称以往立法机关"像金字塔一样的沉默"。[9] 但从 20 世纪 90 年代开始，日本立法机关对刑法典的修改频次开始增加；尤其是进入 21 世纪以后，日本的刑事立法进入"立法活跃化"时期，实现了刑事立法从稳定转向积极的改变。在这一时期，日本曾先后 17 次修改刑法典，包括 2001 年 3 次修改、2003 年 2 次修改、2004 年 1 次修改、2005 年 2 次修改、2006 年 1 次

---

[6] 张明楷：《日本刑法的发展及其启示》，《当代法学》2006 年第 1 期，第 7 页。
[7] 参见 [日] 西原春夫「刑法典の百年とこれからの刑法学」刑法雑誌 49 巻 2-3 号（2010）181 頁。
[8] [日] 西原春夫：《日本刑法与中国刑法的本质差别》，黎宏译，载赵秉志主编：《刑法评论》（第 7 卷），法律出版社 2005 年版，第 123 页。
[9] [日] 松尾浩也「刑事法の課題と展望」ジュリスト 852 号（1986）11 頁。转引自 [日] 松原芳博「刑事立法と刑法学」ジュリスト 1369 巻（2008）64 頁。

修改、2007年1次修改、2010年1次修改、2011年1次修改、2013年2次修改、2017年1次修改、2018年1次修改、2022年1次修改和2023年1次修改（截止到2023年7月1日）。同时，日本在这一时期还制定和修改了多部单行刑法与附属刑法。对此，学者总结指出，在日本，一年两三次修改刑法典，对一个法条反复修改，对某类犯罪进行大幅度修改，一次修改时在刑法典分则中增加一章的现象，已经司空见惯。[10] 并且值得注意的是，日本对于单行刑法、行政刑法的修改，比刑法典的修改更为频繁，实际上已经难以统计。整体来看，日本的刑法典修改多是采取"少量多次"的修改模式，也即次数频繁的"小修小补"，这与我国近年来动辄涉及数十个条文的刑法修改仍然存在显著区别。

此外，我国刑法修改与前置法规范（制定或修改）之间并不同步，二者往往各自为政，并没有实质上的关联。相比之下，日本在刑法修改过程中更为注重与其他部门法之间的协同，也即致力于采取一种"协同修改"模式。以日本道路交通犯罪方面的刑法修改为例，我们可以进一步理解不同刑法规范之间的修改协同问题。在2001年，日本通过修改《刑法典》增设了"危险驾驶致死伤罪"。而在2013年，日本为了强化对危险驾驶实害犯的全面规制，专门出台《关于处罚驾驶机动车致人死伤行为的法律》这一单行刑法；与此同时，刑法典也进行了相应的修改，原刑法典中的罪名被删除后移入该单行刑法。[11] 在这一单行刑法颁布过程中，为了整合与危险驾驶致人死伤有关的各种犯罪形态，并增设必要的新的犯罪类型，立法机关在这部单行刑法中吸收了原有刑法典中的规定，将与危险驾驶致人死伤有关的各种犯罪形态全部纳入单行刑法之中，也即实现了单行刑法与刑法典同步修改、规范协同，避免了二者之间的冲突。[12] 与此同时，当单行刑法所规定的内容与刑法典的条文存在冲突或者具有某种关联时，二者应同步修改，以避免不同规范之间的交叉与冲突，来确保不同法律规范之间的协调性。

二、以"日本网络犯罪立法"为个案样本的具体考察

在"多元化"立法格局下，网络犯罪的立法模式也呈现出典型的多元化特征。并且，根据网络犯罪侵犯法益的不同类型，日本在刑法立法上作出了与之相

---

[10] 张明楷：《日本刑法的修改及其重要问题》，《国外社会科学》2019年第4期，第15页。
[11] ［日］橘爪隆「危険運転致死傷罪をめぐる諸問題」法律のひろば10号（2014）62頁。
[12] 姜瀛：《刑法修正中的规范衔接意愿与"机械对接"困局——"前附属刑法时代"协同立法方案之提倡》，《政治与法律》2022年第2期，第124页。

应的立法模式选择。信息网络社会既带来全新法益，又放大了犯罪对固有法益的侵害范围，网络犯罪可同时侵害或威胁到不同法益，刑法的思考与判断将更为复杂。基于法益的不同，在面对计算机犯罪时选择不同的立法方案。整体来看，日本将网络犯罪划分为"刑法典中的计算机犯罪""不当侵入计算机系统犯罪"以及"其他利用网络实施的犯罪"等三种形态，分别规定于刑法典、单行刑法与附属刑法之中。

从立法背景来看，面对计算机领域出现的不法问题，除了考虑到通过对现有刑法作出解释来应对不法行为之外，有必要采取新立法的措施的建议也被提出。日本计算机网络犯罪刑事立法也可以追溯到20世纪80年代，最初也是通过修改《刑法典》增设了相关网络犯罪罪名。1987年，日本通过《刑法等法律的部分修正案》（昭和62年法律第52号）对《刑法典》作出修改，增加了"不法制作电磁记录罪""电子计算机损坏等业务妨害罪""利用电子计算机诈骗罪"以及"毁坏电磁记录罪"等罪名。[13] 可以看到，对于传统的财产、名誉以及业务安宁性等法益，日本是通过刑法典增加独立的罪名来予以回应；考虑到网络犯罪之法益交织性，提高法定刑幅度（高于对应的传统犯罪）之严罚化能够为刑法裁判留下更开放的空间。此后，在2011年，为了系统回应严峻的网络犯罪问题，日本出台了《为了应对高度化信息处理的刑法等法律部分修正案》（平成23年法律第74号），这一修正案不仅从实体法层面在刑法典中增加了"制作不当指令电磁记录等罪"，并且还对与网络犯罪侦查相关的程序法作出规定，也即对《刑事诉讼法》中的相关内容进行了修改。[14]

除了修改《刑法典》来应对计算机犯罪之外，日本还针对网络黑客行为专门制订了单行刑法。考虑到计算机信息系统空间是以强大技术性为支撑的私密空间，应成为刑法所要保护的独特法益。[15] 鉴于此，日本在经过较长时间研讨后针对网络黑客行为进行了专门立法，也即1999年颁布的《关于禁止非法访问（计算机系统）行为的法律》（平成11年法律第128号）。该法除了规定犯罪行为以及刑事罚则之外，还对"识别符号""入侵控制功能"等技术性概念以及"公权力机关在应对黑客活动中的援助程序"作出了规定。此后，在2012年，日本出

---

[13]　参见［日］中山研一、神山敏雄『コンピュータ犯罪等に関する刑法一部改正』（改訂増補版）（成文堂・1989）4頁。

[14]　［日］安冨潔「情報化社会における刑事立法の役割——コンピュータ犯罪からサイバー犯罪へ」『慶応法学42巻2号（2019年）394頁。

[15]　［日］岡田好史『サイバー犯罪とその刑事法的規制』（専修大学出版局・2004）21頁。

台了《关于禁止非法访问（计算机系统）行为的法律部分修正案》（平成 24 年法律第 12 号），对不正当取得、不正当保管他人识别符号行为作出规制。[16] 可以看到，对于电脑空间中以强大的技术性为支撑的独有法益，日本采取了专门保护与单行立法模式，并且是在较长时间研讨后所进行的专门立法。

此外，需要说明的是，在《刑法典》以及《关于禁止非法访问（计算机系统）行为的法律》之外，日本还存在大量与网络犯罪相关的附属刑法。例如，《跟踪狂等行为规制法》中就存在对骚扰邮件、骚扰短信行为的刑事规定，《垃圾邮件防止法》《个人信息保护法》以及《网络交友规制法》等部门法中都存在刑事罚则。鉴于数量多、且文本分散，本文难以一一列举。需要进一步补充说明的是，日本立法机关在刑法修改过程中采取了"一体化"的修法模式，颇具协同立法色彩。《为了应对高度化信息处理而修改刑法等法律的法案》不仅涉及刑法实体法的内容，同时还对《刑事诉讼法》中关于网络犯罪侦查相关的程序性内容进行了修改。日本所采取的"一体化"修法模式，虽然不完全是针对刑法与非刑事部门法之间的规范衔接问题，但其表现出的不同法律部门之间的协同立法效果，与本书所主张的以"协同立法"模式实现刑法与非刑事部门法之间的规范衔接目标却是相通的。

第二节　德国刑法立法模式与修改方式的考察

一、德国的多元化立法样态及其特征分析

作为大陆法系的代表性国家，德国一直恪守着法典化的传统，刑法典（Strafgesetzbuch）是德国实体刑法的中心。现行《德国刑法典》于 1871 年制定，1872 年 1 月 1 日起施行；不过，在《德国刑法典》之外，还存在诸多其他的实体刑法规范。[17] 由此而言，不同于我国刑法立法大一统模式，德国所采用的也是多元化的刑事立法模式。

首先，德国针对一些特定主体或事项选择采取单行刑法的立法模式；不过，由于一些单行刑法表现出较强的体系性与法典化的基本特征，不同于前文所介绍

---

[16]　参见 [日] 安冨潔「情報化社会における刑事立法の役割——コンピュータ犯罪からサイバー犯罪へ」『慶応法学 42 巻 2 号（2019 年）394 頁。

[17]　王钢：《德国近五十年刑事立法述评》，《政治与法律》2020 年第 3 期，第 99 页。

的日本以及我国的单行刑法立法，将之称为"单行刑事法典"似乎更为妥当。例如，《德国刑法典》中相关总则规定原则上仅适用于成年的行为人，对于青少年的犯罪行为及其处罚则是专门制定了规定《青少年法庭法》（共计125条规定）；又如，针对国防军士兵所实施的军事方面的犯罪行为，德国于1974年专门制定的《军事刑法典》（共计48条）；[18]再如，为了有效打击国际犯罪行为，落实《国际刑事法院规约》的要求（德国于2000年12月11日批准了该公约），德国于2002年6月30日通过了《国际刑法典》（共计14条）。该特别刑事立法不仅完善了德国对于违反国际法之犯罪的国内追诉制度，也为世界各国提供了一个可资借鉴的法律模式。[19]

其次，德国的多元化立法还表现为出台了数个以"经济刑法"命名的规范性文件——并非学理上对涉及经济犯罪的刑法规定的一般性概括。一方面，在德意志联邦共和国成立前夕，联合经济区经济委员会于1949年7月26日通过了《经济刑法简化法》，即《1949年经济刑法》。该法第一次严格地区分了实质性的经济犯罪行为——自此被德国人沿下去的——与违反秩序行为。联邦德国《1949年经济刑法》的效力一再被延长，内容上也屡被修订，该法发展成为今天仍然有效的《1954年经济刑法》（共计6条规定，但目前第6条已经被除），经由1975年修改和公布，不仅包括关于可被施加的法律后果的规定，还包括两大类少量的构成要件，一类是违反某些法律之保障条款的行为（第1至2条），另一类是违反特定价格规范的行为（第3至5条）。[20]另一方面，为遏制日益多发的经济犯罪、确保国民经济稳步前行，德国立法机关分别于1976年与1986年先后颁布了第一部《惩治经济犯罪法》和第二部《惩治经济犯罪法》，对刑法典中的经济犯罪行为作出修改。前者在德国《刑法典》中增设了"补助金诈骗罪"（第264条）、"信用欺诈罪"（第265b条）、"破产罪"（第283条）、暴利罪（原第302a条，现第291条）等众多罪名。后者在德国《刑法典》中增设了"伪造支付卡、支票、汇票罪"（第152a条）和"支票卡与信用卡诈骗罪"（第266b条）等罪名，并为应对利用计算机实施财产犯罪的行为新设了譬如"计算机诈骗罪"（第263a条）、"伪造有证明意义的电子数据罪"（第269条）和"在法律数据往来中

---

[18] 参见《德国刑法典》，徐久生译，北京大学出版社2021年版，第311页。
[19] 范红旗：《从〈德国国际刑法典〉看国际犯罪的国内追诉》，《法学杂志》2006年第1期，第488页。
[20] 参见[德]汉斯·阿亨巴赫：《德国经济刑法的发展》，周遵友译，《中国刑事法杂志》2013年第2期，第122页。

的欺骗罪"（第270条）等罪名。[21]

并且，从立法技术上来讲，经济刑法是一类较为特殊的单行刑法，具有不同于上述单行刑事法典的特征。之所以称其特殊，其一是因为经济刑法体系性并不强，内容也不多，相对而言表现出一定的依附性；其二，经济刑法与刑法典以及其他非刑事部门法之间存在直接的关联。例如，德国于20世纪70、80年代颁布的两部"惩治经济犯罪法"是对刑法典相关经济犯罪内容的修改和补充，最终均被纳入刑法典之中；作为一部单行法，其本身的独立意义并不强，更像是一种专门围绕经济犯罪所制定的"修法文件"。又如，《1954年经济刑法》的核心内容是对相关非刑事部门法中的刑罚问题进行规定，并对法律适用中的规范援引问题作出规定。整体而言，德国以单行法的方式专门制定或出台经济刑法，在立法形式上确实具有其独特性；但由于不少经济犯罪仍然是被规定在刑法典中，并且目前有效的1954年《经济刑法》内容过少，影响范围有限，可以说经济犯罪治理仍然是以刑法典为主，并且一些涉及经济或市场活动的非刑事部门法中也可直接规定附属刑法规范，经济刑法在实质意义上的独立地位并不明显。

最后，德国法秩序中还存在大量的附属刑法。例如，《武器法》第51条与第52条规定了非法制造、加工、持有、携带、买卖武器等诸多犯罪行为；《麻醉药品法》第29条以下规定了诸多毒品犯罪行为；《著作权法》第106条以下规定了非法复制、传播他人作品等侵犯著作权的犯罪行为等。[22]此外，在德国《商法典》这类重要的法典中，也同样可以规定刑罚罚则，也即设置附属刑法规范，例如针对股东会或监事会的"不实记载（第331条）"，规定了3年以下监禁刑或罚金刑等刑法措施；针对财务审计人员"违反报告义务的行为（第332条）"，也规定了3年以下监禁刑或罚金刑等刑法措施。[23]

综上，在《刑法典》之外，上述数量繁多的附属刑法以及《青少年法庭法》《军事刑法典》《国际刑法典》等单行刑事法共同构成了当今德国的实体刑法体系。[24]整体而言，德国多元化立法构造，表现出如下特点。其一，德国《刑法典》虽达不到我国刑法大一统立法模式下的全面性，但相对而言，条文数量较多，涉

---

[21] 参见[德]克劳斯·梯德曼：《德国经济刑法导论》，周遵友译，赵秉志主编《刑法论丛》2013年第2卷，法律出版社2013年版，第3页。

[22] 王钢：《德国近五十年刑事立法述评》，《政治与法律》2020年第3期，第99页。

[23] 参见[日]法務省大臣官房司法法制部「ドイツ商法典（第1編〜第4編）」162-163頁。https://www.moj.go.jp/content/001206509.pdf

[24] 王钢：《德国近五十年刑事立法述评》，《政治与法律》2020年第3期，第94页。

及的领域也较多；除了传统的自然犯之外，刑法典中还有规定了经济犯罪的立法。可以说，德国《刑法典》分则体系安排也是较为细致与丰富。例如，《刑法典》分则部分直接规定了"破产犯罪"（分则第二十四章）、"应处罚的利己行为犯罪"（分则第二十五章）以及"妨害竞争的犯罪"（分则第二十六章）等经济犯罪的内容。其二，正是在前述基础上，德国刑法分则（共计三十章）的设置更为具体，每一章节的名称实际上仅仅是对一小类犯罪的概括，如破产犯罪、妨碍竞争的犯罪，环境犯罪。实际上，这一立法特点确保刑法分则不会出现如我国刑法分则"第三章""第六章"一般特别庞大的章节，规定更为具体；立法上也无须抽象出比如说经济犯罪或者说妨碍社会管理秩序犯罪这种大类犯罪，避免了过重的体系化负担。

在基本的立法构造之外，德国刑法修改方式上的特点也值得我们进一步考察。首先，立法者专门针对《刑法典》的修订主要是通过颁布《刑法修正案（StrÄG）》和《刑法改革法（StrRG）》的方式进行。前者是对刑法典进行小修小不的方式，并不涉及整体上的结构调整与条文次序的变化；后者则是属于对刑法典的系统修订，内容较多，并且涉及对刑法典体系结构的调整。从1951年至今，德国已经颁布了56部《刑法修正案》和6部《刑法改革法》。

其次，从进程来看，德国《刑法典》的修订始于"1969年刑法大改革"（Die große Strafrechtsreform 1969）。此次刑法大改革主要由1969年6月和7月先后颁布的两部《刑法改革法》组成。[25] 这两部《刑法改革法》对《刑法典》总则和分则中的诸多条款进行了根本性的修改，特别是第二部《刑法改革法》对刑法总则中几乎所有的规定都进行了重新编排和修订，从而形成了全新的刑法总则，导入了缓刑和日额罚金制，并展开了制裁体系的重构。而在1998年，德国颁布了第六部《刑法改革法》，也是对《刑法典》进行的最新一次系统修订，被认为是全面修改各论的第一步，在实务和学术界备受瞩目。[26] 结合德国学者的统计，自1969年到2019年间，德国立法机关通过各种形式对《刑法典》进行了202次修订，所涉及的条文难以计数，其间对众多附属刑法的修订就更是不胜枚举。与我国学界惯常的认识相反，德国近50年来的刑事立法活动明显

---

[25]　第一部《刑法改革法》中的规定分别于1969年9月1日和1970年4月1日施行，第二部《刑法改革法》则因德国各联邦州需对本州法律进行相应调整，推迟至1975年1月1日起施行。参见王钢：《德国近五十年刑事立法述评》，《政治与法律》2020年第3期，第95页。
[26]　参见［日］川口浩一「ドイツ刑法各則の改正——対照表と新条文の試訳（１）」奈良法学会雑誌第11巻1号（1998年）1頁。

比我国更为频繁。[27]

再次，诸如前文所提及的两部"惩治经济犯罪法"也是对刑法典进行修改的方式。并且，德国立法者还经常通过专项法案的形式，对刑事以及行政、民事法律规范进行体系性的修订，以实现打击特定类型之犯罪的目的，而针对附属刑法的制定和修改则往往与其他行政、民事法律规定的修订结合进行。

最后，值得注意的是，德国对于刑法的修改也是采取了一种协同联动模式，也即以问题为导向将与该问题相关的部门法同时做出修改，以确保立法或修法上保持一致性，避免规范之间的矛盾冲突，这也是确保法秩序统一性的前提条件。譬如，1976 年的《反恐怖主义法》就同时对《刑法典》《刑事诉讼法》《法院组织法》和《刑罚执行法》等诸多法律规范进行修订，以利于对恐怖主义罪行开展刑事追诉。

综上，由于受到国际化和欧洲化的影响，同时"刑法具有作为最后手段之功能（Ultima- R atio）"的观念日渐淡薄，导致了德国刑法典修改频繁。[28] 德国刑法典的修正实践，越来越多回应刑事政策的要求，通过个别条款的修正形式，渐次积累，几乎从根本上修改了刑法典。[29]

二、以"德国网络犯罪立法"为个案样本的具体考察

如前所述，德国刑法立法呈现出"多元化"立法格局，网络犯罪立法也自然延续了这一传统。不过，德国网络犯罪规定还是存在着一些自身的特色。首先，从立法沿革来看，德国的网络犯罪立法可以追溯到 20 世纪 80 年代。当时的联邦德国于 1986 年 5 月 15 日通过了第二部惩治《经济犯罪法》（1986 年 8 月 1 日施行），该法对刑法典作出修改，引入计算机犯罪相关罪名。德国最初的计算机犯罪包括《德国刑法典》第 202 条 a "数据刺探罪"（也称"不法取得数据罪"）、第 263 条 a "计算机诈骗罪"（也称"利用计算机不法操作而得利罪"）、第 303 条 a "篡改数据罪"和第 303 条 b "妨害计算机罪"。[30] 可以看到，（联邦）德国

---

[27] 王钢：《德国近五十年刑事立法述评》，《政治与法律》2020 年第 3 期，第 95 页。
[28] 程红：《德国刑事立法的最新动态及解读》，《国外社会科学》2019 年第 4 期，第 36 页。
[29] [德] 米夏埃尔·库比策尔：《德国刑法典修正视野下的刑事政策与刑法科学关系研究》，谭淦译，《中国应用法学》2019 年第 6 期，第 181 页。
[30] 参见 [德] クラウス・ティーデマン、[日] 丹羽正夫、城下裕二译「コンピューター犯罪と 1986 年の西ドイツ刑法改正」北大法学論集 39 巻 1 号（1988）120 頁。

在最初回应计算机犯罪问题时，也是采取了修改刑法典的路径选择。

此后，由于涉及计算机和互联网通信的严重侵害行为更为多样化，且数量迅速增加，刑法典中的计算机犯罪罪名又进一步得到补充。2007年8月7日，德国议会通过了第41号"刑法修正案"。出台该修正案的背景是，随着IT领域技术的发展，跨境犯罪有所增加，欧洲委员会成员国于2001年签署了《网络犯罪条约》。为了将上述《网络犯罪条约》的相关规定在国内法中具体化，第41号"刑法修正案"在《德国刑法典》中增加了第202条b"数据拦截罪"和第202条c"数据刺探和拦截的预备罪"，并对第202条a，第303条a和第303条b进行修改。[31] 上述修法主要是将与计算机网络相关的预备行为入罪，体现预防性立法的色彩。

同时，除了通过修改《德国刑法典》增加关于计算机网络犯罪的相关罪名之外，德国其他互联网立法中也存在涉及网络犯罪的附属刑法，其中颇具代表性的便是1996年11月8日通过的《规定信息和通信服务一般条件之联邦法令——信息和通信服务法》（Gesetz zur Regelung der Rahmenbedingungen für Informations und Kommunikationsdienste，简称IuKDG，国内学者将其简称为《多媒体法》，1997年8月1日施行）。该法被认为是"世界上第一部对电子网络空间的行为进行法律规范的专门立法，标志着人类对电子网络这一高科技领域的法治规范开始起步"。[32] 具体来看，该法包括11章内容，其中前三章为新的立法，分别是《电信服务法》《数据保护法》以及《数字签名法》；另外八章中，有六章是对《刑法典》等相关立法的修改，其他两章属于附属性规定。《电信服务法》《数据保护法》以及《数字签名法》等立法中，均存在刑事罚则规定，例如，《数据保护法》第44条对不正当取得个人信息的行为进行规制，也即规定"为了获取报酬，或者为自己或他人谋取利益，或者为了给他人造成损失，故意实施本法第43条第（2）款所列举行为，处以2年以下自由刑或罚金刑。有学者针对将德国的数据刑法保护问题的立法模式作出了进一步概括，其一，德国以《数据保护法》中附属刑法规范为基础建立的对个人数据的全面保护；其二，以《刑法典》为依托设立的对一般数据的体系保护。二者共同构成了德国数据刑法保护的基本框架。《数

---

[31] 参见[德]埃里克·希尔根多夫：《德国刑法学——从传统到现代》，江溯、黄笑岩等译，北京大学出版社2015年版，第386-387页。

[32] 参见唐绪军：《破旧与立新并举 自由与义务并重——德国"多媒体法"评介》，《新闻与传播研究》1997年第3期，第55页。

据保护法》确立了在德国占据主导地位的、作为一般人格权与基本权利组成部分的个人信息自决权理论，其也决定了该法作为附属刑法规范的保护法益内涵。[33]

整体而言，与前文所分析的日本应对危害计算机信息系统犯罪的立法选择有所不同——日本针对黑客的不当入侵行为专门制定了单行刑法，德国针对计算机犯罪所采取的立法模式仍然是修改刑法典，这与我国刑法在对待计算机信息系统犯罪的立法选择大体上是一致的。事实上，在对待网络犯罪问题上，德国大体上采取了一种以刑法典为中心的立法模式，对于保护与计算机信息系统安全相关法益的罪名都是规定在刑法典之中。在刑法典之外，非刑事部门法虽然存在着附属刑法规范，但刑事罚则的条文不多，多数是属于"违反秩序罚"的罚款行为。

第三节　美国刑法立法模式与修改方式的考察

一、美国刑法法典化的努力

法国刑法学家普拉戴尔（Pradel）将刑法的法源分为超法源、常法源与次法源三类。常法源在大陆法系和社会主义法系即为刑法典或刑事法律，在英美法系为刑事制定法和判例；次法源是指在正常法律渊源之下处于次要或补充地位的表现形式，如行政文件、习惯、学说等。[34] 相异于欧陆之发展，近代美国刑法立法并未以一种法典化的形式出现，甚至制定法的出现也是一个渐进性的过程。

18世纪下半叶特别是美国独立战争后，尽管英国普通法在北美殖民地取得了支配地位，刑法法源仍是以普通法为主，但此后美国立法开始表现了独立化意愿，主要的表现方式便是法典编纂的兴起。刑法典编纂活动于19世纪中叶开始，在此之后，制定法的比重继续加重。进入20世纪以来，美国的制定法进一步增加，法律的系统化明显加强。不过直到今天，法典化仍未真正渗透到美国社会。并且，在美国所见的各种法典几乎都不是非真正的法典——一种体系化的产物，而是法律编纂。[35] 不过，即便在这样的背景下，美国关于法典化的努力——即便是处于英美法系传统之下，也值得我们从比较研究的视角给予一定的关注。具体而言，对于美国刑法法典化问题的考察，可以从如下方面来展开。

[33]　王华伟：《数据刑法保护的比较考察与体系建构》，《比较法研究》2021年第5期，第136-137页。
[34]　卢建平：《刑法法源与刑事立法模式》，《环球法律评论》2018年第6期，第7页。
[35]　参见卢建平：《刑法法源与刑事立法模式》，《环球法律评论》2018年第6期，第7页。

首先，从实质意义上或者说法律制定层面来看，美国也存在着具有刑法立法意义的法典化产物——真正生效并实行的刑法典。这一法典出现于受法国法传统影响较大的路易斯安那州，该州于 1942 年颁布了刑法典。应当看到，路易斯安那州的《刑法典》虽然也是美国领域内出现并付诸实施，但却是大陆法系传统的立法产物。此外，有必要补充说明的是，自 1966 年 11 月美国国会建立"联邦刑法改革国家委员会"致力于刑法法典化开始，到 1978 年最后一个刑法典修订草案（法案）被否决，在国会、司法部等努力下，期间形成过若干个刑法修订草案，但终未获通过。[36] 简言之，美国迄今也没有一部统一的联邦刑法典。

其次，从法律规范系统汇编层面来看，美国也进行过法典编纂的积极尝试。美国《联邦法典》可谓是法律汇编意义上的法典化成果，其中自然也涉及刑法这一部门法。具体来看，在 1948 年，国会通过"修正、法典化及实施有效法律"的法案，经过对现有刑法规范整体性地汇编，美国《联邦法典》第 18 主题——"刑法与刑事诉讼"最终颁布，其吸收了联邦所有的刑法和刑事诉讼法。但该法典只是把罪名按字母顺序排列，仅仅是一种汇编，并不是真正意义上的现代法典。

再次，从最具美国特色的法典化成果层面来看，即便美国在联邦层面尚未出现统一的刑法典，但由美国法学会制定的《美国模范刑法典》（Model Penal Code）——虽类似"专家建议稿"，其在各州立法参考、立法理论研究以及司法实践层面都产生了积极的影响。具体来看，在先后完成了 19 个《暂行草案》及其释义性评论之后，美国法学会于 1962 年通过并公布了《模范刑法典正式建议草案》，这部精心拟定的法典包括了刑事责任的一般原则，具体犯罪的定义和量刑的规定；在完成了 19 个《暂行草案》及其释义性评论之后，美国法学会通过并公布了《模范刑法典》。[37] 有学者评价指出，《模范刑法典》在美国刑法法典化的历史中发挥了最重要的作用。自颁布至今该法典一直是美国刑法典改革的主导力量，也是美国刑法学研究的催化剂。[38]《模范刑法典》反映了当前美国刑法制度的最新状况，这令其他任何一部刑法典都难望其项背，可称之为其他任何一部

---

[36] 欧阳涛 等：《英美刑法刑事诉讼法概论》，中国社会科学出版社 1984 年版，第 17-18 页。转引自卢建平：《刑法法源与刑事立法模式》，《环球法律评论》2018 年第 6 期，第 16 页。

[37] [美] 约书亚·德雷斯勒：《美国刑法精解》，王秀梅等译，北京大学出版社 2008 年版，第 29 页。

[38] [美] 保罗·H. 罗宾逊、马卡斯·德克·达博：《美国模范刑法典导论》，刘仁文、王祎译，《时代法学》2004 年第 2 期，第 107 页。

刑法典都无法相比的、最接近美国（联邦立法）的刑法典。

复次，美国在刑法法典化方面的努力，不仅形成了《模范刑法典》这一学理层面的产物，助益了刑法理论研究；《模范刑法典》掀起美国刑法典改革风潮，对美国的刑事立法实践产生着深远的影响。事实上，自 1962 年公布以来，《模范刑法典》在各州掀起了一股法典改革的浪潮，激发了至少 34 个州在修订刑法时以其为蓝本进行了重大修订或者重新制定。[39] 在 1966 年，联邦刑法修订委员会成立，其拥有对整个刑法体系进行改革的权力，目标是编订一部现代、统一且合理的刑法典。此后，美国国会断断续续地尝试改革美国联邦刑法典。1973 年，美国尝试出台《联邦刑法典草案》（*The Proposed Federal Criminal Code*），是建立新的、全面的联邦刑法的最新尝试，该草案也被认为是 200 年来重述与精简联邦刑事司法的最重要尝试。[40] 同时，许多刑法学教授都将《模范刑法典》作为刑法教学中的基础课程，其中对主要条文的评论，每一条评论都可以被视为一篇研究论文，可见《模范刑法典》在美国刑法法典化进程中的重要地位。[41]

最后，《模范刑法典》对刑事法治实践的影响还体现在司法层面。事实上，美国各级法院在解释那些存在争议的刑法条文或判例时，也会主动借助《模范刑法典》及其相关评注作为指导。应当承认，近五十年以来美国联邦及各州刑法的成文法化，本身就是以普通法上的犯罪为基础的，成文法上的犯罪绝大多数以普通法上的术语加以表述。[42] 不过，由于制定法实际上是对罪刑规范的明确限制，在对制定法进行解释的时候，即便基于普通法传统可以在一定程度对相关条文曾经保持的普通法意义作出解释，但受制于社会发展以及成文法本身的约束，美国司法部门也在吸收或借鉴大陆法系体系性思维与解释方法，在司法论证过程中并不以绝对周延的理性推理为主导，而是基于如《模范刑法典》这一类具有较强指引性的参考规范作为技术知识来加强说理效果，也即将普通法的经验逻辑以及法典化背景下体系理性进一步统合。

---

[39]　Peter W. Low. The Model Penal Code，the Common Law，and Mistake of Fact：Recklessness，Negligence，or Strict Liability? 19 Tuters L J.（1988）. PP.593. 转引自蔡荣：《中美刑法法典化进程之比较评析》，赵秉志主编《刑法论丛》2018 年第 3 卷，法律出版社 2019 年版，第 431 页。

[40]　Richard H. Brody. The Proposed Federal Criminal Code：An Unwarranted Expansion in Federal Criminal Jurisdiction.39 OHIO STATE LAW JOURNAL .（1978）. p132.

[41]　蔡荣：《中美刑法法典化进程之比较评析》，赵秉志主编《刑法论丛》2018 年第 3 卷，法律出版社 2019 年版，第 431 页。

[42]　参见蔡荣：《中美刑法法典化进程之比较评析》，赵秉志主编《刑法论丛》2018 年第 3 卷，法律出版社 2019 年版，第 436 页。

总体而言，《模范刑法典》所引领的各种制定法上的积极尝试与成功经验，提醒了美国联邦立法部门以及理论界，在普通法作为法律渊源的国家同样具有制定统一刑法典的可能性。不过，美国联邦层面的刑法法典化受到内外因素双重驱动，历经了形式编纂到实质编纂、价值思维系理想主义与实用主义之统合等多维度的角力，法典在满足体系化需求以及呈现自身特性方面仍有所不足。[43] 由此而言，美国联邦立法层面的刑法法典化可能是一个长远目标，但其历史阻力以及技术难度是显而易见的，并非简单地基于刑法之公正目的或技术理性，就可以得出未来必然会出现刑法法典化之应然结论。

二、以"美国网络犯罪立法"为个案样本的具体考察

从技术层面来讲，由于美国是世界上第一台计算机的诞生地，也是计算机技术与互联网业态发展的引领者，在这样的背景下，最早的计算机犯罪也是发生在美国。有研究指出，"第一起关于计算机犯罪的记录在 1958 年，而第一桩由联邦政府起诉的计算机网络犯罪案件（犯罪分子在明尼苏达州明尼阿波利斯市使用计算机篡改银行记录）发生在 1966 年的美国"。[44] 在那一时期，计算机犯罪曾一度被认为是运用了一些技术手段的传统犯罪，而并不是什么新型的犯罪，它们只不过是在现今的计算机和电子通信网络等高科技发展下创造出来的新鲜东西，与传统犯罪没什么两样；[45] 司法实践通常采取延伸适用现有刑法规定或传统判例的方式，法官对与计算机或互联网相关的犯罪通常适用盗窃（Theft）、入室盗窃（Burglary）和非法侵入住所（Trespass）三罪法条，通过对这三罪规定的自由解释来解决法律适用中的困难问题。[46]

通过适用传统罪名规定对计算机犯罪迅速展开应对后，美国刑法学界和立法

---

[43] 参见李仲民：《美国联邦刑法法典化述评》，《西南政法大学学报》2014 年第 4 期，第 3 页。
[44] Donn B. Parker. Computer Crime: Criminal Justice Resource Manual（Office of Justice Programs, National Institute of Justice, U.S. Dept. of Justice, 1989），2nd ed., p.5. 转引自高仕银：《美国政府规制计算机网络犯罪的立法进程及其特点》，《美国研究》2017 年第 1 期，第 62 页。
[45] Douglas M. Reimer. Judicial and Legislative Responses to Computer Crimes. 7 Insurance Counsel Journal.（1986），p.406. 转引自高仕银：《美国政府规制计算机网络犯罪的立法进程及其特点》，《美国研究》2017 年第 1 期，第 63 页。
[46] M. Waisk, Crime and the Computer, Oxford: Clarendon Press, 1991, p.69; John Roddy. "The Federal Computer Systems Protection Act", 2 Rutgers Journal of Computer, Technology and the Law.（1980）. p.352. 转引自皮勇：《中美网络犯罪立法比较及给我国的借鉴》，《社会科学辑刊》2021 年第 5 期，第 124 页。

者逐步认识到计算机犯罪具有自身的独特性，绝不仅仅是传统犯罪的简单变形，仅靠能动地适用现有的罪名不足以弥补刑法立法的时代滞后缺陷，由此引发了刑事法律领域的思维变革，必须制定专门的法律。可以说，美国联邦对计算机网络犯罪的立法规制，经历了从采用传统刑事犯罪认定到专门制定特定的网络犯罪法律的发展过程。[47]

具体来看，美国国会于1984年通过的《全面控制犯罪法》（Comprehensive Crime Control Act）是一部涉及多种犯罪类型的刑事法案，其中首次设立了有关计算机网络犯罪的条文，关于联邦第一个计算机网络犯罪的刑事立法位于该《全面控制犯罪法》的2102（a）节，具体名称为《伪造接入设备与计算机欺诈及滥用法》（Counterfeit Access Device and Computer Fraud and Abuse Act），是联邦政府针对计算机网络犯罪立法的最早文本。此后，这一条文在1986年被系统修正，并重新定名为《计算机欺诈与滥用法》（Computer Fraud and Abuse Act，CFAA），该法可谓是美国专门针对网络犯罪所制定的单行刑事立法。该法后经多次修改得以进一步完善，最终被纳入《美国法典》第18编"犯罪与刑事诉讼"第1030节"与计算机有关的欺诈及相关活动"中，即"18 U.S.C§1030"部分。

自1984年首次制定《伪造接入设备及计算机诈骗与滥用法》以来，美国的网络犯罪体系便开始逐步扩张；在该部专门立法之外，美国的其他部门立法中也存在着诸多涉及信息网络因素的犯罪。可以说，美国网络犯罪立法已经形成了以《伪造接入设备及计算机诈骗与滥用法》为基础的多元化规范体系。例如，美国《窃听法》（Wiretap Act）规定了涵盖利用计算机、互联网侵犯通信的三种犯罪；再如，《美国联邦法典》中的其他法律条款，如第2701条、第1362条、第1343条、第1037条、第1029条、第1028条及第1028A条等，也规定了与计算机、互联网相关的犯罪。此外，网络赌博犯罪、网络儿童色情和其他淫秽信息犯罪以及与网络相关的侵犯知识产权犯罪、侵犯隐私犯罪、经济间谍犯罪等，虽未被纳入美国司法部网络犯罪与知识产权部门（CCIPS）界定的网络犯罪范围，但从理论上来讲，将上述犯罪作为广义上的网络犯罪来对待，也并无不妥。[48]

直观来看，以危害行为和行为对象为分类根据，当前美国网络犯罪分为两

---

[47] 高仕银：《美国政府规制计算机网络犯罪的立法进程及其特点》，《美国研究》2017年第1期，第62页。

[48] 皮勇：《中美网络犯罪立法比较及给我国的借鉴》，《社会科学辑刊》2021年第5期，第124页。

大类：一类是侵犯计算机信息系统安全的犯罪，包括非法侵入计算机、破坏计算机、提供密码犯罪；另一类是独立的网络相关犯罪，包括身份盗窃罪、计算机相关诈骗犯罪、侵犯通信犯罪。就前者而言，美国所采取的专门单行刑事立法模式，也即将之纳入《非法接入设备及计算机诈骗与滥用法》之中；而就后者而言，美国所采取的模式比较接近于大陆法系的附属刑法模式，也即将上述犯罪置于特定领域立法之中。

此外，需要说明的是，美国议会于 1994 年通过的《暴力犯罪控制与法律执行法》（*Violent Crime Control and Law Enforcement Act*），对美国网络犯罪立法作出了必要的补充与更新。具体来看，《暴力犯罪控制与法律执行法》是一部包含众多犯罪问题的刑事法案，既包括新增的罪名，也涉及对现有立法的修改；在该涉及计算机网络犯罪条款，标题为《1994 年计算机滥用修正法》，其中对《计算机欺诈与滥用法》进行了两个方面的修正。在 1996 年，美国颁布了《经济间谍法》，并在该法中的《国家信息基础设施保护法》（*National Information Infrastructure Protection* Act）部分对《计算机欺诈与滥用法》进行了修正。在 2001 年，美国通过了《爱国者法》，并在该法中的《制止与预防网络恐怖主义》部分对《计算机欺诈与滥用法》进行了相应的修改。在 2008 年，美国颁布了《前副总统保护法》（*Former Vice President Protection Act of 2008*），其中的《身份盗窃与赔偿法》部分对《计算机欺诈与滥用法》进行了修正。[49] 可以看到，美国在对网络犯罪立法等各类刑法规范进行修改的过程中，也是注重以问题为导向的体系化规范输出。事实上，由于美国尚不存在严格意义上的刑法典，因此也不可能专门针对刑法典颁布修正案；美国主要是通过颁布专门的刑事法案或是在制定专门部门立法之时同步对刑法规范进行必要的修改与补充，这主要是考虑刑法规范整合的必要性以及刑法规范与相关部门立法之间的协同性，倾向于选择颁布一个规范性文件对犯罪问题以及其他社会治理问题展开系统性回应，而并非是针对某一具体刑法规范或犯罪问题专门出台规范性文件。

总体而言，由于以美国为具体样本的英美法系国家或地区往往并不涉及严格意义上的刑法典，网络犯罪刑法规范载体难以呈现出刑法典、单行刑法以及附属刑法三足鼎立的多元化模式，美国的网络犯罪立法呈现出以单行法为基础的多元化立法样态。一方面，《非法接入设备及计算机欺诈与滥用法》的诞生是美国

---

[49] 参见高仕银：《美国政府规制计算机网络犯罪的立法进程及其特点》，《美国研究》2017 年第 1 期，第 68-70 页。

联邦政府打击计算机网络犯罪的里程碑式事件,从此联邦司法机关对于计算机网络犯罪的规制不再"左顾右盼"于美国法典中传统意义上的刑事法律,从而开启了以专门的计算机网络犯罪法律来打击计算机网络犯罪的征程;[50]另一方面,以《非法接入设备及计算机欺诈与滥用法》这一单行立法为基础以及因应传统犯罪的网络化发展而新增的一系列专项法律,构建起的美国网络犯罪立法体系,表明美国联邦层面对计算机网络犯罪的法律规制范围在不断拓宽,且法条内容变得越来越精细,从而建立了比较成熟的惩治计算机网络犯罪的刑事法律规范体系。

第四节　各国之比较分析

整体来看,与我国所呈现出的刑法立法大一统格局有所不同,德国和日本等大陆法系国家的刑法立法多是选择采取多元化的立法构造。进而言之,德国和日本等大陆法系国家虽然坚守着法典化的传统,但刑法典并不能统合全部的刑事法律规范,很多领域的犯罪治理问题往往是可以通过单行刑事法律或附属刑法规范予以规定;允许存在一定数量的特别刑法规范作为刑法典的补充,成为德国和日本等大陆法系国家的共同选择。并且,与我国目前所采取的以刑法修正案为主(甚至是唯一)的修改方式有所不同的,德日等国在刑法修改上突出以问题为导向的协同修法方式,一部修改法律的法案可能涉及诸多法律部门;事实上,美国在网络犯罪立法及其修改方面也体现出这一特征。

应当看到,德国和日本等大陆法系国家对刑法典、单行刑事法律或附属刑法等规范载体形式的选择,与犯罪类型的划分是密不可分的。一方面,传统的自然犯罪被置于刑法典之中,在类型上保持相对的稳定性,但也并不排斥适度地增补或细化罪名类型,以及对相关罪名构成要件与法定刑的调整与优化。与此同时,针对某一类犯罪行为,出于整合法律规范、刑事一体化或者是刑事政策的需要,单行刑事立法也被广泛应用,其规制对象既可能是传统自然犯,也可能是具有一定社会管理色彩的犯罪类型,单行刑事立法在日本尤为普遍。另一方面,随着社会的发展,经济领域与社会管理领域的部门立法日趋细化;在传统自然犯罪之外,大量的经济与社会管理领域的行政犯则是被置于刑法典之外,只要非刑事

---

[50] 高仕银:《美国政府规制计算机网络犯罪的立法进程及其特点》,《美国研究》2017年第1期,第75页。

法律部门存在犯罪化的必要，就可能将某种违法行为作为犯罪并规定特定刑事罚则。正是在以犯罪分类为基础的立法观念指引下，附属刑法规范成为刑法典之外的有益补充。美国等英美法系国家不具有法典化的传统，联邦层面尚未出现实质意义上的刑法典，单行刑事立法成为较为普遍的选择，并且非刑事部门法中附属刑法规范成为单行刑事立法的有益补充。可见，无论是作为传统大陆法系国家的德国或日本，还是在美国，刑法立法的规范载体形式都不是单一的，德日等国的刑法典分则所规定的罪名范围也是相对有限的，而新型罪名的增加与刑法体系的拓展多是经由单行刑法或附属刑法来实现的。

相比之下，我国刑法立法采取了大一统立法模式，确实避免了在刑法典之外存在大量单行刑法和附属刑法规范所造成的体系分散。而这种对于刑法法典化的极度追求，很大程度上是源于"79刑法"以来我国刑法规范体系的混乱局面；易言之，采取大一统的刑法立法被认为是避免体系混乱局面的最佳选择。如学者所言，"由于在刑法典之外，还有这么多单行刑事法律和非刑事法律中的附属刑法规范，缺乏一个体系上的归纳，显得有些零乱，不便全面掌握；为了建立社会主义市场经济体制，为了实现体制转轨，各方面都发生了许多深刻变化，在犯罪现象上也出现了许多新情况、新问题。如何对社会上出现的各式各样的犯罪进一步加以科学的归纳和分类，这些都要作通盘的考虑，而不是通过几个单行法律修修补补能够解决的。因此，为了更加有效地发挥我国刑法的社会调整功能，全面系统地修订出一部崭新的刑法典，实乃势在必行"。[51] 正是在这种对大一统立法的极度追求之下，学界以及立法机关将刑法典大一统作为"形式合理"的核心标准，如学者所言，形式合理是指刑法立法在形式上符合基本逻辑，并主要体现在以下三个方面：一是刑法立法采取的是法典的形式，而未采取单行刑法或者附属刑法规范的形式，这是刑法法典化最基本的形式要件；二是刑法典的结构划分合理，不存在交叉或冲突，符合逻辑的自洽性要求；三是刑法典的条文设置适当，不存在矛盾或重复。[52] 这种形式上"整齐划一"的立法选择，必然要求立法机关付出大量的体系整合与类型归纳之努力，最终才能将全部犯罪类型纳入到刑法典之中；当被视为形式理性的单一法典化目标实现之后，刑法具有的社会治理功能却有待审慎评价。如日本学者所言，"中国在现阶段将所有的刑罚法规都集中在刑法典之中，而在刑法典之外则几乎看不见，因此，在中国不存在日

---

[51] 高铭暄：《20年来我国刑事立法的回顾与展望》，《中国法学》1998年第6期，第26页。
[52] 赵秉志：《当代中国刑法法典化研究》，《法学研究》2014年第6期，第188页。

本所谓的行政刑法。其优点在于一目了然,但社会生活变化可能会导致刑法典的频繁修改"。[53]

此外,就网络犯罪立法这一个案分析样本而言,域外各国的立法进程进一步反映出多元化立法的基本特征,也即各种网络犯罪通常分布在不同的刑法规范载体之中。一方面,从应对网络犯罪的基本进路来看——针对网络犯罪这一新生事物,域外各国最初的选择路径在本质上区别不大,也即仍然现实尝试通过传统犯罪类型来对新生犯罪进行评价,以寻求对新型犯罪问题作出快速应对,并基于传统罪名之解释论路径的局限性进一步展开立法对策上的新思考,最终在立法层面寻求作出系统回应。进而言之,由于德日两国作为大陆法系国家一直恪守着"法典"的传统,即使面对着新兴的网络犯罪,立法机关首先考虑的往往是修改、完善刑法典。可以说,在刑法典中对网络犯罪作出专门规定属于大陆法系国家的基本操作。相比之下,美国面对网络犯罪这一新生事物,由于其不具有法典化背景下,网络犯罪立法实际上首先选择了专门性单行立法模式。

需要说明的是,德日两国虽然拥有法典化的文化传统,但针对不同类型网络犯罪之立法规范载体选择——也即网络犯罪立法在刑法典与特别刑法之间的选择——仍然存在着自身的特点,有必要展开进一步说明。

首先,对于利用计算机所实施的侵害传财产、名誉以及业务安宁等传统法益的犯罪行为,德日两国首先通过刑法典增加独立的罪名,如日本《刑法典》专门设置了"利用电子计算机诈骗罪"来回应网络犯罪之法益交织性,并提高法定刑幅度——高于对应的传统犯罪;德国《刑法典》第 263 条 a 也规定了"计算机诈骗罪"——法定刑与德国《刑法典》中的诈骗罪大体一致。相比之下,我国《刑法》并没有针对利用计算机网络实施的侵害传统法益的犯罪而增设专门罪名,而只是在第 287 条作出了"利用计算机实施犯罪的提示性规定",即"利用计算机实施金融诈骗、盗窃、贪污、挪用公款、窃取国家秘密或者其他犯罪的,依照本法有关规定定罪处罚"。应当看到,德日回应侵害传统法益之网络犯罪的立法选择与我国的刑法立法还是存在一定的差异。

其次,还应当看到,对于直接危及计算机信息系统安全的犯罪行为——如不当入侵计算机信息系统行为,德国刑法立法仍然是选择将此类犯罪规定于刑法典之中,而日本则是选择专门制定一部单行刑法。相比于德国,日本在《关于禁止

---

[53]　[日]西原春夫:《日本刑法与中国刑法的本质差别》,黎宏译,载赵秉志主编:《刑法评论》(第 7 卷),法律出版社 2005 年版,第 123 页。

非法访问（计算机系统）行为的法律》中不仅规定了各种不当入侵计算机信息系统行为的类型、构成要件与法定刑，并且还对国家机关在应对非法入侵计算机信息系统行为的援助与支持之行动方案作出了具体的规定，体现出犯罪预防与损失补救等刑事政策层面的目标追求。

最后，由于大陆法系国家或地区普遍存在大量的附属刑法规范，其中必然会包括涉及网络元素的犯罪行为，前文所梳理的日本立法与德国立法都印证了这一特征。一方面，对于涉及数据或个人信息的犯罪，因为涉及个人信息或数据资源有效利用与理性规制，其所涉及的罚则一般都是置于相关领域的部门法之中，也即采取了附属刑法模式；另一方面，针对网络服务提供者的义务以及衍生出的刑事责任问题，本质上多是处于"处罚的早期化"的危险状态或义务违反行为，对这类主体所设定的罚则通常也是采取附属刑法模式，规定在各类涉及网络平台管理的专门立法之中。

总体来看，作为同为大陆法系、具有法典化传统的国家，我国与德日两国均重视网络犯罪治理，但由于在互联网利用程度、发展阶段以及未来布局等方面存在差异，在网络犯罪立法模式的选择上体现出不同侧重点。与此同时，德日两国在刑法立法上本就采取多元化立法模式，因此，网络犯罪立法也自然体现这一特征。从日本的网络犯罪立法来看，学理上将网络犯罪划分为三种形态，即利用计算机犯罪实施的传统犯罪（如诈骗犯罪）、不当侵入计算机系统的技术性（黑客）犯罪以及以信息网络为平台或是网络空间中的义务违反型犯罪（主要是数据安全或违法信息监管）。大体而言，上述三分类犯罪分别被规定于刑法典、单行刑法与附属刑法之中。正是以类型化路径为基础，立法机关在面对网络犯罪时确立了多元化立法模式。就发展趋势而言，利用计算机犯罪实施的传统犯罪（如诈骗犯罪）、不当侵入计算机系统的技术性（黑客）犯罪相对稳定，变动相对较小；而一般规定在附属刑法中的以信息网络为平台或是网络空间中的义务违反型犯罪则成为主要的立法变量。事实上，这一类网络犯罪多为行为犯或危险犯，体现出更多的犯罪预防特征，将是一段时间以来网络犯罪立法的活跃因素。与德日两国有所不同，我国自"97 刑法"以来几乎是延续了大一统的刑法立法模式，网络犯罪也集中于刑法典之中。对于德日两国多元化立法模式下的网络犯罪立法，我们要思考其在立法技术上的优势与不足。而衡量立法技术优劣的核心标准便是立法模式是否能够迎合犯罪化趋势以及犯罪治理的实质需求；只有将立法模式问题与刑法立法的实质走向相关联，才能为我们权衡利弊确立基本的坐标。

第四章

『一元论』与『多元论』之间的立场纷争

随着"97刑法"的颁行，关于刑法立法模式与修改方式问题研究曾暂时告一段落。但近年来，由于刑法修正案对刑法典作出大量修改、单行刑法受到冷落以及附属刑法的长期缺位，学界对我国刑法立法模式与修改方式问题展开了新一轮反思；问题逐步聚焦，不同观点纷纷亮剑。一部分学者主张应坚守刑法典大一统并维持修正案模式，即坚守"一元论"立法格局；另一部分学者则是倡导刑法典、单行刑法与附属刑法并立的分散型刑法立法模式，即走向"多元论"立法格局。当然，"多元化"并不否认推进刑法的法典化，也充分认同维持刑法规范稳定性和完整性的意义，只是主张应避免刑法规范的绝对统一化。由此，"一元论"与"多元论"纷纷围绕其所主张的基本立场以及背后的主要理由作出阐释；本部分将对此展开详细梳理，并就二者之间的争议焦点以及其中可能存在的误区进行归纳。

第一节 "一元论"立场的基本构造与主要理由

整体而言，"一元论"是以现存刑法立法之实然状态及其合理性为出发点展开研讨；当前刑法立法大一统局面实际上是克服刑法规范体系混乱困境后所取得的成绩，也是一种较为理想的状态，不应轻易改变。以下将对"一元论"立场的基本构造及其背后的主要理由作具体梳理。

一、"一元论"的立场呈现

秉持"一元论"立场的学者，多是将"79刑法"颁行之后刑法规范体系混乱的局面作为其立论基础，充分肯定了"97刑法"对分散型立法全盘吸纳与体系化整合所带来的积极效果，认为应继续保持刑法立法大一统的现状，并将刑法修正案作为刑法典修改完善的唯一模式。如学者所言，"这期间（79—97年）的特别刑法规范在条文数量上远远超过了刑法典，并且各种刑法规范相互交织，罪刑关系很不协调、刑事立法缺乏总体规划等矛盾十分突出。因而要求制定一部统一的、全面而系统的刑法典的呼声日益高涨"。[1] 不过，由于各种"一元论"主张的侧重点可能有所不同，所倡导的观点仍然存在细微的差别，因而有必要作进一步梳理。

---

[1] 赵秉志：《刑法改革问题研究》，中国法制出版社1996年版，第5页。

具体来看，代表性的"一元论"立场通常坚持单一的法典化立法，并将刑法典作为唯一的刑法规范载体，也即认为"法典作为成文法的高级形式，逻辑体系严密，规范明晰全面，推动了统一法律体系的形成。划一的制度、统一的管理、通行的语言，规范的法律，是具有号召力的文化力量，也是造成共同法律文化的有利因素。无论从法律文化传统还是从现实可操作性而言，统一的刑法典更有利于刑法功能的发挥"。[2]

另有"一元论"者推崇一种绝对法典化的主张，也即"中国刑法要实现法典化目标，首先应从外部入手，实现刑法典在形式上的统一。这方面突出的问题，是需要将目前中国唯一的单行刑法（《全国人民代表大会常务委员会关于惩治骗购外汇、逃汇和非法买卖外汇犯罪的决定》，以下简称《决定》）尽早纳入刑法典。一方面，它的存在破坏了中国刑法典体系的完整性；这是对刑法典完整体系的破坏；另一方面，它的存在导致了中国刑法典体系的不统一。中国刑法的法典化应当在大陆法系国家刑法法典化的基础上再进一步，追求所有刑法规范的全面法典化"。[3] 此外，也有"一元论"者基于刑法规范工具书的事例支持了上述绝对法典化的立场。该论者指出，"我国学者李立众在编辑《刑法一本通 中华人民共和国刑法总成》时将《决定》第1条关于骗购外汇罪的规定编为1997年《刑法》第190条之一，并为此专门作了一个注释。由此可见，采用单行刑法的修改方式增补的条文很难纳入刑法典，不能与刑法原条文融为一体"。[4] 还有学者在论证"一元论"立场时表达出相近看法，也即"《关于惩治骗购外汇、逃汇和非法买卖外汇犯罪的决定》，既有对《刑法》第190条的修改，也有增设骗购外汇罪的新罪名以及其他一些修改内容，造成了刑法典之外单设骗购外汇罪的现象存在，至今留下了一些难以妥善解决的问题，以致有学者"私自编撰"并"修改刑法典而将骗购外汇罪列入《刑法》第190条第2款之中，[5] 令人深思。这种现象的出现，从反面说明了刑法修正案形式的唯一合理性，表明了维持刑法统一化的理论追求"。[6]

另有学者在主张以刑法典为立法核心的同时寻求立法形式上的突破，也即认为"虽然刑法典、单行刑法、附属刑法的'三足鼎立'是域外的普遍选择，但

---

[2] 高铭暄、郭玮：《我国刑法修正模式辨正》，《法学杂志》2018年第12期，第6页。
[3] 赵秉志：《当代中国刑法法典化研究》，《法学研究》2014年第6期，第186页。
[4] 陈兴良：《刑法修正案的立法方式考察》，《法商研究》2016年第3期，第7页。
[5] 参见刘志伟、周国良：《刑法规范总整理》，法律出版社2011年版，第50页。
[6] 魏东：《刑法修正案观察与检讨》，《法治研究》2013年第2期，第19页。

在未来中国未必非得采用这种做法;要缓解刑法典的压力,又要保持刑法的统一性,在刑法典之外,制定统一的轻犯罪法典,但不再制定单行刑法和附属刑法的思路,对于未来中国而言似乎更为可取"。[7] 可以看到,该说在主张以刑法典为核心并排除单行刑法和附属刑法等立法模式的同时,进一步强调要引入轻犯罪法典,也即提出一种刑法典与轻犯罪法典并存的立法主张。

此外,还有学者将刑法立法大一统作为当前一段时间内的现实选择,也即认为,"统一法典化未必是《刑法》立法模式的最优选择,但就目前法制现状而言,应该是问题最少的选择。统一法典化要解决的难题是,如何在保持其稳定性的同时,又要适应国家和社会的现实需要。刑法立法应坚持统一法典模式,并通过《刑法修正案》的形式增加或者修改《刑法》条文。对于目前统一刑法典存在的问题,应通过及时的法典编纂、提高刑法立法技术以及制定完善的法律适用规则来加以解决"。[8]

最后,需要补充说明的是,对于"97 刑法"以来以刑法修正案模式作为刑法典修改方式的普遍做法,"一元论"者表达出积极的肯定意见,强调修正案模式可以维持刑法典的统一性,这是单行刑法所不具备的优势,刑法修正案是除全面修订刑法典之外唯一科学的修法方式。[9] 与此同时,"一元论"者通常强调刑法修正案与单行刑法之间的排斥关系,主张"通过修正案模式修改刑法而排斥单行刑法对刑法典的修改补充,这样才能避免 97 刑法修订之前曾经出现的混乱局面,维持刑法典的稳定性"。[10] 进而言之,"将刑法修正案作为中国刑法修订的唯一的合法形式(模式)有利于切实坚持罪刑法定原则和民权主义刑法观,有利于促进中国刑法沿着科学、现代和健康的正确方向发展,也有利于中国刑法典的形式和内容两个方面的协调完善"。[11] 对于刑法修正案的应用意义,有一元论者曾分析指出,"随着时间的推移和司法机关执行新刑法典经验的不断积累,新刑法典的某些不足和缺陷可能暴露得越来越充分,那时为了适应现实需要,也许又要逐步作些修改补充。对于修改补充,笔者认为最好是采取修正案的方式,不打乱刑法典条文次序,直接修改某一条或某几条,或新设某一条或某几条插入有关条文之

---

[7] 周光权:《转型时期刑法立法的思路与方法》,《中国社会科学》2016 年第 3 期,第 123 页。
[8] 时延安:《刑法立法模式的选择及对犯罪圈扩张的控制》,《法学杂志》2013 年第 4 期,第 34-35 页。
[9] 赵秉志:《当代中国刑法法典化研究》,《法学研究》2014 年第 6 期,第 188 页。
[10] 高铭暄、郭玮:《我国刑法修正模式辨正》,《法学杂志》2018 年第 12 期,第 7-8 页。
[11] 魏东:《刑法修正案观察与检讨》,《法治研究》2013 年第 2 期,第 19 页。

间，另加序码标号（如第 XX 条之一、第 XX 条之二等）。修改或新设的条文之下加括号，说明是第 X 届全国人大常委会第 X 次会议修正或通过的。这样既可保持刑法典的长期稳定性，又不失时机地适应社会发展需要而对刑法典进行局部的修改补充。如此做法，将使我国这部统一的刑法典不断完善，松柏常青"。[12]

二、"一元论"的主要理由

整体来看，持"一元论"立场的学者在论证其观点时，均表达出一种对"97 刑法"颁行之前刑法规范体系胡乱局面的"恐慌感"；"一元论"往往强调不能再走回头路——回到"97 刑法"之前。具体而言，支撑"一元论"主张的理由涉及如下方面。

首先，当前的刑法立法大一统格局有利于确立刑法典的权威地位，避免刑法典被特别刑法立法架空的窘境。如学者指出，"单行刑法或者取代刑法原规定或者补充刑法原规定，在大多数情况下都使某些刑法规定的效力丧失了，对刑法典具有某种肢解功能和架空功能。由于大量失效的僵尸条款存在于刑法典之中，而大量有效的刑法条款却存在于刑法典之外，因此刑法典在某种程度上被架空，出现了我国古代所谓以例破律的现象。"[13] 也有学者强调，"双轨制立法模式存在的弊端在于，许多法益价值大、本应由刑法典规定的问题，逐渐会成为特别刑法的调整对象，保护具有普遍意义的新型法益就成了特别刑法的任务，由此可能使得刑法典逐步被空心化、边缘化"。[14] 另有学者认为，"特别刑法所造成的危害不仅在于刑法渊源的分散型影响公民守法，造成司法适用上的偏差与混乱，还在于单行刑法对刑法典的冲击，影响刑法典的持续性与稳定性。在 1997 年刑法颁行前的较长时间内，司法机关对单行刑法可以说是几乎每案必用，《刑法》则在一定意义上成为具文，为单行刑法所架空"。[15] 概而言之，"法典化既有利于发挥刑法的权威力量，也有利于促进刑法的科学性。统一的刑法典能解决刑法分散所带来的不严密，填补刑法规范空白，使刑法'疏而不漏'，充分发挥刑法的威力。而

---

[12] 高铭暄：《20 年来我国刑事立法的回顾与展望》，《中国法学》1998 年第 6 期，第 29 页。
[13] 陈兴良：《刑法修正案的立法方式考察》，《法商研究》2016 年第 3 期，第 7 页。
[14] 周光权：《转型时期刑事立法的思路与方法》，《中国社会科学》2016 年第 3 期，第 140 页。
[15] 赵秉志：《当代中国刑法法典化研究》，《法学研究》2014 年第 6 期，第 186 页。

这也是树立刑法在社会生活中的权威的重要途径"。[16]

其次,刑法立法大一统格局有利于将全部刑法规范整合于一体,保障刑法的稳定性,避免刑法规范体系混乱的局面。如学者所言,"特别刑法规范在条文数量上远远超过了刑法典,各种刑法规范相互交织、罪刑关系很不协调、刑事立法缺乏总体规划等矛盾十分突出"。[17]另有学者在评价多元化立法体例的时候指出,"不少罪名都是与刑法典重复或交叉的,如果在刑法典与特别刑法中出现大量法条竞合的情况,这样的刑事立法体系必然显得臃肿,从而会严重破坏刑法规范的整体性和科学性"。[18]还有学者强调,"单行刑法模式虽然具有简便快捷、针对性强的优点,但容易对刑法典的统一性、完备性、稳定性和常态法治造成严重冲击;刑法修正案不但直接被纳入了刑法典,而且其立法技术使其并不打乱刑法典的条文次序,从而有利于维护刑法典的完整性、连续性和稳定性,有利于刑事法治的统一和协调"。[19]

再次,刑法立法大一统格局有利于提升刑法规范的可认知性,并降低规范的查找难度。"一元论"者往往认为多元化立法背景下存在制法、守法以及规范查找的困境,如有学者指出,"由于在刑法典之外还有这么多单行刑事法律和非刑事法律中的附属刑法规范,缺乏一个体系上的归纳,显得有些零乱,不便于全面掌握";[20]"行政法规定繁多,如果采取充实附属刑法的方式,将增加司法人员的审查困难"。[21]还有学者认为,"(多元化背景下)刑法规范体系的分散影响公民知法守法,造成司法适用上的偏差与混乱"。[22]另有学者具体分析指出,"(多元化背景下)法条竞合现象大量增加,也会给司法适用增加难度。加之中国幅员辽阔,司法人员素质有待提高且地方差异大,社会转型使得行政和经济立法今后可能会'海量增加',单行刑法、附属刑法大量存在,不利于国民学习刑法,更可能在司法适用上造成一定程度的混乱,司法人员必然'在浩瀚的法令全书中搜索

---

[16] 李玉臻:《刑法法典化的重大意义》,《政法论坛(中国政法大学学报)》1997 年第 3 期,第 8 页。
[17] 赵秉志:《刑法改革问题研究》,中国法制出版社 1996 年版,第 5 页。
[18] 赵国强:《澳门特别刑法之评析与完善》,《华东政法学院学报》2004 年第 5 期,第 44 页。
[19] 魏东:《刑法修正案观察与检讨》,《法治研究》2013 年第 2 期,第 20 页。
[20] 高铭暄:《20 年来我国刑事立法的回顾与展望》,《中国法学》1998 年第 6 期,第 27 页。
[21] 高铭暄、吕华红:《论刑法修正案对刑法典的修订》,《河南省政法管理干部学院学报》2009 年第 1 期,第 19 页。
[22] 赵秉志:《当代中国刑法法典化研究》,《法学研究》2014 年第 6 期,第 185 页。

散乱大量之单行法'"。[23]

最后，刑法立法大一统模式有利于限制刑罚权扩张。有学者从刑法功能性层面进一步强调了大一统立法的优势，也即"立法动议多受部门利益驱动，乃至由利益集团主导。采单行法或附属法模式，会更有利于这种部门利益的表达，而一旦没有良好的机制来制衡这种积极性的发挥，可想而知，罪刑规范的膨胀速度会大大提速，而刑罚权所及范围也将随之大幅拓宽。就法典化的立法模式看，由于其设定了相对较高的'门槛'（无论从实体上还是程序上），因而有利于限制犯罪圈以及刑罚权的过度扩张。而采单行法和附属法的模式，就没有这样的优势，反倒是有利于加速犯罪圈的扩张"。[24]

总体而言，在"一元论"者看来，刑法立法大一统以及刑法修正案之技术运用有助于确保刑法典的核心地位，避免了刑法典被架空或边缘化，由此带来刑法规范体系的统一性与稳定局面。并且，将刑法规范全部置于刑法典中，有利于刑法的公众认知与法律适用中的规范查找，具有便捷性。从实质上来讲，刑法典在犯罪化控制方面也具有相对优势，避免了我国犯罪圈的不当扩张。

第二节 "多元论"立场的基本构造与主要理由

与上述"一元论"者针锋相对，另有学者主张改变现有的刑法立法大一统格局，倡导建构起刑法典、单行刑法与附属刑法并存的"多元化"立法格局，并在充分肯定刑法修正案这一修法方式的同时推动刑法修改方式的多样化。

一、"多元论"的立场呈现

整体而言，"多元论"者并不否认推进刑法法典化的现实意义，也充分认同维持刑法规范稳定性和体系性之整体目标。如多元论者所言，"随着1997年刑法的出台，固化重刑结构，又呈现出刑法立法一元化模式（单轨体制），即罪刑条款统统规定在刑法中；这是由于在世纪之交，我国尚未形成高水平的法律职业共同体，加之市场经济起步，犯罪多发，形势复杂，一元化模式保障统一执法，

---

[23] 周光权：《转型时期刑法立法的思路与方法》，《中国社会科学》2016年第3期，第141页。
[24] 时延安：《刑法立法模式的选择及对犯罪圈扩张的控制》，《法学杂志》2013年第4期，第34-35页。

公正司法"。[25] 同时，秉持"多元论"立场的学者主张应避免刑法立法的绝对统一化，打破当前刑法典一统天下的局面。由于部分"多元论"观点的着眼点存在差异，"多元"的内涵有所不同，因而有必要作简要的梳理。

多数秉持多元论的学强调应当在刑法典之外引入单行刑法与附属刑法模式，也即多元论包含了刑法典、单行刑法与附属刑法。如学者指出，"从全球视野和历史演进的角度，对刑法的法律渊源和规范体系进行比较研究，可以给我国刑法立法的未来指明可行的进路，即确立多元化立法的思路，坚持法典化的主体地位，改进完善修正案模式，激活单行刑法和附属刑法等必要补充"。[26] "（一元化）在立法上不仅造成了刑法内在和外在体系的阻隔和破坏，而且选择单一的立法技术也容易出现问题。根据现代哲学观念的要求，多样化应当成为未来刑法立法模式的选择，它要求以刑法典为中心，协调发展单行刑法和附属刑法"。[27]

当然，一些"多元论"者在论证我国刑法立法应然发展方向时侧重点可能有所不同，有学者将之放在附属刑法方面，其指出，"分散型立法模式下的附属刑法，应当是规定独立罪刑规范的创制性附属刑法，不同于我国在"97刑法"之前所存在的'非刑事法律中的刑法规范'，而这种实质意义上的附属刑法在我国一直缺位"。[28] 也有学者将之放在单行刑法方面，其指出，"当今世界各国刑法都由三部分组成，即刑法典、单行刑法与非刑事法律中的罪刑规范，还没有一个国家的刑法典囊括了全部犯罪。单行综合刑事立法可以通过增补和细化实体规范来弥补法典的缺陷或漏洞。并且，单行综合刑事立法可以通过设置程序规范以实现对特定类罪或特定个罪的认定与处理"。[29]

值得注意的是，在多元论立场内部，还存在着"相对多元化立场"，也即将多元的内涵限定为"二元"，即认为刑法典大一统模式虽然有失妥当，但也没有必要同时引入单行刑法与附属刑法，实现"刑法典与单行刑法"或"刑法典与附属刑法"并立的二元化立法格局是更为妥当的选择。如有学者对附属刑法持排斥态度，认为"刑法立法以刑法典为基础，并应在一定条件下承认单行刑法存在，

---

[25] 参见储槐植：《1997年刑法20年简要回顾》，刘艳红主编：《东南法学》2017年（秋季卷·总第12辑），东南大学出版社2017年版，第8页。
[26] 卢建平：《刑法法源与刑事立法模式》，《环球法律评论》2018年第6期，第5页。
[27] 童德华：《当代中国刑法法典化批判》，《法学评论》2017年第4期，第78页。
[28] 储槐植：《1997年刑法二十年的前思后想》，《中国法律评论》2017年第6期，第4页。
[29] 阮堂辉：《单行综合性刑事立法研究论纲——以寻求刑法与刑事诉讼法最佳结合点为视角》，《中南民族大学学报（人文社会科学版）》2008年第5期，第89页。

以补充刑法典之局限，而并非是对刑法典进行修改。但由于附属刑法规定的扩张性过强，可能导致刑法打击面过大，应当将之排斥在附属刑法之外"。[30]另有观点对单行刑法持排斥态度，主张"我国今后的刑事立法模式，应当继续保持刑法典的核心地位，发挥刑法修正案维护刑法典的稳定性的功能，主要以附属刑法应对复杂多变的新型犯罪类型，即刑法典主要对刑法所遵循的共性理论和传统的犯罪类型进行规定，而对金融、计算机、知识产权等新型犯罪类型来说，则主要采用以特别刑法为主（附属刑法）、刑法典为辅的立法模式；确保刑法典的权威性，避免轻易采用单行刑法的立法方式"；[31]也有学者持相似观点，认为"除非出现一类全新的犯罪类型，应当尽量避免单行刑法的适用。至于附属刑法，我国目前主要采用原则性规定的方式，多采用'构成犯罪的，依法追究刑事责任'这一表述。在我国的刑事立法体系中，附属刑法这种立法模式对于补充、完善刑法典起到了积极作用。尤其在市场经济加快发展、金融创新日益活跃、专业化程度提高的情形下，附属刑法将发挥更加重要的作用和影响"。[32]也有持相同主张的学者强调，"鉴于社会管理深化、经济发展快速所致的行政立法、经济立法变化频繁，若将所有的新型犯罪都规定在刑法中，往往会产生刑法频繁变动或刑法规定滞后的后果。因此，附属刑法也可规定相关犯罪，在行政法或经济法中明确规定犯罪构成、法定刑。而单行刑法因其弊端较多，立法实践应予摒弃"。[33]

此外，在有学者所主张的"多元化"立法格局中，除了典型的刑法典、单行刑法、附属刑法之外，还包括"轻犯罪法"。该学者指出，"本文提倡的刑事立法的分散性，是指根据犯罪的性质、内容、危害程度以及与相关法律的关系，将不同的犯罪分别规定在不同法律文件中。对于形形色色的犯罪，要由不同的法律文件采用不同的形式分工规定。即刑法典规定相对稳定、变易性不大但危害严重的传统型犯罪；单行刑法规定具体类型较多，难以简短描述的类罪；附属刑法规定与相关行政法、经济法关系密切的行政犯罪与经济犯罪；《轻犯罪法》规定与其他法律没有密切关系的轻微犯罪"。[34]

---

[30] 莫洪宪、杨诏斌：《改革开放以来刑法立法模式的反思与前瞻》，载赵秉志、陈泽宪、陈忠林主编：《改革开放新时代刑事法治热点聚焦》，中国人民公安大学出版社2018年版，第15-16页。
[31] 参见孙力、付强：《对我国刑事立法模式的反思与重构》，载戴玉忠、刘明祥主编：《和谐社会语境下刑法机制的协调》，中国检察出版社2008年，第34页。
[32] 王玉珏：《对刑法修正案模式之再思考》，《社会科学家》2011年第3期，第107页。
[33] 汪斌、姚龙兵：《论我国刑法渊源》，《安徽大学学报（哲学社会科学版）》2014年第2期，第141页。
[34] 张明楷：《刑事立法的发展方向》，《中国法学》2006年第4期，第22页。

二、"多元论"的主要理由

直观来看，秉持"多元化"立场的学者反对刑法立法大一统的现有格局，主张作出改变，但这种改变并非完全回归到1997年刑法系统修订之前的刑法规范体系混乱的局面。具体来看，支持"多元论"的学者提出理由主要包括以下方面。

首先，"多元化"立法格局更加有助于维持刑法规范的稳定性。多元论者均肯定维持刑法典或者说刑法规范稳定性的现实意义，但认为刑法立法大一统难以带来真正的稳定性。有"多元论"者直接指出，"我们不能否定刑法典的稳定性（含连续性）和完整性（也可理解为体系性）。但如果说刑法条文修改多达上百条次，何来刑法典稳定之说；当前的刑法修正已经造成对刑法典多频次、大范围修改的事实，我们很难说刑法典现在就有完整性、稳定性和连续性。事实上，大一统模式下的刑法修正系对刑法典多频次、大范围的修改，冲击到刑法典的完整性、稳定性和连续性；单行刑法能针对特殊、急迫事件进行规制，减少法典不稳定情况"。[35] 有学者基于刑法与行政性规范之间的功能差异而指出，"安定性原理，要求成文刑法典具有稳定性。对刑法典的频繁增删，虽然可以防止司法机关对国民生活的恣意干涉，却影响国民的基本生活，妨碍国民的行动自由。行政刑法、经济刑法是为了实现行政规制、经济管理目的而借用了刑罚手段的法律，指导原理主要是合目的性。将本应由行政刑法、经济刑法规定的行政犯罪、经济犯罪纳入刑法典中，要么因为频繁修改，导致刑法典丧失稳定性，要么为了维护刑法典的稳定性，而不能及时规制行政犯罪、经济犯罪"。[36] 还有学者针对我国刑法分则的体例设计指出，"刑法立法一元化模式（单轨体制），即罪刑条款统统规定在刑法中；刑法分则第三章'破坏社会主义市场经济秩序罪'和第六章'妨害社会管理秩序罪'，其条文之多且细可谓世界之最，历次刑法修正都集中在这些领域。将这些规定转变为具有罪刑条款的附属刑法，建构'行政刑法'，才能保证刑法典的稳定性"。[37] 此外，另有学者结合刑法立法的实质趋势对刑法的稳定性作出评价，其指出，"社会治理日益复杂化、功能化，法定犯、行政犯时代已经全面到来，传统上以自然犯为主体的犯罪结构，已经逐渐被以法定犯、行政犯为主体的犯罪结构所取代。如果继续采取刑法典单轨模式，将大量的法定犯、行政

---

[35] 童德华：《当代中国刑法法典化批判》，《法学评论》2017年第4期，第81页。
[36] 张明楷：《刑事立法的发展方向》，《中国法学》2006年第4期，第19页。
[37] 储槐植：《1997年刑法二十年的前思后想》，《中国法律评论》2017年第6期，第7页。

犯纳入刑法典予以统一规制，不仅可能导致刑法典臃肿肥大、功能失调，而且必然会破坏刑法典的稳定性与权威性"。[38]

其次，"多元化"立法格局有助于从根本上消解刑法与其他法律规范之间的不协调或衔接障碍，确保法律适用效果。学者指出，"将大量行政犯罪、经济犯罪规定在刑法典中，有损法律之间的协调统一性。由于没有直接在行政法、经济法中规定罪状与法定刑，导致行政法、经济法修改后，需要及时处罚的行政犯罪与经济犯罪得不到及时处罚。反之，在修改刑法典时，也必须修改行政法、经济法等法律。这便导致立法负担过重，稍有不慎，就会导致法律之间的矛盾与冲突"。[39]有学者进一步指出刑法立法大一统局面下法治实践中的规范衔接困境，"当前行、刑不衔接问题在我国较为严重，这个问题与单一法典化也有很大的关系，因为只采用刑法典、放弃附属刑法，人为割裂了刑法与其他法律之间的联系，容易造成刑法典规范与附属刑法规范不衔接的问题。刑法负担过重的现象就很明显，附属刑法进一步被虚化，最终导致了所谓的行政法和刑法不衔接问题。行政法和刑法不衔接问题不仅发生在执法环节，在立法环节也有表现，那就是行政法规定应当追究刑事责任的规定在刑法典中得不到明确规制和体现"。[40]另有学者从法律适用与规范查找的层面对法律协调性问题作出了进一步的反思，其指出，"追求'刑法典的统一'，从形式上看，罪状表述简单便利了司法人员和公众的学习，但实际上，分则大量采用空白罪状，或者概约性的叙明罪状，司法人员和公众为了明确罪状所规定的不法与罪责的内涵和程度，需要进一步'找法'，甚至出现大量'找不到法'的情形，看似方便，实则不便"。[41]并且，"如果刑法典可以再次明文约定其他法律已经申明的内容，就存在二次立法的成本及开销问题。因为在制定前置法的时候有成本开销，后来又将前置法内容规定为刑法的时候，势必需要进行新的调研、审查，人力、物力都需要重新支出。而这种开销完全是可以避免的"。[42]

再次，"多元化"立法格局有助于刑法及时回应社会问题，有效参与社会治理。有学者直接指出单一刑法典模式无法适应社会的快速发展，"社会生活的复杂化，犯罪类型会越来越多；加之科技的发展，新的科技手段引发的犯罪必然不

---

[38] 梁根林：《刑法修正：维度、策略、评价与反思》，《法学研究》2017年第1期，第63页。
[39] 张明楷：《刑事立法的发展方向》，《中国法学》2006年第4期，第19页。
[40] 童德华：《当代中国刑法法典化批判》，《法学评论》2017年第4期，第80页。
[41] 储槐植、薛美琴：《对网络时代刑事立法的思考》，《人民检察》2018年第9期，第12页。
[42] 童德华：《当代中国刑法法典化批判》，《法学评论》2017年第4期，第83页。

断增加,因而需要刑法的规制;国民权利保护意识的增加,新的权利不断被确认,因而侵犯新的权利的行为会被规定为犯罪。可以肯定,一部刑法典事实上不可能囊括所有犯罪,也没有任何一个国家能够做到将所有犯罪及其刑罚规定在一部刑法典中,更何况我们这样的大国!"[43] 也有学者从刑法现代化背景下的刑法结构优化视角出发,进而指出,"1997 年刑法将它们集中起来,统一收纳在一个法律中,从而产生类似'滚雪球'效应,形成视觉上的固化重刑结构。现代化的刑法结构应是可持续的刑法结构:严而不厉,即严密刑事法网,适度扩大犯罪圈。关于'严密刑事法网'尚需进一步拓展领域,建构"行政刑法"(所指即附属刑法),这涉及刑法立法的形式结构。实现严而不厉的刑法结构转型需要在附属刑法中引入罪刑条款"。[44] 也有学者将社会变迁过程中的犯罪化需求与刑法分则体系相关联,其指出,"如果某种新的危害行为需要犯罪化,而该行为所侵犯的客体已经超出现有刑法典犯罪分类的客体体系范围,就不应通过刑法修正案勉强将之纳入现有刑法典分则体系的某一章节及该章节的条款之中。刑法修正案在刑事法体系中,固然有其独特的作用和优势,但并不能取代特别刑事立法"。[45] 有学者总结指出,"目前的刑法或刑事法规范体系结构更加复杂,体现了全球化、网络化和人权普遍化的时代需要,是为刑法的现代化。刑法的体系或结构不是纯粹的技术或形式问题,实质是社会赋予刑法什么功能,期待刑法实现什么功能以及如何实现的问题。当今社会,刑法承担诸多功能,因此如今的刑法法源或规范体系必定是复杂的"。[46]

最后,"多元化"立法格局有助于贯彻刑事一体化的优势,实现刑事政策目标。有学者从刑法立法模式对于犯罪治理功能影响的层面指出,"法典化的立法模式难以反映对某些复杂的犯罪领域进行综合治理的刑事政策诉求。社会治安的综合治理是我们遏制违法犯罪的最基本政策,对某些危害特别严重的犯罪类型,综合治理的有关措施也有必要上升为国家的法律"。[47] 另有学者以刑法立法大一统模式在满足刑事政策诉求方面的不足为视角,进而指出,"目前以刑法典为主体以刑法修正案为补充的模式其实与单一刑法典模式没有大的区别,无法充

---

[43] 张明楷:《刑事立法的发展方向》,《中国法学》2006 年第 4 期,第 20 页。
[44] 储槐植:《1997 年刑法二十年的前思后想》,《中国法律评论》2017 年第 6 期,第 3-4 页。
[45] 黄京平、彭辅顺:《刑法修正案的若干思考》,《政法论丛》2004 年第 3 期,第 53 页。
[46] 卢建平:《刑法法源与刑法立法模式》,《环球法律评论》2018 年第 6 期,第 5 页。
[47] 刘之雄:《单一法典化的刑法立法模式反思》,《中南民族大学学报(人文社会科学版)》2009 年第 1 期,第 109 页。

分发挥单行刑法和附属刑法立法模式的刑事政策功能,刑法立法模式单一,缺乏活力"。[48]此外,还有学者指出单行刑法在践行刑事一体化方面的独特优势,也即"随着新型犯罪的不断出现,刑法典与刑事诉讼法典在指引功能发挥和犯罪处理方面愈来愈显得力不从心,各种犯罪事实难以认定的案件层出不穷,这与单一法典化的缺陷和弊端不无关系。为此,必须依据各类新型复杂犯罪,通过单行综合刑事立法方法,细化刑事实体规范,把刑事实体规范和程序规范很好地结合起来,实现对个罪或类罪的认定"。[49]

除了阐述上述支撑"多元化"立法的理由之外,还有学者立足于具体领域或各部门法视野下对刑法立法模式进行反思。事实上,在"79刑法"出台后,关于刑法立法模式与修改方式问题的早期研究多是从经济刑法的整体视角来展开的。如有学者强调,"刑法立法方式与体系的调整应当考虑如何适应经济发展及治理经济犯罪的需求。"[50]也有学者指出,"缺乏独立性的附属刑法规范完全依赖于刑法典,失去了自身的存在价值。如此下去,刑法就不能适应发展变化的经济形势,不利于打击破坏市场经济的犯罪"。[51]近年来,也有学者就经济刑法立法问题提出看法,主张"采取单独制定经济犯罪法和分散附随式并行的立法模式;对于非典型的经济犯罪可以制订一部独立的《经济犯罪法》,对于典型的经济犯罪应当采取附随式的刑事立法模式"。[52]除了经济犯罪这一相对中观的视角之外,学界立足于部门法视角对刑法立法模式的具体反思还包括金融犯罪、[53]商业贿赂犯罪、[54]军事犯罪、[55]恐怖主义犯罪、[56]海事犯罪、[57]道路交通犯罪、[58]

---

[48] 柳忠卫:《刑法立法模式的刑事政策考察》,《现代法学》2010年第3期,第48页。
[49] 阮堂辉:《单行综合性刑事立法研究论纲——以寻求刑法与刑事诉讼法最佳结合点为视角》,《中南民族大学学报(人文社会科学版)》2008年第5期,第90页。
[50] 赵国强:《预防经济犯罪 完善刑事立法》,《兰州大学学报》1990年第1期,第55页。
[51] 张明楷:《市场经济与刑事立法方式》,《学习与实践》1995年第1期,第63页。
[52] 杨兴培:《论经济犯罪刑事责任的立法模式》,《环球法律评论》2018年第6期,第26页。
[53] 刘远:《关于我国金融刑法立法模式的思考》,《法商研究》2006年第2期,第35页。
[54] 王志祥、何恒攀:《我国商业贿赂犯罪的立法模式探究》,《中南民族大学学报(人文社会科学版)》2010年第6期,第103页。
[55] 冉巨火:《我国军事刑法立法模式之定位》,《公民与法》2010年第8期,第17页。
[56] 吴亚可:《我国恐怖主义犯罪的立法规整方式检讨——反恐特别刑法之提倡》,赵秉志主编:《刑法论丛》(第4卷),法律出版社2016年版,第54页。
[57] 曹兴国:《海事刑事案件管辖改革与涉海刑事立法完善——基于海事法院刑事司法第一案展开》,《中国海商法研究》2017年第4期,第43页。
[58] 邓红梅:《我国交通刑法立法模式的选择:独立还是依附》,《河北法学》2017年第4期,第53页。

铁路犯罪、[59] 环境犯罪、[60] 毒品犯罪 [61] 以及网络犯罪。[62] 这些部门法视角下的反思性研究，多是呼吁在各种部门法中引入具有独立罪刑规范的附属刑法模式，也即推动刑法立法模式的多元化。

整体而言，"多元论"者并非不注重刑法规范的稳定性，也强调应当确保刑法规范体系的协调性，避免不同规范之间的矛盾冲突。但主张"多元化"立法的学者往往更加强调单行刑法与附属刑法更有助于实现刑法与社会发展的适应性，并且重分发挥刑法参与犯罪治理的功能。

第三节 "一元论"与"多元论"的主要分歧及可能的误区

通过对"一元论"立场与"多元论"立场的全面梳理，我们可以发现，二者之间存在明显的分歧，但分歧之下又可能隐藏着某些误区。从整体来看，二者的论争涉及"本体性问题"与"功能性问题"两个不同维度。申言之，"一元论"与"多元论"之间的论争，既涉及刑法立法模式与修改方式之本体性问题，也涉及对于刑法实质功能的延伸思考。前者是关于刑法典、单行刑法及附属刑法等刑法规范载体本身的形式性问题，具体来看包括了刑法立法的权威性、协调性以及稳定性等问题。后者则是由刑法立法模式与修改方式所衍生出的功能性等问题，如行刑衔接、犯罪圈扩张以及刑事政策诉求等刑法的功能性问题。以下将就上述主要分歧展开归纳，并对可能存在的误区做必要说明。

一、关于确立刑法典的主导地位

我国刑法立法的演进总体上呈现出由分散到统一、由不完备到较为完备、由

---

[59] 何恒攀：《〈铁路法〉刑事罚则修改问题探析》，《铁道警察学院学报》2017年第2期，第104页。

[60] 王吉春：《海洋生态环境犯罪的刑事法规制——以渤海为中心的考察》，《东方论坛》2018年第5期，第95页。

[61] 张理恒：《"分散型"立法模式应是我国毒品犯罪立法的方向》，《人民法治》2018年第12期，第95页。

[62] 童德华、李赣：《网络安全刑事立法的体系性设计》，《广西社会主义学院学报》2017年第4期，第99页；王燕玲：《中国网络犯罪立法检讨与发展前瞻》，《华南师范大学学报（社会科学版）》2018年第2期，第128页；储槐植、薛美琴：《对网络时代刑事立法的思考》，《人民检察》2018年第9期，第10页。

不科学到较为科学的过程。"97刑法"的颁行，见证了中国刑事立法的重大展开与刑法立法水平的显著提高，也进一步奠定了我国以单一法典化为基础的立法格局。不可否认，刑法法典化避免了刑法规范体系混乱的局面，有助于塑造刑法典的核心地位，克服了刑法被特别刑法所架空的窘境。可以说，对于"97刑法"在规范体系整合方面所取得的成绩，无论是"一元论"者还是"多元论"者，均予以充分肯定。不过，部分"一元论"者与"多元论"者均认为各自所持立场有助于确立刑法典在刑法规范体系中的主导（主体）或核心地位。如"一元论"者指出，"到1997年刑法典颁行，刑法典在我国刑法体系中的主体地位才开始确立，并在之后不断得到巩固和加强"。[63]而"多元论"者也同样肯定刑法典的主导地位，"确立多元化立法的思路有助于维持刑法典本身的稳定性，避免过多地修改变动，进而继续保持刑法典的核心地位，确保刑法典的权威性"。[64]

如果说"一元论"者与"多元论"者均认同应当树立刑法典的主导或核心地位，那么，这种主导或核心地位究竟应如何体现呢？一方面，刑法典的主导地位，是否意味着要基于单一的法典化立法而完全否定单行刑法、附属刑法等刑法规范载体的其他形式，也即使刑法典成为唯一的刑法规范载体形式。如果将主导地位理解为一种绝对化的排他，则将会产生一种否定其他规范载体形式而到达"一统天下"的效果。另一方面，刑法典的主导地位是否需要在与单行刑法、附属刑法等刑法规范载体之相对范畴中予以体现。如果主导意味着"主要的并且引领事物基本的发展方向"，那么只有在多元化的格局下才能实现对各种不同刑法规范形式的引领效果。简言之，对于主导地位的不同理解，可能会导致立法观念的差异。将主导理解为一种绝对化的格局，必然会排斥同类范畴的存在，衍生出"一元化"的基本立场；将主导理解为一个相对性的格局，在与同类对象的对比与互动中呈现出来，则"多元化"立场也并不会冲击到刑法典的主导地位。

事实上，任何国家或地区均不否定刑法典作为刑法规范的主干或主要渊源，并认同刑法典的主导地位。如学者指出，"刑法以刑法典为主干或主要渊源。刑法典（固有刑法）是规范基本生活秩序的法律，直接关系到国民基本生活的安

---

[63] 赵秉志、袁彬：《当代中国刑法立法模式的演进与选择》，《法治现代化研究》2021年第6期，第5页。
[64] 孙力、付强：《对我国刑事立法模式的反思与重构》，载戴玉忠、刘明祥主编：《和谐社会语境下刑法机制的协调》，中国检察出版社2008年版，第34页。

定，安定性原理要求成文刑法典具有稳定性"。[65] 可见，刑法典作为刑法规范体系的主干或主要渊源，是基于其立法技术特征（总则性规范）以及保护法益的基础性所共同决定的，并非需要赋予刑法典一种绝对化的排他效果。

总而言之，刑法典的主导地位是否等同于"追求将所有刑法规范全面法典化"，是否足以使我们不去考虑单行刑法与附属刑法所具有的特定优势？特别刑法存在的必要性与刑法典的主导地位之间是否存在矛盾？上述问题可能与法典化理念以及对法典化技术的理解存在关联，后文将作进一步研讨。

二、关于单行刑法与刑法修正案的关系

如前所述，"79 刑法"颁行之后，立法机关又制定了数十部单行刑法，对刑法典进行修改补充，但却对刑法典的统一性、完整性乃至于权威性产生了严重冲击，而这一时期的刑法立法实践并未采取刑法修正案这一修法方式。"97 刑法"颁行之后，立法机关先后颁布了十一部刑法修正案对刑法典进行修改、补充，而单行刑法地位明显边缘化。直观来看，是刑法修正案的出现取代了单行刑法的地位，实现了一种立法技术（修法方式）上的更迭。

那么，如何理解刑法修正案与单行刑法之间是什么关系呢？毫无疑问，刑法修正案有助于维持刑法典的稳定性，这也成为"一元论"者主张维持刑法立法大一统格局的重要论据之一。然而，"多元论"者并不否认以刑法修正案方式对刑法典作出修改，也即认同刑法修正案在立法技术上的优势及科学性。事实上，"一元论"者与"多元论"者在"以刑法修正案方式来修改刑法典"的问题上可能并不存在真正的分歧。问题在于，如何把握刑法修正案与单行刑法之间的关系，二者是否完全对立、非此即彼？抑或是，在刑法典的修改、补充问题上，若是选择了刑法修正案的方式，就不能存在单行刑法这一立法模式了吗？进而言之，"一元论"者与"多元论"者之间对待刑法修正案与单行刑法之间关系的不同看法，焦点不在于对刑法修正案的理解，而在于对单行刑法这一立法技术的认知。在"一元论"者看来，单行刑法本身就是存在技术性弊端，是引发刑法规范体系混乱、架空刑法典的罪魁祸首。但"多元论"者对此并不认同，并且指出单行刑法在犯罪治理与践行刑事一体化方面的优势。易言之，持"多元化"立场的

---

[65] 参见 [日] 大塚仁：《刑法概说（总论）》（第三版），冯军译，中国人民大学出版社 2002 年版，第 2 页。

学者强调，刑法修正案在刑事法体系中固然有其独特的作用和优势，但并不足以成为彻底否定单行刑法的原因。

事实上，关于刑法修正案与单行刑法关系的不同理解，也可以用来进一步解读刑法规范体系混乱及其成因。"一元论"者在支撑其论点时往往重点强调多元化刑法立法引发了刑法规范体系上的混乱局面，而"97刑法"正是为了克服这一困境，对此，"多元论"者也表示认同。然而，究竟是"多元化"立法本身——尤其是单行刑法这一立法技术本身——存在问题而造成了规范体系的混乱，还是我国一段时间以来的立法实践未能有效运用单行刑法与附属刑法等立法技术在最终引发了规范体系的混乱？易言之，各类刑法规范载体之间协调性以及由此形成的刑法规范体系，可能也涉及我们对单行刑法与附属刑法等立法技术本身的正确理解与科学运用。对此，学界并未展开充分研讨。

在本书看来，需要认真探讨的是，究竟是单行刑法这一立法技术本身存在某种缺陷——或者说不能适用于我国，还是说由于立法机关并未能正确理解并运用单行刑法这一立法技术，因而造成了刑法规范体系混乱呢？对此，"多元论"者的分析也不够充分。从学理分析与比较研究层面来看，如果单行刑法所规定的内容多为刑法典尚未直接规定，具有相对的独立性，并受到刑法典总则部分的指引，其与刑法典中的具体罪名之间一般不会产生关联；如果单行刑法所规定的内容是刑法典中本来已经涉及的，是对刑法典所作出的修改或进一步解释，二者之间必然会存在交叉或关联，由此便可能产生矛盾冲突。因此，对单行刑法这一立法技术的准确分析以及对立法实践的考察，尤其是如何科学把握单行刑法与刑法典之间的关系，将成为探讨刑法立法模式与修改方式的关键性问题。

三、关于刑法规范稳定性的标准与意义

通过前文梳理，可以看到，无论是"一元论"者还是"多元论"者，都认为自身所主张的观点有助于维护刑法典或刑法规范的稳定性。然而，评价刑法稳定性的标准究竟如何，我们所追求的稳定性究竟是一种什么样的状态；并且，考虑到法律的相对滞后性以及适应社会发展需要的必然性，为什么要追求一种规范的稳定性？对此，"一元论"者与"多元论"论者均没有给出充分的说明。

整体来看，刑法典或者说刑法规范整体上的稳定性是一种理想的目标。从刑

法修正的频度来看，近二十年来，我国先后出台了十一部刑法修正案，平均间隔时间大致为两年。对此，学界一直存在着一种声音，就是刑法典修改太过频繁，必然会有损刑法的稳定性。事实上，"97刑法"颁行之前，学界与实务界认为，单行刑法与附属刑法过多，刑法规范体系混乱且变动频繁，冲击刑法的稳定性。如今，我们所采取的单一刑法典立法并运用刑法修正案维持大一统立法格局，也未能充分实现稳定性诉求。可以看到，对于曾经存在的问题，我们采取了对策，但问题似乎依然存在。是不是在"问题分析"中出现了偏差呢？

何谓刑法典的稳定性？是对刑法典尽量不做修改，抑或是不做频繁修改，还是说不要进行全面系统的修订。客观而言，刑法典稳定性或者说刑法规范的稳定性必然是相对的，并且也不仅仅是一个形式上的问题，需要将之置于社会变迁进程与刑法实质走向等多个维度之下予以评价。直观来看，刑法典修改的频率与刑法典的稳定性之间存在关联，因为修改意味着法典内容上的变化。但值得注意的是，修改频次只是一种形式化表征，我们不能简单地以刑法典修改的频次来衡量刑法的稳定性，考虑到"97刑法"颁行之后的十一部刑法修正案中（尤其是修正案八和修正案九）确实存在着对刑法典进行大面积修补的情况，因此，即使我国刑法典的修改频次明显低于域外的一些国家（如前文所提及的德国或日本），但这并不能表明我国刑法典的稳定性更高。并且，也不能简单地认为修改的内容过多，就一定减损了刑法规范的稳定性。进而言之，刑法规范实质内容上的变化，可能是适应社会发展所必须，也可能是弥补刑法结构自身不足的必然要求，只要这种变化具有立法技术上的科学性并且契合了刑事法治的要求，就不会对刑法规范体系带来本质上的冲击。所以，是不是必须要追求刑法典的稳定性，这也是值得思考的。

事实上，法律规范的稳定性或许并不仅仅是形式上的停止变动。易言之，稳定性的追求并不是说不能对刑法典作出修改，也不是说确保刑法规范体系的整齐划一（完整）就必然是稳定的；规范稳定性的诉求也可能需要从实质意义层面来考量，即在确保法律规范能够适应社会发展的同时，避免作出体系结构上的重大调整。应当看到，我国在社会治理中仍然表现出明显的刑法依赖，刑法担负着过多的社会治理职能；在一个急剧变化的时代，稳定性可能要让渡给回应性。因此，对于刑法典的修改与补充，仍然需要将之置于刑法实质发展趋势之下来客观理性地看待。在一定程度上，稳定性也可能是一种被虚化出来的标签，其意义或许被夸大了。

四、关于刑法适用中的规范衔接

在刑法规范可认知性及其与前置法之间的规范衔接方面，"一元论"者与"多元论"者之间产生了明显的分歧，纷纷指责对方立场存在的局限性。那么，究竟是哪一种立法模式可能增加了司法中的规范查明负担，也影响到民众对于刑法规范的合理认知；究竟是"97刑法"颁行之前曾经存在的刑法规范体系混乱局面，进一步加剧了司法适用中查找法律规范的难度？还是说当前刑法与前置法之间相互脱节，大量空白罪状的存在与前置法援引需求容易导致"找不到法"的困境。进而言之，究竟是法律规范查找这一前提性问题是值得研讨的对象，还是说法律规范查找（并不是一个真题）之后适用性问题才是值得关注的对象，对于对象问题的把握也将成为展开理论研究的关键。

一方面，在信息化社会中，我国已经建立了诸多法律规范数据库，在检索、推荐与关联分析等方面的人性化服务不断升级，[66]并开始大力推进人工智能的司法应用，海量的司法裁判文书都可以纳入大数据分析与研究，[67]更何况数量相对较少的法律规范文本。在这样的背景下，准确查找法律规范本身的困难在当下是否还是一个真正的问题，值得思考。如果说仍然存在着法律查找方面的困难，那或许是智能技术在司法适用领域的研发与应用仍然有待加强，我们很难将之归结为刑法立法模式问题。易言之，在智能化的信息时代，不同法律部门之间的关联条文或者说刑法中空白罪状适用中的前置法援引，均可以通过信息化、智能化的方式实现精准查阅，规范查找并不是一个真正的问题，那么，这一论点便难以成为某一个立场下的支撑性论据。

进一步来讲，如果说在规范查阅不再成为障碍的情况下，即便刑法立法大一统局面下存在较多的空白罪状，由此导致前置法规范被置于刑法之外的其他部门法之中，或许并不会制造出一种法律适用上的前提性障碍。当然，按照"多元论"的立场来讲，将构成要件与刑事罚则直接规定在非刑事部门法之中，这样确实可以彻底地解决规范衔接问题；因为在附属刑法模式下，同一部门法中的规范适用实际上并不存在不同部门法之间的法律衔接问题。

由此而言，"一元论"与"多元论"之间纷争的本质在于，当前刑法立法大一统局面下通过不同部门法（刑法与前置法）分别设置了某一犯罪的构成要

---

[66] 参见孙笑侠：《论司法信息化的人文"止境"》，《法学评论》2021年第1期，第23-24页。
[67] 参见刘品新：《智慧司法的中国创新》，《国家检察官学院学报》2021年第3期，第86页。

件,尤其是构成要件中较为核心的违反法律规定(前置法)部分并未直接规定在刑法典中,究竟会不会给刑法适用带来某种困境,这是我们需要深入分析的问题。申言之,如果说在刑法立法大一统局面下,刑法与前置法"分别"立法本身不会带来一种刑法适用中的规范衔接困境,那么,"多元论"对"一元论"的批判可能就有失偏颇,或者说"多元论"将规范衔接效果作为其论据并不充实。不过,如果说刑法与前置法"分别"立法会引发刑法适用中的规范衔接困境,而不仅仅是某一部门法条文与刑法具体罪名之间的个案问题,具有普遍性;那么,这一困境又具体呈现为哪些问题,根本原因是什么?是源于两个部门法之间的立法隔阂,还是说仅仅是法律适用上的原因,这是"多元论"立场下值得深入剖析的问题。

此外,另一个值得思考的问题是,考虑到我国曾经出现的单行刑法与刑法典之间存在交叉重叠,也即"97刑法"颁行之前的刑法规范体系混乱困境;"多元论"者所主张的引入独立型附属刑法规范,虽然有助于克服规范衔接上的问题,但是否可能会存在导致附属刑法与刑法典之间重复或交叉过多的风险。易言之,独立型附属刑法也可能会导致刑法规范体系便过于臃肿,或出现大量法条竞合的情况,引发刑法典与附属刑法之间的体系混乱。由此而言,即便倡导"多元论"立场的学者,也应当正视这一问题,充分说明"多元论"立法如何可以避免上述规范交叉重叠的困境。

五、关于对犯罪化立法的控制效果

直观来看,"一元论"者与"多元论"者关于犯罪化或犯罪圈扩张问题上并没有产生一种直接的对立;甚至在很大程度上,对于"一元论"者所指责的"多元化"立法有可能导致刑法规制范围的扩张——或者说刑法立法大一统有助于限制刑法的扩张,"多元论"者并不否定。易言之,在这一问题上,"一元论"者与"多元论"者基本上均认同多元化立法可能导致刑法扩张的效果;而"一元论"立场下的单一法典化,确实有助于限定刑法典中罪名增长的速度,可以较好地实现控制刑法扩张的效果。

进而言之,如果我们仅仅去探讨"一元论"或"多元论"这两种立场究竟是否有助于控制犯罪圈的扩张,似乎是将研讨停留在问题表面。对于这一问题的思考与回应需要立足于刑法立法的实质性诉求。在当前社会,刑法的实质走向究竟是什么？是积极刑法观背景下刑法立法（犯罪圈）呈现出扩张趋势，还是说消极刑法观背景下对刑法立法（犯罪圈）作出有效控制。事实上，我们首先需要明确当前刑法立法的实质趋势，或者说基于何种理念推动刑法立法的实质走向；刑法立法的实质走向作为一个基本前提，是我们先要做出的基本判断。在此基础上，我们才能进一步思考究竟哪一种刑法立法模式与刑法的实质走向相契合，进而选择"一元论"立场或者是"多元论"立场。

此外，仍然值得深入探讨的问题是，在当前的单一法典化结构下，通过刑法修正案方式实现了相对集中的积攒式修法，刑法典中罪名增加的数量与频率确实在一定程度上被限定了。但由于我国在刑法典之外仍然存在着一种比较独特的规范输出体系，也即由"两高"出台的抽象性司法解释；如果单一法典化模式下有助于实现对刑法（犯罪圈）扩张的控制，那么，在具有增设罪名之必要或者说产生刑法参与社会治理的需求时，因为不能够及时从立法上推动刑法规范输出，司法解释是否趁机扮演了替代者的角色呢？若果真如此，这是否又说明当前的单一法典化最终限制刑法的理性扩张，因而才不得不再通过司法解释进行实质意义上的"造法"。

总而言之，"一元论"与"多元论"关于犯罪圈扩张问题的纷争，实际上并没有将研讨推向深入；目前更多的是以立法模式上的差异来直接得出了多元论可能导致犯罪圈扩张性的结论，在现象梳理与问题本质剖析层面仍有待深入展开。

六、关于刑法在犯罪治理中的功能发挥

"多元论"者多是强调特别刑法具有较强的针对性，可能反映出针对特定类型犯罪的犯罪治理目标，满足刑事政策诉求。尤其是单行刑法，可以被塑造成为综合性刑事立法，融入刑事诉讼程序或犯罪预防措施，前文分析的日本单行刑法便充分反映出这一特点。因此，从刑事一体化的角度来看，"多元论"者往往批判当前的单一法典化难以满足犯罪治理目标与刑事政策诉求，在刑法的功能性层面存在着不足之处。

不过，对于"多元论"者提出的上述论点，"一元论"者也试图作出反驳。如学者指出，"目前，我国事实上已经确立刑法修正方式的主流地位。这种修法模式的显著优点，其中之一便是有利于契合犯罪态势和刑事政策变化的需要，充

分实现刑法典的社会价值"。[68] 也有学者强调,"刑法典保护范围的全面性能够满足犯罪治理的一体化要求,能够充分适应刑事政策的变化"。[69] 不过,对于单一法典化立法究竟如何有利于契合犯罪态势和刑事政策变化,上述"一元论"观点并没有作出充分阐释。

如果说"一元论"者认为当前的刑法立法大一统局面可以较好地实现犯罪治理效果以及满足刑事政策诉求,仍有必要对具体方案或路径进行详细的说明。从理论逻辑上来讲,在立法大一统背景下,刑法典中确实难以融入刑事诉讼法、犯罪预防措施的规定,难以将刑事政策层面或者犯罪治理层面具有积极意义的制度诉求转化为刑法典中的具体条文。从实践情况来看,我们往往只能通过一些指导性政策文件以及司法解释在一定程度上对刑法典的上述立法局限进行修饰或补救。

那么,这种以指导性文件或司法解释的方式对当前单一法典化局面下的犯罪治理目标与刑事政策诉求作出补充的做法,是否足以达到与单行刑法或附属刑法相同的效果——包括犯罪治理效果与刑事法治效果?如果说上述方案无法达到较为理想的效果,那么,是不是"一元论"者在刑法参与犯罪治理功能方面的考虑并不够周全、过于简单。当然,如果说上述方案可以达到相同或者是相近的效果,同时是否会产生某种负面作用,比如说冲击到刑事法治或缺乏明确性,抑或是意见或解释的颁布过于随意,等等。毕竟指导性文件、两高的抽象性司法解释,他们在效力或作用方面确实可能达不到法律制定的程序性要求,所以以政策文件或司法解释来对单一法典化作出补救的方案是否具有合理性,仍然值得研讨。

概言之,从刑法功能性层面来讲,针对"多元论"所提出的质疑,"一元论"并未展开有效化解。"一元论"是否既不能有效化解多元论提出的功能性质疑,同时现有的一些补救方案又存在特定的风险,实际上并不值得提倡。对于上述问题的分析,将成为后文研究的落脚点。

小　　结

客观而言,"一元论"与"多元论"之间关于刑法立法模式与修改方式问题

---

[68] 高铭暄:《推动刑法立法进程需把握的关键点》,《检察风云》2018 年第 10 期,第 31 页。
[69] 赵秉志:《当代中国刑法法典化研究》,《法学研究》2014 年第 6 期,第 189 页。

展开了有针对性的论争。从现有研究的整体情况来看，虽然各派学者之间的交锋激烈、观点鲜明，但对于其中一些细节性问题的研究似乎并不充分。并且，两种立场对于某些关键性问题的理解存在偏差，诸如"关于哪一立法模式增加法律规范查询负担"等争议并不是一个"真正的问题"，应该停止；而对于另一些确属"真问题"的问题，则是尚缺乏充分而深入的对话。总之，针对学界的争论以及实践中所反馈出的问题，是维持现状并寻求优化，还是推动根本性变革，我国刑法立法模式与修改方式的再抉择涉及多个方面的问题，需要对现有的立法格局展开进一步剖析，并基于谨慎论证寻求一种优化或根本性变革的可行方案。

第五章 刑法立法大一统格局的结构化阐释

自本章开始，本书将围绕我国当前刑法立法模式与修改方式问题展开反思性研究。本章将运用"结构化"分析工具对当前的刑法立法大一统格局作出一种提炼，也即围绕"刑法典内部的基本构造""刑法典与单行刑法、修正案之间的关系构造""刑法与其他非刑事部门法之间的关系构造"以及"刑法与抽象性司法解释之间的关系构造"进行必要的结构化整合，提炼出"刑法规范载体的关系结构"之理论命题。事实上，在"结构-功能主义"的分析范式下，任何社会制度都可以简化为特定的"结构"，也即以某种突出的关联性特征表明社会制度的构成。制度要想得以维持并实现特定目标，必须确保系统结构中的各个关联要素协调地发挥作用以维持良性运行。同时，制度在适用或运行过程中逐渐趋向均衡或稳定，各关联要素也将给予制度目标进行调整与优化，最终形成一种优化后的结构。简言之，制度也必然是由各关联要素构成、可以被结构化并满足特定功能的相对稳定的系统。由此而言，结构化阐释将成为后文功能性反思的基本前提。因此，本部分围绕着各类刑法规范载体形式的关联性来确立认知结构，使结构成为衔接于"刑法规范体系构造"（观察对象）与"刑法发展实质趋势"（功能需求）之间的科学。可以说，这种关联性认知结构，不仅仅在于将结构化分析方法植入到刑法学中，更在于其将成为串联于刑法规范体系与实质功能的工具与媒介。

第一节　对刑法立法模式展开结构化阐释的意义

在社会学、政治学及其相关学科中，结构分析是一个使用极为广泛的方法，也是较为容易引发歧义的概念。人们在运用结构分析时，可能选择"社会系统、制度、规则或环境"等不同的术语来作为结构的外部轮廓，并且，在展开结构分析或阐释时，研究也会有不同的侧重点。本文对于刑法立法模式展开结构化阐释，实际上是选择了最为常规的结构分析方式。

一、"结构"的理论视野

界定"结构"的分析工具性特征是较为困难的，因为结构的形式繁多（存在不同理解），所获得的涵义越来越不同。[1] 直观来看，结构试图去探索某种意涵

---

[1] 参见[瑞]让·皮亚杰：《结构主义》，商务印书馆2010年版，第2页。

是透过什么样的相互关系被表达出来。"结构"是由一系列要素组织而成的、表现出层次性、并具有特定功能的表现形式，标志着系统的组织化和有序性的程度。一般而言，系统的组织化和有序性的程度越高，结构越严密；反之，系统的组织化和有序性的程度越低，结构则越粗疏。[2] 结构分析最早发端于语言学研究，瑞士语言学家费尔迪南·德·索绪尔（Ferdinand de Saussure）曾经指出，"语言是一个系统，它的各项要素都有连带关系，而且其中每项要素的价值都只能是因为有其他各项要素同时存在的结果"；"对语言学的研究就应当从整体性的观点出发，而不应当离开特定的符号系统去研究孤立的词"。[3]

20世纪70年代，法国社会学家克洛德·列维-斯特劳斯（Claude Levi-Strauss）对于结构主义思想及其方法论应用起到重要推动作用。列维·斯特劳斯认为，"社会是由文化关系构成的，而文化关系则表现为各种文化活动，即人类从事的物质生产与精神思维活动。这一切活动都贯穿着一个基本的因素——信码（符号），不同的思想形式或心态是这些信码的不同的排列和组合。通过亲属关系、原始人的思维型式和神话系统所作的人类研究，试图找到对全人类（不同民族、不同时代）的心智普遍有效的思维结构及构成原则"。[4] 进而言之，任何情境里，因素就其本身而言是没有意义的，它的意义事实上是由它和既定情境中的其他因素之间的关系所决定的。由此，在结构主义理论中，意涵的产生与再创造是透过作为表意系统（Systems of Signification）的各种实践、现象与活动来实现的；这种表意系统实际上就是意涵是如何被制造与再制造的深层结构。从应用范围来看，结构主义思维范式具有广泛的应用空间，运用结构主义所开展的研究涉及如食物的准备与上餐礼仪、宗教仪式、游戏、娱乐、文学或非文学类的文本以及各种社会现象等多个方面。[5]

在结构化思维中，任何一个组成部分的性质都不能孤立地被理解，而应当将之放在一个整体的关系网络中，即把它与其他部分联系起来加以理解。进而言之，"部分"应当被置于"整体关联"（也即"结构"）之中来被观察，由此才能

---

[2] ［美］塔尔科特·帕森斯：《社会行动的结构》，张明德、夏遇男、彭刚译，译林出版社2012年版，第12页。

[3] 参见［瑞］F. de Saussure：《普通语言学教程》（Course in General Linguistics），Roy Harris译，张绍杰导读，外语教学与研究出版社 & 杰拉尔德·达克沃斯出版社，第F38页。

[4] ［法］克罗德·列维-斯特劳斯：《结构人类学》（1），张组健译，中国人民大学出版社2009年版，第46页。

[5] 参见［法］弗朗索瓦·多斯：《结构主义史》，季广茂译，金城出版社2011年版，（导论）第3页。

更为全面地表现出其功能与价值。所以,结构主义坚持只有通过存在于部分之间的关系才能适当地解释现象或意涵本身。结构主义方法的本质在于,它力图研究联结诸要素的关系化的复杂网络——即结构,而不是诸要素。结构化阐释的基本特征是将研究对象视为一个符号系统,系统内部各要素之间的关系是相互联系、同时并存的,至于意涵也可以看作是在一个相互作用的系统内部诸成分的序列。具体来看,结构化阐释秉持如下基本理念:一是强调整体视野,在整体中有效提炼要素;二是对核心要素展开关联性解释;三是结构化通过差异分析达到可理解。

从方法论意义上来看,任何研究中都需要一种为了解释进而准确把握社会经验现象时所形成的认知结构,这种认知结构的发掘或者说建构过程是社会科学的基本研究方法。[6]可以说,结构代表了人类往返于理论假定与现实应用之间的思维方式。在社会科学研究过程中,人们运用理论工具将社会现象转换为科学认知时所寻求的建构,是帮助我们理解现实情境与行为选择时所形成的方法。因此,结构的提炼也是我们在观察对象问题时所要发掘的认知框架,是以主研究对象与其他相关范畴的关联性为基础而展开建构的。

直观来看,被提炼出来的"结构"是人们为了阐释现象问题或难以直接认清的情况所塑造出的东西,其目的在于有效揭示事物本质,以便作出比较、判断与选择。所有结构的提炼都将经过抽象化过程,其基本特征在于将诸多要素之间的关联凝结并加以理性表达。此外,"结构"往往是剔除某一些具体或感性的东西,然后在此基础上发现一些称为"要素"的东西,可以观察到事物内部的逻辑、联系、趋势或冲突、矛盾、差异的假设。[7]"结构化分析"通常具有以下特色:首先,结构的提炼反映出系统的特征,系统内的某些要素被抽象到结构之中;其次,结构可以帮助人们认识到不同的外部信息输入的时候系统本身所作出的关联反应过程;最后,结构的建立可以有助于通过比较来发现问题的重点。[8]本章将结构分析方法延伸到刑法立法模式与修改方式问题中,重心在于对不同刑法规范载体的关联结构展开分析。

---

[6] 参见[美]艾尔·巴比:《社会研究方法》(第十一版),邱泽奇译,华夏出版社2009年版,第79页。

[7] 参见[法]克罗德·列维-斯特劳斯:《结构人类学》(第二卷)余宣孟、谢维杨、白信才译,上海译文出版社1999年版,第79页。

[8] [法]克罗德·列维-斯特劳斯:《结构人类学》(第二卷)余宣孟、谢维杨、白信才译,上海译文出版社1999年版,第80页。

二、刑法规范载体形式结构化阐释的基本维度

20世纪80年代，储槐植先生提出"刑法结构"一词，此后又对刑法结构进行了系统的论证。在1989年发表的《建立刑事一体化思想》一文中，储槐植先生指出，"合理的刑法结构是发挥最优刑法功能的前提。"刑法结构的调整有三项任务，一是重筑刑法堤坝，二是协调罪刑关系，三是调整刑罚体系。以该文的发表为标志，"刑法结构"的概念正式出现在我国刑法学界。[9] 此后，储槐植先生进一步明确了"刑法结构"的内涵，刑法结构被界定为"定罪面与刑罚量的组合形式"，"刑法结构"一词实际上包括形式结构和实质结构两层含义。前者是指刑法总则与分则的组合，后者是指法定犯罪圈与法定刑罚量的组合，即两者的配置状况。其中，法定犯罪圈代表的是刑事法网的严密程度，而法定刑罚量表征的则是刑罚的苛厉程度，实质的刑法结构是刑法功能的组织根据"。[10] 至此，刑法结构的概念、类型、刑法结构与刑法机制的关系等相关理论已基本定型，并初成体系。此外，储槐植先生在研讨"刑法现代化"的问题时进一步重申，"走向刑法现代化是一个刑法的宏观问题，涉及刑法结构及其调整，而不是具体的罪和刑的问题"。[11]

总体而言，刑法结构是一个宏观而抽象的概念。从刑法系统的内部运作来看，刑法结构关系到刑法功能的发挥和刑法机制的运行，将之放诸于更大的法律系统之中，其则关涉到与相关部门法的衔接和沟通；如放眼于整体的社会制度的构建，刑法结构甚至还将与政治、经济、文化等因素相互影响、相互作用。当前，在劳动教养制度已经得以废止，我国原有的制裁体制面临全面改革的时代背景之下，与传统的制裁模式相适应的刑法结构也面临极大的冲击和挑战，且已日渐突显出其与时代发展的不相适应性。借此法律系统变革之机，应当对我国现有的刑法结构加以调整，使之构建成为一种既合乎刑事法基本理论、又能顺应法律系统改革之需的科学、合理的结构形式。

当然，也应当看到，储槐植先生所提出的"刑法结构"或者说对刑法的结构化阐释是基于罪刑关系的实质层面，其研究中心并不在于刑法规范载体形式，但这并不妨碍我们将结构分析方法引入到刑法立法模式与修改方式问题的研究之

---

[9] 储槐植：《建立刑事一体化思想》，《中外法学》1989年第1期，第3-4页。
[10] 储槐植：《罪刑矛盾与刑法改革》，《中国法学》1994年第5期，第114页。
[11] 储槐植：《走向刑法的现代化》，《井冈山大学学报》，2014年第4期，第5页。

中。甚至可以认为，储槐植先生关于刑法中罪刑关系问题的结构化分析为本书中关于刑法规范载体形式的结构化阐释提供的理论坐标。作为制度存在的刑法规范载体形式是由一系列基本要素组成的，处于特定的结构之中。在刑法结构的概念提出之后，围绕刑事法领域的相关问题展开结构化阐释与功能性分析，便显得至关重要。

此外，法国刑法学者米海依尔·戴尔玛斯 - 马蒂（Mireille Delmas-Marty）教授通过在宏观上突出刑事政策的基本联系与系统结构，在刑事政策研究中充分运用了结构化分析方法，用以比较反犯罪行动中的国家反应、社会反应等不同模式之间的差异，以供那些参与刑事政策制定、执行、解释与评估的人们来分析与参考。[12] 从这一方法应用出发，结构被用于观察犯罪反应系统的运行，并展开了有效的要素提炼；经过结构化阐释，作为应对复杂的犯罪问题的刑事政策，不仅是单一的"规则、原则或命令"，而应当是由一系列要素所组合而构成的以犯罪现象为作用对象的反应系统，亦即，刑事政策学研究可以通过对犯罪反应系统中相互联系的核心要素的提炼，并将相对复杂的系统适度简化为模式或结构的组合，体现出反应系统所具有的"整体性、组织化、复杂性、相互依存以及互感相关的动态性"等结构化特征。[13] 可以说，马蒂教授对于刑事政策问题的结构化分析兼顾了刑事政策的实质（功能）层面与刑事政策载体形式等不同侧面，对本书的结构化阐释也具有启发性。

基于对刑法结构以及刑事政策系统分析中的结构化阐释方法之参考，本书认为，刑法立法模式与修改方式研究的深化，也需要在运用结构化分析方法，展开新的知识挖掘。进而言之，这种新认知的挖掘过程，实际上是对当前刑法立法大一统现状进行结构化的归纳与反思，反馈出一些的结构、关联、冲突或者逻辑矛盾，进而确立结构优化的整体需求。

总体而言，将结构分析方法应用到刑法立法模式与修改方式研究之中，实质上是对各类刑法规范载体形式之间关联性结构的确立，呈现出以下基本目标。首先，结构阐释所具有的方法论属性，实质上是在方法论上追求一种对刑法规范载体形式的认知方法突破，将刑法规范载体体系理性纳入一种结构框架

---

[12] 参见 [法] 米海依尔·戴尔玛斯 - 马蒂：《刑事政策的主要体系》，卢建平译，法律出版社 2000 年版，（译序）第 2 页。谢望原、卢建平：《中国刑事政策研究》，中国人民大学出版社 2006 年版，第 89 页。

[13] [美] 罗伯特·克朗：《系统分析与政策科学》，陈东威译，商务印书馆 1985 年，第 17 页。

之中，体现出一种要素式提炼与结构化阐释的图景。其次，刑法规范载体形式的认知结构建立，是观察刑法立法完善的重要标尺，以实然的结构阐释与应然的结构优化作为外部参照来认知刑法规范体系，能够反映出不同的刑法话语体系之间的共性与差异。最后，结构化阐释着眼于是我国当前单一法典化与多元化立法呼吁之间的对比分析，形成不同的关系模型，能够进一步凸显出"一元论"立场与"多元论"立场的深层差异。具体而言，刑法规范载体形式结构化阐释的基本维度涉及刑法典内部（分则）的结构特征与刑法典与其他刑法规范载体形式之间的关系结构。

一方面，就刑法典的内部构造而言，当前刑法立法大一统构造下"刑法分则体例、罪名设计以及罪状表述"呈现出一些独特性，如刑法分则中"大章制"立法体例、各类概括式罪名以及空白罪状的设置，对这些独特性的结构化阐释，实际上可以勾勒出我国刑法立法大一统构造下刑法典分则的结构"画像"。

另一方面，就刑法典的外部关系构造而言，当前刑法立法大一统构造下"刑法典、单行刑法、刑法修正案、非刑事法律以及抽象性司法解释"等规范载体之间呈现出复杂关系，这种复杂关系既可能表现出冲突或排斥，也可能呈现出重叠或交叉，甚至也可能是缺位。并且，对于规范载体之间复杂关系的结构化阐释可以与刑法典（分则）的结构"画像"相关联，成为我们全面呈现刑法立法结构化特征的关键。如前文所提及的刑法典主导地位、单行刑法与刑法修正案的关系、刑法规范体系协调性与稳定性以及刑法与前置法之间规范衔接等问题，实际上都可以被纳入到刑法规范载体的结构化阐释之中。

第二节　刑法典分则特征的结构阐释

总体而言，由于我国刑事立法深受大陆法系刑法传统的影响，即便制定法典之际的参照对象、时代背景以及基础思想等方面存在差异，具体制度内容也有所不同，但从体例结构来看，我国刑法总则部分与域外各个大陆法系国家或地区之间的技术性区别并不是特别明显；刑法的基本原则、刑法的时间和空间效力、共同犯罪、犯罪未遂、正当化事由、刑事责任和刑罚等均是各国刑法总则所共同规定的内容；但在刑法分则的篇章体例上，各国刑法典就存在显著的区别。[14] 进而言之，就我国刑法典的内部构造而言，立法模式上颇具特色的大一统模式，主要

---

[14]　陈伟：《刑法立法方法研究》，上海三联书店 2020 年版，第 94-95 页。

针对的也是刑法分则部分；可以说，刑法分则的体例结构是分析"一元化"立法模式与"多元化"立法模式之区别的主要素材。

一、刑法典分则的"大章制"

整体来看，我国刑法典分则的体例结构以"大章制"为基础，其中部分的"大章"又配置了若干的"节"，也即采取了一种"大章小节"体例。客观而言，"章节"体例是法典中常见的体例设置方式，不过，在刑法立法大一统格局下，我国刑法典分则中的章节体例呈现出自身的特点。具体来看，现行刑法典分则第三章"破坏社会主义市场经济秩序罪"共划分八个具体小节，第六章"妨害社会管理秩序罪"进一步划分出九个具体小节。可见，在上述分则部分的体例安排上，立法机关没有选择一种相对具体的"小章制"，而是采用部分采用"大章小节制"划分方式，对于同类型的犯罪进行了抽象，体现出立法者在体系性与立法技术方面的高追求。

事实上，在"97刑法"颁行之后，对于现行刑法分则的体例安排，学界存在不同的看法。有观点认为，"因为刑法分则不可能各章均采章节制，这样若有的章用章节制，有的章不用章节制，显得体例不统一，不同章之间罪种、条文的数量也差别过大而不够协调；同时，采取章节制的犯罪类型虽在章下又作了若干节的划分，仍存在内容庞杂、不便于适用和研究的弊端。而采用小章制的分类方法，可以避免上述弊端，维持各章之间体例的统一和罪种、条文的协调，有助于司法之适用。但采用小章制时，要特别注意仍应以同类客体为分章之基本依据"。[15] 不过，也有肯定观点指出，"尽管有的章用章节制，有的章下面不一定有节，使体例显得不统一，不同章之间罪种、条文的数量差别大而不够协调，但只要能反应客观的犯罪现实，这种安排就应当是成功的、合理的。法律的制定总不能因为照顾体例的统一和协调而对现实作任意剪裁。其次，采用章节制只是把犯罪性质相近犯罪放在一起，只是另用节的形式将同章中仍有较小差异的犯罪的特点加以说明，这与'内容庞杂''不便于适用和研究'没有必然联系，恰恰相反，因为有节这一层次，使得各章所规定的犯罪之间更具有条理逻辑性，更便于适用和研究。此外，章下也可采用节这一形式将章中犯罪的共同之处统一规定，避免了重复，而呈现出简练的特色。若采小章制，仍可能出现有的章节罪名很

---

[15] 赵秉志：《关于完善刑法典分则体系结构的新思考》，《法律科学》1996年第1期，第81页。

少，而有的章却可能出现数个甚至十数个罪名的情况"。[16]可以看到，在"97刑法"出台之前，学界便曾经出现"小章制"的主张，但其主要的出发点在于刑法分则各部分之间条文数量的协调，避免内容过于庞杂，也即主要是从形式逻辑层面对刑法分则的体例设计提出了质疑。易言之，此时的研讨并未充分关注到刑法分则体例设置之立法技术对于刑法功能所产生的影响。

如果进一步思考，我们可以发现，刑法分则中部分采取了"大章制"体例设计，与我国刑法立法大一统构造存在直接的关联。应当看到，刑法分则第三章"破坏社会主义市场经济秩序罪"与第六章"妨害社会管理秩序罪"囊括了市场经济活动与社会管理领域中各种犯罪类型，涉及的范围十分广泛。将各类经济犯罪或行政犯完全纳入到刑法典中，如果不选择"大章小节式"的体例设计，而是采取"小章制"，必然会拆分出多种数十种独立小章，刑法分则的体系设计过于细碎。事实上，即便现行刑法分则中尚未采取"大章小节制"的各章，其内容也是较为丰富的，例如，"危害公共安全罪"一章涉及的公共安全领域也较为多样；甚至在传统的人身安全、财产犯罪部分，我国的刑法分则也将各类犯罪纳入到一章之中。并且，在诸如"妨害社会管理秩序罪"一章第一节"扰乱公共秩序罪"中，已经吸纳了过多罪名（诸多侵害计算机信息系统犯罪都被置于该节之中），该节名称的概括已经过于泛化，体系逻辑难以全面呈现。

从比较研究的角度来看，在前文所考察的日本、德国等大陆法系国家的刑法典中，经济犯罪以及行政犯多数是被放置在刑法典之外的附属刑法中，并且即便是针对传统自然犯，也是采取"小章制"作进一步细化，如德国《刑法典》针对人身权领域的各类犯罪，便是划分出"第12章妨害身份、婚姻家庭，第13章妨害性自决权，第14章侮辱，第15章侵害私人生活和秘密，第16章侵害他人生命，第17章伤害，第18章侵害他人人身自由"。从立法技术上来讲，"小章制"确实具有独特优势，也即每一章能够大体上对应某一类具体犯罪类型，满足了精细化、类型化的立法需求，对刑法适用具有指引功能。一方面，这种"小章制"从立法上减轻了立法者需要抽象概括的负担，立法者无须针对多个不同种类的构成要件类型提取出共同的上位概念（作为一章），并且需要确保逻辑与体系理性；另一方面，从适用层面而言，这种"小章制"又可以较为明确地表明该类犯罪所要保护的法益，明确的法益定位有助于体现出法教义学的基本功能。

如果按照日本刑法典或德国刑法典中刑法分则中的体例设计，逐步细化并采

---

[16] 李培泽：《刑法分则体系的反思与重构》，《现代法学》1996年第3期，第51页。

取"小章制"体例安排,那么,在刑法立法大一统局面下,我国刑法分则可能会被拆分为十几个甚至上百个"小章"。然而,这样立法设计显然会导致我国刑法分则的体系安排过于零散、细碎,过于庞大,且缺乏体系性。简言之,由于刑法立法大一统局面下必然要将一些经济犯罪与妨害社会管理秩序犯罪全部纳入到刑法典中,立法技术上必须体现出一定的抽象逻辑,避免过于庞杂所引发的体系混乱。可以说,"大章制"(或"大章小节制")是源于我国当前的刑法立法大一统模式。

事实上,如果我国刑法立法并未采取单一法典化模式,并且刑法典所规定的罪名是以传统的自然犯罪为基础,不包括经济犯罪或行政犯等类型,那么采取一种"小章制"立法也是可行的。对于危害公共安全犯罪、人身犯罪、财产犯罪,我们完全可以进行进一步的细分进而形成一种"小章制"。然而,在刑法立法大一统格局下,理想状态下的法典化立法技术也应体现出抽象概括性,分则各章节的体系逻辑才能相对清晰;也即可以根据对某一罪名的罪状表述判断出其在分则中的体系定位,并与作为上位范畴的章节主题表现出明确的体系关联。从当前大一统立法模式来看,即便理论上均认同并表达出一种提炼罪名共性进而实现体系化的积极意愿,但由于刑法典中需要囊括所有的犯罪类型,在立法过程中可能会面临着较大的体系化压力,因而只能选择"大章制"体例结构,但相比于"小章制"立法体例,"大章制"体例结构必然是松散的。就本质而言,大一统立法模式下的体系化困境,源自分类逻辑在归纳与演绎之间的张力,也可以说是普遍性与情景性之间的张力,[17]也即刑法典内容过于丰富所导致的体系化程度弱化,难以在各章节主题与条文之间、章节内各条文之间形成逻辑清晰的体系关联。

进而言之,刑法立法大一统局面下,各类犯罪均集中在刑法典中,章节设置中的名称选择实际上是针对数十种犯罪提炼出共性要素,不免相对模糊——只能采取"妨害社会管理秩序罪"这种较为模糊的表述,并不利于提针对某一类犯罪确立明确的法益,法益在刑法适用中的约束机能便难以实现。事实上,"妨害社会管理秩序罪"一章已经逐步演变为一个"口袋",该章中很多罪名的刑法归类并不是十分明确;如果在现有刑法分则体系中增加一类新型犯罪,在没有明确法益定位之时,便很可能被纳入到该章之中。[18] 易言之,我国目前所采取的"大

---

[17] 张文龙:《印度刑法现代化——以〈印度刑法典〉为线索》,《清华法学》2022年第1期,第75页。

[18] 王玉珏:《对刑法修正案模式之再思考》,《社会科学家》2011年第3期,第108页。

章制",以章名作为保护对象或者说法益定位,只有一种分类的作用,基本上是不具有刑法适用上的实践意义的,也即并没有一种司法实践中或者说法教义学上的约束机能。所以,"大章制"可以被视为刑法立法大一统构造下的技术性特征,在刑法适用功能上受到限制,也即未能有效地提炼出法益,不能将法益的司法约束机能纳入解释论之中。

因此,"大章制"体例结构将增加司法实践中的解释负担。在刑法立法大一统局面下,我国刑法分则的体例安排虽然尽可能提升抽象概括程度,表明立法技术上对体系理性的追求。但客观而言,刑法适用过程中"章节名称"对罪名保护法益的判断与指引作用难以被明确,这便为司法实践带来了解释上的负担;多数情况下,司法机关往往忽视"章节名称"对罪名保护法益的引领或约束作用,直接对某一构成要件作出适用性解释,置法典化本应体现出的体系解释要求与规范保护目的约束于不顾。

二、概括式罪名的设置

直观来看,"罪名"是对犯罪行为的命名。作为对犯罪现象最为精确的文字表述,罪名可以反映一个国家、一个社会乃至一个时代的刑事法治水平,折射出刑法制定者和实施者对犯罪现象的理性认识程度。总体上看,人类对罪名的认识经历了从模糊、概括到明确、具体的过程,随着时代发展、犯罪变化和刑法修订,犯罪行为的名称也一直处于变动和调整之中。[19] 诚然,罪名是对刑法分则中具体罪状或者说构成要件的高度概括,力求简明、精炼,体现出概括性特征;但这种概括性与具体罪状或者说构成要件之间的照应关系应当如何呈现,也即罪名如何能够较为直接地反映出罪状或者说构成要件大体轮廓,使受众通过罪名产生一种对不法类型的基本认知,这仍然是罪状表述与罪名设置过程中所要思考的问题。

有学者在梳理我国刑法分则中罪名的基本类型时曾指出,"在单一罪名与选择性罪名这两种罪名类型之外,我国还存在一类相对独特的罪名构造,即概括罪名。概括罪名是指其包含的犯罪构成的具体内容复杂,反映出多种具体行为类型,但只能概括使用,不能分解拆开使用的罪名"。[20] 例如,信用卡诈骗罪,包

---

[19] 胡云腾:《刑法罪名确定研究》,《中国应用法学》2022 年第 3 期,第 1 页。
[20] 张明楷:《刑法学》(下册)(第六版),法律出版社 2021 年版,第 857 页。

括使用伪造的信用卡或者使用以虚假的身份证骗领的信用卡、使用作废的信用卡、恶意透支等具体行为类型。不管行为人是实施其中一种还是数种行为，都定信用卡诈骗罪。例如，仅恶意透支的，定信用卡诈骗罪，而非定恶意透支罪；实施了上述几种行为的，仍定信用卡诈骗罪，一般也不实行数罪并罚。[21] 可以看到，概括式罪名所对应的并非单一的犯罪构成，而是在行为或结果呈现出多元形态的多种构成要件要素。并且从立法技术上来讲，概括式罪名的罪状表述之中往往是在一个条款之下并列数项不法类型，每一项之下仍然可以再细化出具体罪名。由此而言，概括式罪名的存在，正是源于罪状中并列了数项不法类型。

有学者将概括式罪名等我国刑法罪状表述中所特有的构成要件多元化之立法构造概括为"多罪一名"现象，其认为，"我国理论通说认为，确定罪名个数的标准是犯罪构成的个数，但实际考察我国罪名体系之后可以发现，'两高'并未给每一个犯罪构成都确定一个独立的罪名，相反，多个犯罪构成共用一个罪名的'多罪一名'现象大量存在。以条款下设项的方式描述罪状是概括性罪名的常见形式，但这并非识别概括性罪名的必要条件。从概括性罪名的定义看，只要是同一罪名下包含了数个犯罪构成，且罪名本身不可分拆使用的，都属于概括性罪名。"[22] 事实上，"一罪一名"只是通说的理论设想，司法解释并未给每一个犯罪构成都分配独立的罪名。不仅如此，实际上，由"多罪一名"才是我国罪名体系的显著特征。[23] 简言之，我国的部分罪名与犯罪构成之间并不是一种一一对应的关系。

总体来看，概括式罪名呈现出如下基本特点。其一，概括式罪名中的构成要件要素或者说不法类型呈现出多样性，学界所形容的"多罪一名"所针对的便是多种不法类型，而非法定刑。事实上，概括式罪名中各种不法类型往往是"共享"了同一法定刑。其二，概括式罪名往往能够将涉及特定领域或某一对象问题的数种不法类型囊括该罪之下，似乎通过对数种不法类型的罗列并生成概括式罪名，便可以实现一种对相关领域进行刑法规制的整体效果。如"信用卡诈骗罪"与"妨害信用卡管理罪"均属于概括式罪名，将绝大多数涉及信用卡的非法占有犯罪与影响信用卡管理秩序的不法类型囊括其中。其三，在概括式罪名的各类构成要件之中，罪过形态往往是单一的，犯罪主体方面一般也不会呈现出复杂的样

---

[21] 张明楷：《刑法学》（下册）（第六版），法律出版社2021年版，第857页。
[22] 丁胜明：《以罪名为讨论平台的反思与纠正》，《法学研究》2020年第3期，第147-148页。
[23] 丁胜明：《以罪名为讨论平台的反思与纠正》，《法学研究》2020年第3期，第148页。

态；呈现多元化的通常是行为或危害结果，也即概括式罪名中所设置的多个并列"款项"往往是行为或危害结果（危险状态）。当然，也应当看到，概括式罪名只是罪状特征的形式化反映，也即其本质上是对同时列举了数项并列的不法类型的罪状表述方式的反应，因为立法上设置了此类罪状，所以导致此后出现了概括式罪名这种学术称谓。换句话说，我们也可以将概括式罪名所对应的罪状称为"概括式罪状"。

值得注意的是，由于概括式罪名中并列了数项不法类型，提取各不法类型所共同的公因式并确立"罪名"之时，不得不选择一个相对笼统的表述。这种的表述与前文所举的信用卡诈骗的例子还有所不同。例如，《刑法》第225条"非法经营罪"，[24] 便是一个比较典型概括式罪名表述；因为从文字表述来看，似乎任何不合法的经营行为都有可能被纳入到这一罪名之下，可以说罪名的表述难以直接反馈出构成要件的类型；并且，该罪第四款（兜底条款）的设置，导致与前三款所明确列举行为性质差异较大的不法类型被纳入这一口袋罪之中，使得该罪的保护对象或者说适用范围进一步泛化，罪名已经无法反映出司法解释以及司法实践中所涉及的不法类型，口袋效果十分明显。又如，在目前司法实践适用数量"排名第一"的《刑法》第133条之一"危险驾驶罪"，[25] 也是对道路交通驾驶中的四种不法类型提取公因式所得出的结果。由于各不法类型都是在道路交通领域引发危险隐患，也即与驾驶中的危险相关的行为，所以可将之概括为危险驾驶罪。但就字面含义而言，危险驾驶涉及种类十分广泛，显然不限于条文所规定的四种类型；并且目前所规定的四种不同类型的危险性、发生频率以及转化为实害后果后的危害程度，都存在着明显的差异，将之纳入一个罪名之中并配置相同的法定刑，在逻辑上也是存在疑问的。同时，采取一种概括式的罪名表述，并不利于通

---

[24] 《刑法》第225条规定，"违反国家规定，有下列非法经营行为之一，扰乱市场秩序，情节严重的，处五年以下有期徒刑或者拘役，并处或者单处违法所得一倍以上五倍以下罚金；情节特别严重的，处五年以上有期徒刑，并处违法所得一倍以上五倍以下罚金或者没收财产：（一）未经许可经营法律、行政法规规定的专营、专卖物品或者其他限制买卖的物品的；（二）买卖进出口许可证、进出口原产地证明以及其他法律、行政法规规定的经营许可证或者批准文件的；（三）未经国家有关主管部门批准非法经营证券、期货、保险业务的，或者非法从事资金支付结算业务的；（四）其他严重扰乱市场秩序的非法经营行为"。
[25] 《刑法》第133条之一第一款规定，"在道路上驾驶机动车，有下列情形之一的，处拘役，并处罚金：（一）追逐竞驶，情节恶劣的；（二）醉酒驾驶机动车的；（三）从事校车业务或者旅客运输，严重超过额定乘员载客，或者严重超过规定时速行驶的；（四）违反危险化学品安全管理规定运输危险化学品，危及公共安全的"。

过罪名直接判断不法类型的具体样态。易言之，民众均知道醉驾入刑，但由于该不法类型被纳入到危险驾驶罪之中，因而无法通过该罪名直接产生出一种对于醉驾及其制裁后果的一般认知与规范预期。又如《刑法》第286条之一"拒不履行信息网络安全管理义务罪"，[26] 实际上也是表明了"在网络活动中不履行信息网络安全管理义务的相关行为（不作为）"可能被作为犯罪来处理。然而，这一概括式罪名涵盖了"多样主体、多方义务、多头监管、多种后果"，不同类型的网络服务提供者在网络系统中具有不同的地位，所提供的网络服务也不同，法律义务的来源不同，其业务活动可能引发的危害后果也是不同的，[27] 但却较为笼统地一并设置了"不履行法律、行政法规规定"这一空白罪状，并且配置了相同的法定刑。

此外，一些概括式罪名还可能呈现出通过两高司法解释设置多种入罪标准的特点，由此达到扩种不法类型的外延之效果，《刑法》第338条"污染环境罪"[28] 就反映出这一问题。由于我国刑法立法并未针对各类环境保护领域分别设置具体罪名，因此，污染环境罪理论上涵盖了"土地、水与大气"等各类环境污染问题。同时，由于环境保护诉求的复杂性，环境犯罪的保护法益包含了生命健康、财产以及生态环境本身等多重维度；而在实践中，引发环境污染的行为类型也呈现出多样化。然而，现行《刑法》第六章第六节所规定的以污染环境罪为核心的少量条文，需要处理各种环境保护领域内复杂多样的不法类型，将环境保护涉及复杂利益关系主要统合于污染环境罪这一罪名之下。因此，"两高"于2016年

---

[26] 《刑法》第286条之一第一款规定，"网络服务提供者不履行法律、行政法规规定的信息网络安全管理义务，经监管部门责令采取改正措施而拒不改正，有下列情形之一的，处三年以下有期徒刑、拘役或者管制，并处或者单处罚金：（一）致使违法信息大量传播的；（二）致使用户信息泄露，造成严重后果的；（三）致使刑事案件证据灭失，情节严重的；（四）有其他严重情节的"。

[27] 姜瀛：《"以网管网"背景下网络平台的刑法境遇》，《国家检察官学院学报》2017年第5期，第48页。

[28] 2020年12月26日通过的《刑法修正案（十一）》第四十点对《刑法》第338条污染环境罪作出了修改。修改后的条文，即《刑法》第338条第一款规定，"违反国家规定，排放、倾倒或者处置有放射性的废物、含传染病病原体的废物、有毒物质或者其他有害物质，严重污染环境的，处三年以下有期徒刑或者拘役，并处或者单处罚金；情节严重的，处三年以上七年以下有期徒刑，并处罚金；有下列情形之一的，处七年以上有期徒刑，并处罚金：（一）在饮用水水源保护区、自然保护地核心保护区等依法确定的重点保护区域排放、倾倒、处置有放射性的废物、含传染病病原体的废物、有毒物质，情节特别严重的；（二）向国家确定的重要江河、湖泊水域排放、倾倒、处置有放射性的废物、含传染病病原体的废物、有毒物质，情节特别严重的；（三）致使大量永久基本农田基本功能丧失或者遭受永久性破坏的；（四）致使多人重伤、严重疾病，或者致人严重残疾、死亡的"。

12月23日联合颁布《关于办理环境污染刑事案件适用法律若干问题的解释》（法释（2016）29号，以下简称《环境污染解释》），第1条明确规定了17种不同类型的入罪标准（第18项为兜底性规定）。[29] 可以说，我国目前的环境犯罪治理，呈现出以"污染环境罪单一罪名＋司法解释确立多种入罪标准"为基础的基本构造。《环境污染解释》第1条规定了17项"严重污染环境"的情形，从数量上来看，"17项"已属于两高颁布各类司法解释中对具体罪名列举入罪标准最多的；从内容层上来看，这"17项"入罪标准的设置逻辑并不清晰，其中既有实害结果，也存在危险状态，甚至是单纯的违法行为也被解释为"严重污染环境"。数十项不同类型的入罪标准使得该罪性质及其保护法益逐步泛化，部分入罪标准与"严重污染环境"之间存在明显的跨度。

通过对上述罪名的梳理，我们可以发现，概括式罪名所产生的"概括"效果，本质上是罪状相关款项下各种不法类型的"相关性因素"提炼；易言之，罪名的生成虽然有一定抽象概括成分，但由于涉及的违法类型较多，抽象概括程度较低，实质上只能是与各种违法类型"相关"的表述，如"非法经营"只能表明各不法类型与市场经营活动相关，并无法直接反映出具体的不法类型，这最终导致罪名并不能直接对违法类型作出指引，无法达到预期中的一般预防或者说规范适指引目标。由此而言，概括式罪名并不符合刑法精确化的理念。与此同时，由于概括式罪名的生成是对数种不法类型的"相关性"表述，例如妨害信用卡管理

---

[29] 《环境污染解释》第1条规定，"实施刑法第三百三十八条规定的行为，具有下列情形之一的，应当认定为'严重污染环境'：（一）在饮用水水源一级保护区、自然保护区核心区排放、倾倒、处置有放射性的废物、含传染病病原体的废物、有毒物质的；（二）非法排放、倾倒、处置危险废物三吨以上的；（三）排放、倾倒、处置含铅、汞、镉、铬、砷、铊、锑的污染物，超过国家或者地方污染物排放标准三倍以上的；（四）排放、倾倒、处置含镍、铜、锌、银、钒、锰、钴的污染物，超过国家或者地方污染物排放标准十倍以上的；（五）通过暗管、渗井、渗坑、裂隙、溶洞、灌注等逃避监管的方式排放、倾倒、处置有放射性的废物、含传染病病原体的废物、有毒物质的；（六）二年内曾因违反国家规定，排放、倾倒、处置有放射性的废物、含传染病病原体的废物、有毒物质受过两次以上行政处罚，又实施前列行为的；（七）重点排污单位篡改、伪造自动监测数据或者干扰自动监测设施，排放化学需氧量、氨氮、二氧化硫、氮氧化物等污染物的；（八）违法减少防治污染设施运行支出一百万元以上的；（九）违法所得或者致使公私财产损失三十万元以上的；（十）造成生态环境严重损害的；（十一）致使乡镇以上集中式饮用水水源取水中断十二小时以上的；（十二）致使基本农田、防护林地、特种用途林地五亩以上，其他农用地十亩以上，其他土地二十亩以上基本功能丧失或者遭受永久性破坏的；（十三）致使森林或者其他林木死亡五十立方米以上，或者幼树死亡二千五百株以上的；（十四）致使疏散、转移群众五千人以上的；（十五）致使三十人以上中毒的；（十六）致使三人以上轻伤、轻度残疾或者器官组织损伤导致一般功能障碍的；（十七）致使一人以上重伤、中度残疾或者器官组织损伤导致严重功能障碍的；（十八）其他严重污染环境的情形。"

罪、非法经营罪等，并非是对构成要件有效抽象后所形成的"内涵式表达"。因此，概括式罪名显然无法达到通过罪名的预测功能为民众在一定程度上确立守法预期的效果。

有学者指出，"犯罪构成之间何为性质相近、何为性质相异，并不存在一个明确、客观的标准，其判断多依赖于司法解释制定者的主观倾向"。[30]事实上，本书也存在类似的困惑，第一，概括式罪名中所列举的并列款项，是否需要具有逻辑上"同类"性质，这种"同类"最低的判断标准是什么？第二，如果概括式罪名中所列举的并列款项的核心行为方式及其所具备的危害性（危险性）差异较大，"同类"程度较弱，仅仅某种相关性，将之纳入同一罪名之下并配置相同的法定刑，这种立法选择是否具有科学性？第三，究竟是什么原因促使我国刑法立法中倾向于设置并列了数项不法类型的概括式罪名。

事实上，有学者进一步分析了概括式罪名等我国所特有"多罪一名"现象背后的原因。"多罪一名"现象之所以大量出现，是因为我国刑法采取了精简立法模式，将大量性质相近的犯罪构成规定在同一条款中，而司法解释在确定罪名时，为了追求罪名体系的精简，便为这些性质相近的犯罪构成确定了同一个罪名。司法解释并未严格遵循"一个犯罪构成对应一个罪名"的原则，而是大量采用"一类犯罪构成分配一个罪名"的罪名确定方法。[31]因此，从实用和简洁的角度考虑，运用"一类犯罪构成分配一个罪名"的方法是务实的、不可避免的，也基本满足了司法实务和理论研究的需要。[32]

应当看到，学者将"多罪一名"现象背后原因归结为立法上的精简化态度；也即基于实用与简洁的角度考虑，没有必要按照具体构成要件进行细分，也无法按照每一项不法类型而设定罪名。同时，值得注意的是，学者展开上述分析的主要目的并非在于对"多罪一名"现象背后的原因作出深入阐释，其侧重点在于对概括式罪名在法律适用中的特征展开分析与反思，因而难免对催生出概括式罪名的本质原因有所忽视。易言之，虽然学界注意到我国相对独特的概括式罪名之立法现象，但其展开现象描述与原因分析的落脚点或者说最终目标在于探讨此类罪名的法律适用问题，如实施了概括式罪名中不同种类的不法行为，其竞合关系如

---

[30] 晋涛：《论罪名生成的方法》，《政治与法律》2018年第3期，第121页。
[31] 胡云腾：《论社会发展与罪名变迁——兼论选择性罪名的文书引用》，《东方法学》2008年第2期，第72页。
[32] 丁胜明：《以罪名为讨论平台的反思与纠正》，《法学研究》2020年第3期，第149页。

何把握？究竟按一罪处理还是数罪并罚更具合理性；若是按一罪处理，量刑上如何评价？也即围绕着概括式罪名适用中特殊问题展开法教义学分析。对于生成概括式罪名的原因分析较为简单，也是可以理解的。当然，客观来讲，学者将概括式罪名的出现直接归因于司法解释在确定罪名时为了追求罪名体系的精简，实际上仅仅看到了问题表面，并没有从立法层面去思考为何我国刑法典中会出现与概括式罪名相照应的罪状。易言之，这种并列数项不法类型的立法构造，才是我们所要探究的关键问题。

在本书看来，概括式罪名本质上是源于我国刑法立法大一统构造，需要在单一化的刑法典之中融入大量的行政犯；也正是由于不能将大量的行政犯置于附属刑法之中，为了避免刑法典分则内容过于庞杂、篇幅过大，分则中的"条文"与"罪名"资源都是相对紧张的。如果按照针对"一个具体的不法类型"设置独立独立的条款，进而提炼出"一个罪名"的方式来设置刑法分则，预计条文数量将大幅增长，罪名数量可能要达到上千个，我国刑法典分则会进一步膨胀，过于庞大的刑法典会以一种刑法过度介入社会生活的整体印象，这显然是立法机关所不愿意看到的。

正因如此，立法者在刑法分则设置罪状的立法技术运用中，实际上选择了一种"紧缩式"的罪状设置模式，也即通过将数项具有一定相关性的不法类型压缩在一起，"共享"了主观罪过等部分构成要件以及法定刑，便可以有效减少分则条文与罪名的数量，实现一种概括式、集中化的立法效果，进而引申出概括式罪名。易言之，由刑法立法大一统格局所决定，立法机关不得不采取一种"紧缩式"的罪状设置模式；由于"紧缩式"的立法构造，司法机关在确定罪名只能基于所列数项不法类型的相关性作出一种概括性表述，但却难以体现出——如盗窃罪等传统自然犯一般——以罪名映射出构成要件的精确化要求。

与此同时，由于行政犯往往具有二次违法性的基本特征，概括式罪名所涉及的罪状往往之中，并列的多项不法类型可能对应着多个不同领域的前置法规范——如污染环境罪，这便涉及下文所探讨的空白罪状；且立法上难以有针对性明确空白罪状的指向，由此形成了多元排列组合的规范格局。可以看到，概括式罪名所要援引的前置法往往较为模糊，由此可能到辐射面过大。相比之下，较为模糊的前置法规定、并列的数种不法类型（行为与结果）以及单一的法定刑成为概括式罪名的基本组成部分，这种罪名设置契合了刑法立法大一统模式精简刑法分则条文与罪名的需求，呈现出一种"紧缩式"立法构造，但在司法适用中将会面临着一些功能性困境，后文将从功能性层面对此做进一步反思。

三、空白罪状的广泛应用

理论上来讲，空白罪状是指罪状表述没有具体说明某一部分构成要件的实质内容，而是指出在适用中需要援引某一法律或法规的相关规定；规定空白罪状的法条也被称为空白刑法或白地刑法。[33] 我国刑法典中设置空白罪状的前提在于，大量行政犯所规定的犯罪行为具有二次违法性特征，也即这些犯罪首先需要符合前置法规范的违法性要件，表现出行政违法性。具体来看，空白罪状表述方式可以是一种相对笼统的方式，即"违反国家规定"，如《刑法》第225条非法经营罪或《刑法》第338条污染环境罪，或者是"（不履行）法律、行政法规规定"，如刑法第286条之一"拒不履行信息网络安全管理义务罪"；也可以是以较为具体的方式指明援引的法律名称，如《刑法》第345条盗伐林木罪中所表述的"违法森林法的规定"。整体而言，我国刑法分则对于空白罪状的表述方式并不一致，似乎缺乏统一的标准。

整体来看，我国刑法分则中的各种空白罪状，呈现出一定的技术性优势。第一，空白罪状的设置，有助于减少了刑法典具体条文中再次表述前置法规范的负担，使得条文表述相对简练。刑法条文通过参照或援引其他法律，避免规范重复或是冲突。第二，通过设置"违反国家规定"之类的空白罪状，仅在刑法条文对违反前置法的内容作出指向性规定，能够使刑法与前置法之间保持一种相对的关联；即便对前置法规范进行了修改，也可以确保刑法典的相对稳定性。第三，当行为确实违反了空白罪状部分所涉及的前置法规定，具有违法性之时，才可以讨论行为是否具有刑事违法性；[34] 可以说，空白罪状的援引或适用成为行政犯认定的前提要求，有助于避免刑法打击范围的扩张。

此外，即便我们并不认为空白罪状违反了罪刑法定原则（明确性原则），但是，由于空白罪状的表述方式是"违反……法规""违反……管理规定"或者"违反国家规定"，没有指明可援引前置法的具体条文与国家规定的具体内容，常常导致处罚范围不明确。结果是要么不当扩大处罚范围，要么不当缩小处罚范围。[35] 以环境保护领域为例，关于污染环境罪中的"违反国家规定"判断就面临

---

[33] 参见张明楷：《刑法学》（下册）（第六版），法律出版社2021年版，第855页。
[34] 参见熊波：《行政犯的类型与违法性判断的区分》，《政治与法律》2020年第5期，第40页。
[35] 张明楷：《刑事立法的发展方向》，《中国法学》2006年第4期，第19页。

着前置法规范指向极为模糊的困境。由于环境保护所涉领域众多，作为污染环境罪前置法的环境保护法律法规类型繁杂。具体而言，目前我国已经有三十多部环境资源法律，涉及环境保护、资源利用与保护、生态系统及其服务功能等错综复杂的利益关系调整，其中直接涉及环境污染防治的法律有《环境保护法》《海洋环境保护法》《水污染防治法》《大气污染防治法》《土壤污染防治法》《固体废物污染环境防治法》以及《环境影响评价法》。就理论而言，所有违反环境保护法律法规的违法行为都属于污染环境罪中的"违反国家规定"，最终都可能延伸到刑法领域被作为一般违法性的规范评价基础。与此同时，准确认定污染环境罪中的"违反国家规定"要件，需要面对环境保护法律体系的复杂局面，由于"违反国家规定"所涉及的前置法规范包括环境保护领域中的多项立法，空白罪状援引或违法依据参照缺乏针对性，适用过程中将会呈现出混乱局面。易言之，我国刑法典中各种空白罪状对于所援引前置法条文的指向均不明确；由于指向不明确，司法机关在适用时会出现理解不统一的困境，导致刑事违法性判断相对的不确定。可见，空白罪状的高度开放性带来更大的不确定性，而使刑法的适用边界变得较为模糊。

  当然，空白罪状虽然并非是我国所独有的立法技术，日本、德国等大陆法系国家中也会使用空白罪状，作为援引其他法律规范之中的相关条文的指引，且空白罪状也并不限于刑法之中，任何部门法否都可能使用这一立法技术。但客观而言，如我国刑法典所广泛使用空白罪状的立法例，在域外各部门法中确实很罕见。并且，从空白罪状的技术运用层面来看，我国与域外仍然存在差别。具体而言，我国刑法中的空白罪状所针对的往往是非刑事法律规范，确立前置法层面的不法依据。前文所列的各种"违反国家规定"或者"违反某一个具体部门法的规定"，此类空白罪状的指向相对模糊，"违反国家规定"可能涉及的多个部门法，"违反某一个具体部门法的规定"则可能涉及该法中的诸多条文，这些表征"一般违法性"的规范或条文实际上都应当属于构成要件中的核心内容。相比之下，德国和日本等大陆法系国家在设置空白罪状时所针对的往往是某一类"清单"，如学者举例指出，德国《对外经济法》第18条"违反禁运罪"设置了空白罪状，所针对的是各个层次的禁运商品目录。[36] 易言之，域外刑法设置空白罪状所针对的往往是某一类对象，种类繁多，并且可能根据某种社会政策、经济政策进行调整，相关部门法以名录、目录或清单的方式对此类对象进行列举；在这种情况

---

[36] 参见王安异：《非法经营罪适用问题研究》，中国法制出版社2017年版，第33页。

下，通过简化构成要件的表述，并且避免了以名录、目录或清单变化影响到构成要件。可以看到，域外对于空白罪状的使用所针对的具体的、记述性构成要件要素，通常不会涉及对犯罪评价产生直接影响的具有"违法性"评价意义的规范性构成要件；行政犯的违法性判断实际上仍然是被置于独立型附属刑法条文中予以明确表述的，这正是对罪刑法定原则所衍生出的明确性原则之贯彻与坚守。

可以肯定，将大量的行政犯规定在刑法典中，必然会增加空白罪状数量；而空白罪状涉及的前置法认定难题将会增加刑法规范的不确定性，影响刑法的适用效果。但即便如此，我国刑法典中空白罪状的设置仍然较为随意，不仅类型不统一，且数量较多，其根本原因仍然要归结于刑法立法大一统构造。对此，又可从以下三个层面展开解读。

首先，从刑法立法大一统的基本构造来看，由于刑法典中规定了大量行政犯，立法者为了形式上与前置法保持相对稳定的关联，不得不选择大量使用空白罪状的立法技术。并且，由于前置性法律法规种类较多，刑法中的空白罪状也往往只能采取一种相对概括的表述，如"违法国家规定"。易言之，正是刑法立法大一统模式决定了刑法典之中条文"数量"紧张，成为稀缺的立法资源；并且行政犯的构成要件则相对复杂，具体条文的"容量"也要受到控制，以避免刑法典过度膨胀。空白罪状的技术特征正好契合了上述需求，可以将条文所规定的与犯罪构成要件相关的违法性内容进一步压缩，确保条文表述上的简练，呈现出一种紧缩式立法。

其次，从传统观念上来讲，刑法典应当保持相对的稳定性。不过，即便德日等国以自然犯罪为主体的刑法典仍然修改频繁，更何况我国在刑法立法大一统格局下将自然犯与法定犯一并置于刑法典之中，[37] 社会快速发展引发的修法需求应当更为迫切。为了避免因前置法修改而引发刑法典相关条文的表动，立法者在行政犯大量使用"违反国家规定"等空白罪状，实际上是考虑到即便社会发展变化引发前置法规范变化，也不会直接波及刑法典相关条文，因为刑法中的空白罪状并没有明确规定违反前置法的具体内容，也即为了避免在前置法修改之时过于被动，"牺牲"了刑法条文构成要件的明确性需求，确保了刑法典的相对稳定性。

最后，刑法大一统立法局面下，刑法立法与作为前置法的非刑事部门法之间

---

[37] 参见张明楷：《自然犯与法定犯一体化立法体例下的实质解释》，《法商研究》2013年第4期，第46页。

缺乏必要的"对话",相互脱节,而刑法分则中空白罪状所涉及的行政犯,往往属于特定领域的不法行为,具有相对的专业性;相比之下,特定非刑事部门法的制定者或执法部门具有更为专业的知识背景,刑法立法过程中往往难以充分了解特定领域非刑事部门法的专业知识与利益诉求。从理论上来讲,空白罪状实际上成为一种变相的"权力移转",也即将违反前置法的专业性问题保留给该领域的非刑事部门法。但实际上,作为前置法的非刑事部门法对于空白罪状所指向的条文也未必有明确的认知,很难期待前置法领域的相关国家机关通过制定规范性法律文件对"空白罪状"进行有效填补。

整体而言,空白罪状的广泛应用是我国刑法立法大一统格局下的现实选择,空白罪状在控制条文数量与简化条文内容方面具有其技术优势,可以在形式上对刑法与作为前置法的非刑事部门法之间起到串联作用,在一定程度上化解刑法立法与前置性非刑事部门法之间立法修法不同步、不协调的困境。当然,学界与实务部门也认识到空白罪状存在的刑事法治问题,并倡导基于解释论路径准确把握空白罪状的援引依据。但由于空白罪状指向模糊,明确性低,并且难以摸索出一套科学的刑法解释方法对其准确适用。加之空白罪状所指向的特定领域往往不会专门出台诠释空白罪状的规范性法律文件,难以对空白罪状的援引依据作出有效填补,空白罪状所援引的前置法或具体条文始终无法被明确,只能交由执法机关或司法部门基于实践经验自行摸索。

第三节　单行刑法与刑法典、刑法修正案的关系结构阐释

通过前文对我国刑法立法历史演进的考察,我们可以发现,立法机关对于刑法典、刑法修正案与单行刑法等基本立法范畴的理解与运用处于变化之中。基于结构化视野,对于刑法典与单行刑法之间的关系变迁、刑法修正案与单行刑法的关系定位展开必要的梳理与分析,有助于我们总结出刑法典与其他各类刑事法律规范文件之间的关联结构,并从一个侧面反映出刑法典的外部关系以及当前刑法立法大一统的结构特点。当然,立法机关颁布刑法修正案对刑法典进行修改补充之后,修正案的条文实际上被刑法典所吸收,法律适用之时不再援引,刑法修正案生效后基本上失去了独立意义。由此而言,刑法典与刑法修正案之间的关系相对简单。本部分对于刑法典、刑法修正案与单行刑法这三类刑法规范载体的关

系考察，实际上主要针对"单行刑法与刑法典"和"单行刑法与刑法修正案"这两对范畴之间的关系展开分析，也即以单行刑法与另两者之间的关系为核心研究对象。

一、三类刑法规范载体之间的关系考察

如前所述，由于"79刑法"颁行之后，立法机关选择通过单行刑法对刑法典进行修改、补充，但数十部单行刑法的颁行却冲击到刑法典的核心地位，造成了刑法规范体系混乱；在"97刑法"颁行之后，单行刑法的地位逐渐边缘化，刑法典对单行刑法全面吸收。单行刑法这一立法模式似乎已经被我国立法实践所否定，也即表现出以刑法修正案排斥单行刑法的局面。概言之，我国立法实践对待单行刑法的态度由"过分依赖"直接转变为"彻底否定"。不过，这种局面的产生究竟是源于单行刑法这一立法技术本身，还是说我国的立法机关未能准确理解并正确运用单行刑法这一立法技术呢？这里有必要对单行刑法与刑法典及刑法修正案二者的关系定位展开反思，而《骗购外汇决定》这一现行有效的单行刑法则可以成为我们展开反思的例证。

第一，一直以来，单行刑法被认为承载着对刑法典修改与补充的技术性功能，并且兼顾着解释刑法典相关条文的功能。例如，《骗购外汇决定》的前言部分即直接指出，该单行刑法是"为了惩治骗购外汇、逃汇和非法买卖外汇的犯罪行为，维护国家外汇管理秩序，对刑法作如下补充修改"。同时，该决定第2条规定，"买卖伪造、变造的海关签发的报关单、进口证明、外汇管理部门核准件等凭证和单据或者国家机关的其他公文、证件、印章的，依照刑法第二百八十条的规定定罪处罚"，这实际上是对《刑法》第280条在适用上的解释。可以看到，在我国，单行刑法并不是仅仅被定位为规定那些刑法典没有规定或不宜规定的某一种或某一类犯罪的法律规范，在一定程度上表现出对刑法典的依附性以及与刑法典条文之间的交叉性特征。

第二，修改、补充以及解释等技术性需求导致单行刑法与刑法典之间缺乏清晰的界限。正是由于单行刑法承载着修改、补充刑法典以及解释刑法典具体条文等多项技术性功能，除了增设刑法典尚未规定的新罪名时可以与刑法典保持相对清晰的界限之外，其对当前刑法条文作出修改或者是对条文适用作出进一步解释时，单行刑法与刑法典之间往往存在交叉或重叠，有时并不能划分出清晰的界

限。例如，《骗购外汇决定》第 3 条[38] 实际上是对现行刑法第 190 条的修改；第 5 条则是对共犯行为认定标准的具体规定，具有一定的解释性色彩，同时规定的"从重处罚"又属于立法层面上新增的量刑规定。可以看到，《骗购外汇决定》中的上述条文并不能被纳入刑法典成为其组成部分，但却均与刑法典存在多处"交集"，实际上表现为将立法层面与解释层面的多种技术需求杂糅在一起所产生的规范载体形式。

第三，从立法技术上来讲，单行刑法并未被充分地赋予独立意义。从基本逻辑上来讲，事物越是被赋予独立的地位与功能，它与相关范畴之间的关系越明确、界限越清晰。如果说单行刑法没有被清晰地与刑法典区分开来，实际上说明我们在固有思维里仍然没有充分赋予其独立意义，仍然将之视为是一种简单依附于刑法典的规范。由于修改、解释刑法典等技术的运用，导致单行刑法与刑法典之间存在较为密切的关联，也即表现为单行刑法与刑法典中的条文存在交叉或重叠，因此，数十部单行刑法在整体上就产生了一种冲击刑法典权威地位的负面效果。简言之，由于单行刑法没有被充分地赋予独立意义，在实践中难以对刑法典与单行刑法之间作出清晰界分，数十部单行刑法的颁行最终导致刑法典被肢解、架空的困境，这可能是我们最初在运用单行刑法时未能想到的局面。由于上述困境也被认为是大量单行刑法引发了刑法规范体系混乱，学界与立法机关便开始思考运用何种措施来替代单行刑法。

第四，相较于单行刑法而言，刑法修正案被认为具有体系整合的技术优势，成为一种替代单行刑法的优化方案。为了维持刑法典在规范体系中的中心地位，避免单行刑法造成冲击，最终，刑法修正案便成为对刑法典进行补充、修改的唯一方式。从技术特点来看，以修正案模式对刑法典进行补充、修改后，修正案的内容全部被吸收到刑法典中——因完成了使命而消失，司法适用时也直接援引刑法典中的条文，因而不会与刑法典条文之间存在交叉或重叠，不会暴露出刑法典与单行刑法交集过多、界限不清的困境。刑法修正案的上述技术特点正好有助于避免"97 刑法"修订之前曾经出现的刑法规范体系混乱局面，因而取代了以单行刑法对刑法典进行补充、修改之技术方案，由此便形成了刑法修正案与单行刑

---

[38] 该条规定，"将刑法第一百九十条修改为：公司、企业或者其他单位，违反国家规定，擅自将外汇存放境外，或者将境内的外汇非法转移到境外，数额较大的，对单位判处逃汇数额百分之五以上百分之三十以下罚金，并对其直接负责的主管人员和其他直接责任人员处五年以下有期徒刑或者拘役；数额巨大或者有其他严重情节的，对单位判处逃汇数额百分之五以上百分之三十以下罚金，并对其直接负责的主管人员和其他直接责任人员处五年以上有期徒刑"。

法之间的排斥关系。

第五，单一法典化倾向彻底否定了单行刑法独特的功能价值。由于单行刑法并未被真正地赋予独立地位，当其也不能满足补充、修改刑法典的技术性需求之时，单行刑法便被认为不再具有其他功能，最终被彻底地否定了。在"97刑法"之后，立法者对单行刑法的"冷落"显而易见，这种"冷落"不仅仅是由于立法机关对单行刑法曾经引发的规范体系混乱局面有所顾忌，单行刑法"失宠"的原因更在于立法机关并未认识到其所具有的独特的技术优势与功能，因而认为其不在具有利用价值。由于立法机关未赋予单行刑法独立地位，曾经被过多运用的单行刑法又被认为是引发刑法规范体系混乱的主要原因，贴上了负面标签。并且，由刑法修正案完全取代有助于实现刑法立法大一统的目标，这便导致单一刑法典模式下单行刑法被彻底的否定了。

二、结构化分析：依附型结构、排斥型结构与分工型结构

基于上文的梳理，我们可以对刑法典、刑法修正案与单行刑法的关系展开一种结构化概括。具体而言，刑法典、刑法修正案与单行刑法三者之间的关系结构可以被概括分"依附型结构""排斥型结构"以及"分工型结构"，这三种结构实际上反映出刑法典、刑法修正案与单行刑法三者之间不同的关系设置。进一步来讲，这三种结构类型对应着我们在1997年之前的刑法立法实践、当前我国刑法立法的实然状态以及域外的多元化立法。

首先，"依附型结构"是对"97刑法"颁行之前的规范结构形态的概括，上文以《骗购外汇决定》为例证所反馈出来的刑法典与单行刑法之间的交叉或重叠的局面，实际上便是对"依附型结构"的呈现。"依附型结构"表明刑法典与单行刑法虽然是并存的，但单行刑法对于刑法典具有较高的依附性，其自身的独立性不强，主要的技术性功能在于对刑法典进行补充、修改或解释；其中，补充性条文具有相对独立性，而修改性条文或解释性条文则表现出很强的依附性。如果将这种"依附型结构"下的刑法规范载体构造作为一种犯罪的反应系统，也即刑法典之"主系统"与相关单行刑法之"辅助系统"，一旦所涉及的犯罪问题在刑法典与相关单行刑法中均有规定，二者存在交集，缺乏明确界分，当特定的犯罪事实作为信息输入到"依附型结构"的刑法规范系统之时，所面临的问题在于交叉性规范结构会引发系统反应混乱，要么不知道进入

哪一规范系统，要么引发重复反应。

当然，也可能当犯罪事实信息进入到"依附型结构"的刑法规范系统之后，最终选择由单行刑法这一刑法规范子系统作出反馈，所获得的反馈（裁判）结果并没有出现偏差，久而久之，刑法规范系统就会表现出一种功能依赖，也即此类犯罪事实信息不愿意被进入刑法典系统并获得反馈，而往往是基于惯性进入单行刑法这一辅系统之中。可以看到，这种"依附型结构"可能会导致刑法典主导地位受到冲击。正因如此，"97 刑法"颁行之前，由于数十部单行刑法与刑法典之间的交叉、重叠塑造出"依附型结构"；或是极易引发刑法规范系统乱，或是导致主系统被辅助系统所架空。总之，在"依附型结构"之下，刑法规范系统实际运行的效果背离了设计预期，适用上容易出现偏差，不得不寻求调试与优化。

其次，"排斥型结构"所描述的是"97 刑法"颁行之后的刑法立法状况。也即将各种单行刑法中的实体法规范都纳入到刑法典之中，最终塑造出单一化的刑法规范系统；经过系统调整之后，由于在 1998 年出台《骗购外汇决定》这一部单行刑法，影响效果很微弱，对于刑法典的修改、补充都是采取刑法修正案的方式。单一化的刑法规范系统排斥了刑法典之外的其他规范载体形式的存在，因而也就没有必要分为主系统与辅助系统。刑法修正案实际上成为单一法典化规范系统自我优化的方式，也即采取一种"打补丁"的方式，并不涉及外部的刑法规范系统。在这种情况下，犯罪事实信息的系统输入与法律适用结果的输出过程，自然是非常清晰和明确的，不会出现刑法规范之间的交叉或重叠，这是单一系统的优势或者说"排斥型结构"的特点。

"排斥型结构"的优势在于单一化规范系统的系统反应过程直观、清晰、明了，不会因规范混乱而出现偏差，但劣势在于系统功能弱化，暴露出功能局限。进而言之，由于刑事反应系统不仅仅承载着定罪量刑的功能——强调适用上的明确性而避免规范体系混乱，还包括了犯罪预防等刑事政策上的功能需求，也即针对特定犯罪形成一种有组织的犯罪反应系统。刑事政策上的功能需求本来可由单行刑法这一辅助系统来承担，但现在只能部分依赖于相关政策文件或司法解释。但由于带有刑事政策导向性的规范文件与司法解释，其效力与明确性都达不到法律的层次，在犯罪的一般预防以及实践中的执行效果都不理想。所以，"排斥型结构"与单一刑法典的反应系统更为凸显出规范适用协调性功能，但从犯罪治理层面来讲具有自身的功能局限。

最后，"分工型结构"意味着需要对不同刑法规范载体形式的技术特征与功能目标作出明确的定位，由此来确立相对明确的分工。"分工"实际上既强调刑法典与单行刑法并存，同时也充分肯定单行刑法即具有的相对独立的地位，这是域外在运用单行刑法、刑法典以及刑法修正案等不同立法技术时所采取的一种基本模式，进而言之，"分工型结构"先是从实质层面对刑法典与单行刑法这两类规范载体形式所规定的内容或者说立法领域上进行相对明确的划分，单行刑法所规定的是刑法典中未规定的犯罪类型，而并非是对刑法典已有条文的修改或解释，由此形成了主系统（刑法典）与辅助系统（各类单行刑法）的分工；二者被清晰地界分开来，避免两类规范载体之间在规制对象上出现交叉、重叠。同时，从立法技术层面来讲，单行刑法与刑法修正案之间也会形成一种技术分工，刑法修正案作为一种修改法律的规范性文件，既可以修改刑法典，也可以修改单行刑法，并且可以对刑法典、单行刑法甚至是其他部门法进行一种联动性修改，而单行刑法本身是一种法律规范，不具有修改其他法律的技术功能。由此而言，从立法技术层面可以对单行刑法与刑法修正案进行二次分工，将两类不同的立法技术区分开来。并且，刑法修正案作为一种刑法修改性文件，实质性层面的独立意义并不强，因为其在出台之后就被纳入到被修改对象（某种刑法规范载体）中，呈现出阶段性、临时性特征，但其所有具有的技术性特征可以有助于我们进一步丰富"分工型结构"的系统特征与运行效果。在法律适用上具有实质意义的刑法典与各类单行刑法，应当属于一种常规性刑法规范系统；而刑法修正案作为一种刑法修改的规范文件，实际上属于一种暂时性规范系统。也即基于技术性层面的二次区分，可以将刑法规范系统进一步划分为"常规系统"与"临时系统"。

进而言之，当违法犯罪事实信息被输入到具有"分工型结构"特征的刑法规范系统之后，如果可以被现有的常规性刑法规范系统作评价，便会被刑法规范系统进一步筛选，进而确定这种信息究竟是进入到刑法典规范系统还是某一单行刑法规范系统，最初输出一种评价结果。如果不法事实信息被输入到具有分工式结构特征的刑法规范系统无法被评价，实际上需要进入到立法评估系统进行筛选，最终需要评价这种信息是否具有凝练为立法事实信息并转码为规范条文的必要性；当存在此类的必要性时，则需要被纳入到以刑法修改性文件为基础的"暂时系统"，最终再被吸纳到"常规系统"之中，使得刑法规范系统进一步优化。

当然，也应当看到，"分工型结构"下刑法典与单行刑法之间也不可避免地存在着一些"弱关联"，比如单行刑法的适用需要受到刑法典总则规定的指引；又如某一单行刑法的条文可能会援引刑法中的某一罪名或条文（如日本的《反有组织犯罪法》中涉及日本刑法典中的罪名）；再如，单行刑法的制定也可以触发刑法典的修改——吸纳刑法典中的条文。但这种"弱关联"并不是常态，"分工型结构"仍然会清晰地呈现出来并得以维持。

第四节 刑法与非刑事法规范的关系结构阐释

在法定犯时代已经到来之际，我国的刑法修改完善多是集中在市场经济领域或妨害社会管理秩序领域的罪名；[39]在各种非刑事部门立法日渐细化的局面下，单一法典化的刑法立法不可避免地要去回应与各种非刑事部门法之间的规范"衔接"挑战。当然，在刑法立法大一统局面下，这种规范衔接意愿在实践呈现出特有的构造。一方面，刑法典中经济犯罪、行政犯罪所涉及的"空白罪状"所指向的前置法规定并不明确；另一方面，各种非刑事法律规范中往往也只是规定了"构成犯罪的，依法追究刑事责任"，未能与刑法典中的具体罪名有效关联。上述立法格局是否能够确保刑法与非刑事部门立法之间真正地实现规范衔接，仍然有待检验。因此，有必要基于一种结构化思维对刑法与非刑事法规范之间的关系考察，并对不同结构类型展开对比分析。

一、刑法与非刑事法规范之间的关系考察

一段时间以来，立法机关一直将实现刑法与其他部门法之间的规范衔接作为衡量立法效果的标尺。但从立法实践来看，并不能简单地认为，某一部门法中设置了"构成犯罪的，依法追究刑事责任"条款，而刑法也选择将该部门法所涉及的某种违法行为在立法上予以犯罪化，就真正实现了规范之间的"衔接"效果。从立法技术层面来讲，只有科学地建构规范衔接的立法实践模式，才能为规范衔接的立法愿景创造必要条件。在刑法立法实践过程中，我们虽然积极追求规范衔接效果，但由于刑法与其他部门法在立法实践中完全脱节，呈现出"分割式"立法模式；刑法与其他非刑事部门法之间仅仅是"机械对接"，难以保证真正意义上的"衔接"效果。

首先，从立法参与主体层面来看，虽然规范衔接属于刑法与其他部门法之间的"交叉"领域，但立法参与主体却未能体现出"交叉"特征。在刑法修正过

---

[39] 储槐植：《要正视法定犯时代的到来》，《检察日报》2007年6月1日，第003版。

程中，全国人民代表大会常务委员会法制工作委员会（以下简称"全国人大常委会法工委"）刑法室是推动刑法修正案的"草案制定""征求意见"与"审议"的主导部门。而在多数非刑事部门法的制定、修改过程中，往往涉及作为牵头机关的国务院某部委和立法草案审议过程中全国人大常委会法工委某处室，前者推动"草案制定"与"征求意见"，后者推进"立法审议"工作。值得注意的是，刑法修正案的起草与审议过程中，即使出现了刑法与其他部门法之间的规范衔接"需求"，作为对该部门法涉及领域极具"发言权"的国务院某部委与全国人大常委会法工委某处室均未能实质地参与到刑法修正过程中，将规范衔接的立法任务完全交给刑法立法，呈现出立法参与主体"脱节"现象。[40]

其次，从立法时间顺序层面来看，刑法修正与其他部门法的制定或修改几乎都不是同步的，甚至可能出现刑法立法冲在前面的"倒置"现象。当前，我国刑法修正所采取的是集中立法模式，也即将数个刑法立法问题积攒到一起，进行统一讨论、集中立法。换言之，除了个别的刑法修正案之外——如《刑法修正案（十）》，立法机关通常要对刑法中的数个甚至数十个条文进行修改补充。这种"积攒式"立法模式自然有控制修法频率、保持刑法稳定性的考虑，但是，将数个不同领域的刑法立法问题积攒到一起纳入同一刑法修正案，必然导致刑法与相关领域部门法之间在立法时间上的错位；在"积攒式"修法模式下，刑法与其他部门法的立法过程无法同步开展。[41]

最后，从立法理由说明层面来看，无论是刑法立法还是其他部门立法，双方均未能对规范衔接指向的对象问题以及实现犯罪化所要保护的法益作出充分说明。一方面，刑法修正案颁布之时，立法机关并不会对"空白罪状"涉及的关联性条文或前置法的具体内容作出说明，而往往只是强调立法是为了实现规范衔接；另一方面，其他部门法立法过程中也未能对有待刑法犯罪化的对象问题提前加以说明，是否有规范衔接的必要性只能任由刑法立法去"猜测"。简言之，由于立法过程中缺乏必要的立法理由说明，对于为什么要规范衔接以及刑法与哪一条文相衔接都没法做出清楚回答，规范衔接所涉及的内容最终演变成为一个"模糊地带"，只能交由司法机关在实践中去逐步摸索。

---

[40] 姜瀛：《刑法修正中的规范衔接意愿与"机械对接"困局——"前附属刑法时代"协同立法方案之提倡》，《政治与法律》2022年第2期，第115页。

[41] 姜瀛：《刑法修正中的规范衔接意愿与"机械对接"困局——"前附属刑法时代"协同立法方案之提倡》，《政治与法律》2022年第2期，第116页。

此外，从域外独立型附属刑法的条文设置来看，多数刑事罚则所采取的条文表述方式为"违反本法第XX条的规定＋违法行为（及结果）类型＋法定刑"或"违反本法第XX条的规定＋法定刑"。例如，日本《不正当竞争防止法》第2条之一规定，"本法所称'不正当竞争'是指下列行为"，其中列举的第（一）项违法行为即，"将他人广为需求者所知的、对商品等的表示（指有关他人业务上的姓名、商号、商标、徽章，商品的容器或包装及其他对商品和经营的表示，以下同），在相同或者类似商品等的表示使用，或者将使用这种商品等表示的商品予以转让、交付，或者为转让、交付目的而展览，出口或进口，或通过电信方予以式提供，使之与他人的商品或营业产生混淆的行为"。与该项规定相照应，日本《不正当竞争防止法》第21条之二规定，"符合以下任一规定的人，处五年以下有期徒刑或五百万日元以下的罚款，或者并科"，其中第（一）项规定为，"以不正当的目的，实施本法第2条之一第（一）项或第（二十）项所规定的不正当竞争行为的人"。可见，在独立型附属刑法模式下，行政违法性依据将在条文中被直接明确，不会再出现"违反国家规定"笼统表述，规范的可适用程度明显提高，找法难度也随之降低。

比较而言，由于十一部刑法修正案使得刑法典中补充了大量的行政犯，而这种补充过程与相应的其他部门法的修改之间并不是同步的，因此，现有的"齐整"的刑法规范体系却面临着刑法与其他部门法之间的"衔接"困境。应当看到，在现有"分割式"立法局面下，我国刑法立法中所谓的"规范衔接"实际上只是一种由刑法立法单方推进的、机械化的"条文对接"。如果我们无法确立起一种可供立法实践操作的规范衔接模式，这种立法上的"机械对接"不仅无法实现"衔接"的效果。

直观来看，在刑法立法大一统模式下，刑法与其他非刑事部门法之间"分割式"立法存在结构性问题。刑事立法单轨制不可避免地使刑法规范与其依托的相关法律形成毛与皮相分离的现象，极有可能会出现与相关法律、行政法规之间内容上的不协调、处罚上的不衔接等问题。[42] 易言之，只采用刑法典、放弃附属刑法，人为割裂了刑法与其他法律之间的联系，容易造成刑法典规范与其他法律规范不衔接的问题。[43] 总体而言，虽然我们在刑法修正过程中表达出寻求规范衔接的积极意愿，但从立法实践情况来看，刑法与其他部门法在立法参与主体、立

---

[42] 储槐植、薛美琴：《对网络时代刑事立法的思考》，《人民检察》2018年第9期，第10页。
[43] 童德华：《当代中国刑法法典化批判》，《法学评论》2017年第4期，第76页。

法时间顺位以及立法理由说明等方面均未科学协同。在现有"分割式"立法局面下，我国刑法立法中所谓的"规范衔接"实际上只是一种由刑法立法单方推进的、机械化的"条文对接"。与此同时，在"分割式"立法局面下，"机械对接"的表象之中必然会引发结构性问题，最终在刑事司法实践中暴露出诸多弊端。

二、结构化分析：脱节型结构、纽带型结构与独立型结构

基于上文对我国刑法立法实践的梳理以及对日本等国家独立型附属刑法立法构造之考察，我们可以对刑法与非刑事部门法之间的关系展开一种结构化阐释。直观来看，刑法与非刑事部门法之间的关系结构，主要反映的是经济犯罪或行政犯认定中的刑事规范系统反应问题，可以被概括为"脱节型结构""纽带型结构"与"独立型结构"，这三种结构实际上反映出我国在不同历史时期以及域外的立法选择。进而言之，"脱节型结构"对应着我们当前实然状态，"纽带型结构"表征的是"79刑法"之后曾经出现的"类推立法"现象，而"独立型结构"所反映的是域外多元化立法模式下的独立型附属刑法。

首先，在刑法立法大一统模式下，确保刑法与非刑事部门法之间的规范衔接是处理好行政犯法律适用问题的基本前提。在单一法典化结构下，针对刑法典中的行政犯而言，刑事规范系统实际上需要将犯罪事实信息先后纳入到两个具有递进关系的系统中，呈现出一种二元化、递进式系统构造，也即行政犯事实信息先是进入到作为前置法的非刑事法律规范之中输出一般违法性结果，此后才能进入到刑法典规范系统作出刑事违法性结果判断。在前置法规范系统与刑法典规范系统之间，需要确立特定的关联，才能有效衔接两个不同的系统。然而，由于在当前的立法实践中，规范衔接意愿仅仅表现为刑法与其他非刑事部门法之间在形式上相互照应，实质上未能明确两类法律规范中具体的关联性规定，刑法中的空白罪状并不能明确指向前置法中所要原因的条文。由于刑法与其他部门法在立法参与主体、立法时间顺位以及立法理由说明等方面均未科学协同，在我国当前立法中，刑法与非刑事法律规范中在立法过程与规范关联上呈现出一种"脱节型结构"。

进而言之，非刑事部门法规范与刑法典规范组成的二元化递进结构系统之间须存在特定的"连接点"，由此来确立某一非刑事部门法规范中的具体条文与刑法典中具体罪名之间的明确关联。但我国当前行政犯被置于一种"脱节型结构"之中，实践中暴露出"连接点"空白，也即非刑事部门法中仅模糊地规定"构成

犯罪的，依法追究其刑事责任"，刑法中的"空白罪状"同样未能明确地指向具体的前置法及具体条文，双方均呈现一种不负责任的态度。简言之，两个规范系统在关联结构上是脱节的。在二元化、递进式刑事规范系统构造中，如果说对于不同规范系统之间的"规范连接点"或关联逻辑缺乏准确的描述，对将前置法系统的输出结果再输入到刑法系统的过程缺乏必要指引——也即未能充分表明两个规范系统之间是如何关联的，在规范衔接的实践中就很容易出现问题。一方面，可能存在的问题是，当行政犯事实信息进入非刑事部门法规范系统后——一种刑事反应的前置系统后，即便可以根据该部门法规范系统作出违法性结果输出，但由于没有明确的"连接点"来指示其进入刑法典规范系统的具体路径，前置系统的输出结果可能盲目地进入刑法典规范系统或者是被决绝进入。另一方面，还可能存在一类问题，也即由于不能确定所要援引的前置法规范，刑法规范系统取代了前置法规范系统将二元化、递进式系统构造被收缩为一元结构，行政犯事实信息被错误地直接输入到刑事规范系统进行评价，而忽视了前置法的一般违法性判断，由此便可能导致系统输出结果的偏差。

事实上，针对刑法规范系统确立的结构化分析思维，其运行的基本前提是刑法中要贯彻执行罪刑法定原则，评价系统运行的标准仍然在于运行规则的明确性和输出结果的可预期性。简言之，刑法规范系统在输入犯罪事实信息后，输出结果在理论上应当是可以被预期的。但在当前单一法典化局面下，针对行政犯所形成的二元化、递进式刑法规范系统构造，由于刑法系统与前置法规范系统之间缺乏准确的"规范连接点"或关联逻辑，便会呈现出"脱节型结构"，刑事规范系统运用过程与反馈效果（功能）便可能会出现障碍或偏差。具体而言，处理行政犯涉及"空白罪状"适用或者说前置法援引这一重要关联性环节，由于立法上结构设计不严密，对规范衔接缺乏有效指引，关联或衔接环节的把握实际上就具有随意性和不确定性，或者说由实际操作人员来决策的——当然这并不是否定法律解释的必要性，而并非是一种相对客观的、可以被预期的结构。这种脱节型结构要么导致系统输出的结果过于泛化，边界不明确；要么是限制系统了功能，难以输出结果。简言之，呈现"脱节型结构"特征的规范系统，在信息输入后无法得出一种准确的输出结果，这显然不是我们想看到的局面。

其次，前文在梳理我国刑法立法演进过程时曾指出，在"79刑法"施行之后，我国虽然没有出现过实质意义上独立型的附属刑法，但一些非刑事部门法的立法实践中出现过"类推立法"的现象。如前文所列举的1984年颁布的《专利法》第 63 条规定:"假冒他人专利的,依照本法第六十条的规定处理;情节严重的,对直接责任人员比照刑法第一百二十七条的规定追究刑事责任"。可以看到,"类推立法"的特点在于将某一不法类型比照刑法中某一罪名(假冒注册商标罪)的规定进行定罪量刑,非刑事部门法中规定了某一不法类型的构成要件,但并不直接规定法定刑。相比当前非刑事部门法中仅模糊地规定"构成犯罪的,依法追究其刑事责任"而言,"类推立法"虽未能在非刑事部门法中同时规定独立的罪状与法定刑,但其较为明确地表明了本法中某一违法行为应参考刑法所规定的罪名来追究刑事责任,由此形成了一种非刑事部门法与刑法之间的直接关联。可以说,"类推立法"条文本身成为犯罪认定中的纽带,起到了"规范连接点"的作用。并且,因为"类推立法"条文有明确指向,可以成为二元化、递进式系统构造中一般违法性信息输出与刑事系统中信息再输入的桥梁,在一定程度上避免了非刑事法律规范系统与刑法典规范系统之间完全脱节,有助于确保不同规范系统之间的衔接。由此而言,"类推立法"有利于形成一种"纽带型结构"。

当然,也应当承认,"类推立法"乃是通过非刑事法律规范中的条文将某种不法行为认定为刑法中的同类行为,确立在两种不同类型行为之间可以类推适用的效力,但这显然不符合罪刑法定原则的基本要求。不过,相较于当前我国刑法与非刑事部门法之间所呈现"脱节型结构"而言,"类推立法"所表现出的以某一个条文作为"纽带"并且明确地将非刑事部门法指向刑法典中具体条文的做法,在立法技术上具有积极意义。相比而言,当前的"脱节型结构"实际上是依托于刑法条文中的"空白罪状"来实现与非刑事部门法之间的"弱关联",但这种较为模糊指引并不具有类推立法所呈现出的"纽带型结构"效果。当然,呈现出"纽带型结构"特征的类推立法,其技术劣势在于"类推"效果,冲击到刑事法治;但其优势则在于条文指向性,可以在不同规范系统之间确立明确的关联,实现规范衔接的预期。因此,相较于当前的"空白罪状"及其所表征的"脱节型结构"而言,"类推立法"表现出明确性层面的技术优势。

即便当前立法中尚不能引入独立型附属刑法,至少我们的立法实践也不能呈现出一种"脱节型结构"。由此而言,"类推立法"的借鉴意义便在于,在相关的非刑事部门法中确立一个纽带式条款,使得刑法中的"空白罪状"所指向的前置法条文以及违法类型可以被明确,这可以成为立法上的过渡性方案。并且,这种"纽带型结构",不仅需要在条文上予以体现,更需要在立法、修法过程中基于协同立法方式予以确立。易言之,"纽带型结构"实际上还需要在立法、修法过程中确保刑法与作为前置法的非刑事部门法之间同步推进,如此才能明确前置法中的具体条文是刑法典所要针对的不法类型,确保刑法适用中可以较为准确地援引前置法规范。

最后,"独立型结构"实际上是对域外独立型附属刑法的描述。如前文在比较研究部分所指出,独立型附属刑法实际上就是将经济犯罪、行政犯等犯罪类型直接规定在非刑事部门法之中,各种非刑事部门法中具有实质性罪刑规定的附属刑法规范成为一类独立的刑法规范系统,由此,刑法典规范系统与置于非刑事部门法中的附属刑法规范系统之间的界限被清晰的划分出来,两类系统之间的分工极为明确,并且几乎不需求寻求特定的关联;这与我国当前刑法立法大一统模式下刑法典与非刑事部门法之间必须寻求特定规范关联的二元化、递进式系统构造存在显著的区别。易言之,在"独立型结构"之下,刑法立法与司法实践过程中所要考虑的规范衔接"负担"便不复存在了。

进而言之,"独立型结构"意味着当特定犯罪事实信息输入到刑法规范系统之后,系统首先进行一个基本的信息筛查,针对犯罪事实信息区分出自然犯与行政犯,或者说基于刑法典规范系统与附属刑法规范系统作出一种类型化判断,进而确认此类信息进入到哪一规范系统之中。如果是属于行政犯等犯罪类型的事实信息,自然会直接进入到相应的附属刑法规范系统之中,而不再需要刑法典和前置法之间的再次展开一种二元化、递进式的规范适用。当然,如果说在法律适用过程中,涉及刑法总则的规定,比如共同犯罪或者犯罪停止形态等,在经济犯罪、行政犯等犯罪类型的事实信息进入特定附属刑法系统之后,可能还要同时展开刑法总则规定的评价,但这实际上与适用刑法典中分则条文时所面临的法律适用问题是一样的,并不需要进行系统之间的关联或规范之间的衔接。由此而言,"独立型结构"是一种明确相区分的结构,几乎不存在规范衔接的负担,系统所反映的结果具有明确性与可预期性,运行上也更为流畅。

第五节 刑法与抽象性司法解释的关系结构阐释

在我国的刑事法治实践中,最高人民法院与最高人民检察院(以下简称"两高")始终以发布抽象性司法解释(也称"有权解释")的方式来进行刑事规范输出,可以说,抽象性司法解释是我国所特有的刑事规范输出形态。从理论上来讲,司法解释是对法律适用过程中出现的各种具体问题所进行的解释,依托于其所解释的法律规范本身，本不应具有创制性。但从当前"两高"发布司法解释的实际情况来看，司法解释"造法"却成为一种客观现象，这种"造法"局面不仅仅扩张了刑法条文中某一构成要件的内涵，背离司法解释的基本定位，更为关键的是，以司法解释名义所进行的规范输出与刑法修正之间出现了交叉重叠，造成了一种复杂的规范体系。有必要从刑法立法层面对这一现象进行考察，并对其中的问题展开一种结构化阐释。

一、刑法与抽象性司法解释的关系考察

长期以来，我国刑法规范输出呈现出"刑法立法"与"抽象性司法解释"（或称为"有权解释"）并行的二元结构。在刑法立法之外，最高司法机关发布的抽象性司法解释也具有"准立法"属性，形成了一种"副法"体系。[44] "抽象性司法解释"与"刑法立法"二者各司其职，通过不同的机制和法技术对我国刑法规范进行微观调整和整体完善，共同维系着我国目前刑法大一统的立法格局。

在社会转型期，我国确实存在着一些游离于犯罪圈之外、却又表现出社会危害性的行为，仍然存在着犯罪化以及刑法规范输出的需求。可以说，社会发展进程中出现的新型危害行为往往会带来刑法规范输出的现实诉求。当然，刑法规范输出过程中存在着规范载体选择的问题：究竟是刑法立法，还是抽象性司法解释，规范载体的选择成为引发规范重叠困境的关键因素。

就犯罪化问题而言，刑法立法更具有正当性，但受限于我国固有的刑法立法观念与刑法大一统立法模式，刑法立法规范输出效率相对较低；抽象性司法解释显然更为快速高效，但司法上的犯罪化存在违背罪刑法定原则或类推解释的风险。就现实情况而言，在面对犯罪化以及刑法规范输出的现实需求之际，我国的"首选"通常不是刑事立法，而是快速出台抽象性司法解释及《指导意见》等具有解释性的规范性文件（后文一并概括为"司法解释"），[45] 所"倚仗"的罪名往往是以危险方法危害公共安全罪、非法经营罪以及寻衅滋事罪等"口袋

---

[44] 林维：《刑法解释的权力分析》，中国人民公安大学出版社 2006 年版，第 441 页。

[45] 根据 2021 年 6 月 8 日最高人民法院修正后的《最高人民法院关于司法解释工作的规定》（2021 年 6 月 16 日起施行）第 6 条规定，"司法解释的形式分为'解释''规定''规则''批复'和'决定'五种。如《指导意见》等规范性文件不属于刑事意义上的司法解释范畴。但考虑到《指导意见》等规范性文件也被实务部门严格遵循，在实质意义上具有司法解释的性质，学界也通常将《指导意见》等规范性法律文件作为司法解释来理解，故本文所称司法解释包括了《指导意见》等规范性文件。参见张明楷：《〈刑法修正案（十一）〉对司法解释的否认及其问题解决》，《法学》2021 年第 2 期，第 4 页。

罪",此类罪名的罪状较为模糊且法定刑配置相对较高,极易产生一种"司法解释先行造法"的"立法化"效果,存在突破刑事法治边界的风险。但先由司法解释以某一罪名（多数情况下是"口袋罪"）将表现出社会危害性的行为予以犯罪化,往往无法经得起理论推敲与法治检验,因此经过一段时间后,立法机关又不得不修改刑法增设新罪,将某一不法行为在立法上再次予以犯罪化。易言之,当将表现出社会危害性的行为予以犯罪化在实质上具有正当性之际,由于在犯罪化的规范载体选择上出现形式上的偏差——首选是抽象性司法解释而并非刑法立法,后来又不得不对这种形式选择偏差予以补救,最终引发了规范重叠局面。

  司法解释与刑法修正之间的规范重叠,是我国的特有法律现象,充分体现出我国刑法规范结构的复杂性,这一现象在《刑法修正案（十一）》生效后尤为明显,司法解释与刑法修正之间的规范重叠以及由此引发的法律适用困境也充分地暴露出来。应当看到,《刑法修正案（十一）》的特征之一是增设了一定数量的轻罪,[46] 如《刑法》第133条之二"妨害安全驾驶罪"、第291条之二"高空抛物罪",等等,进一步扩大了犯罪圈。值得注意的是,在《刑法修正案（十一）》通过之前,最高司法机关曾专门发布《关于依法惩治妨害公共交通工具安全驾驶违法犯罪行为的指导意见》（2019年1月8日施行,以下简称《妨害安全驾驶意见》）与《关于依法妥善审理高空抛物、坠物案件的意见》（2019年10月21日施行,以下简称《高空抛物意见》）等司法解释,对"妨害安全驾驶""高空抛物"等危及公共安全的不法行为予以规制,《刑法》第115条"以危险方法危害公共安全罪"则成为司法解释所确立的适用罪名。[47] 除之外,《关于办理利用信息网络实施诽谤等刑事案件适用法律若干问题的解释》（2013年9月20日施行,以下简称《网络诽谤解释》）与"侵害英雄烈士名誉、荣誉罪"之间、《关于办理黑恶势力犯罪案件若干问题的指导意见》（法发〔2018〕1号）针对非法讨债行为所确立的"寻衅滋事罪"与《刑法修正案（十一）》所增设的《刑法》第293条之一"催收非法债务罪"、《关于审理走私、非法经营、非法使用兴奋剂刑事

---

[46] 参见周光权:《刑事立法进展与司法展望——〈刑法修正案（十一）〉总置评》,《法学》2021年第1期,第18页。
[47] 《高空抛物意见》第二部分第5点指出,"故意从高空抛弃物品,尚未造成严重后果,但足以危害公共安全的,依照刑法第一百一十四条规定的以危险方法危害公共安全罪定罪处罚;致人重伤、死亡或者使公私财产遭受重大损失的,依照刑法第一百一十五条第一款的规定处罚。为伤害、杀害特定人员实施上述行为的,依照故意伤害罪、故意杀人罪定罪处罚。"

案件适用法律若干问题的解释》（法释〔2019〕16号）与《刑法修正案（十一）》所增设的《刑法》第355条之一"妨害兴奋剂管理罪"之间也存在着不同程度的规范重叠问题。整体来看，司法解释所"首选"的罪名往往是以危险方法危害公共安全罪、非法经营罪以及寻衅滋事罪等"口袋罪"，此类罪名的罪状较为模糊且法定刑配置相对较高，而刑法修正所增设的罪名在罪状表述上更加明确具体且法定刑较为轻缓，罪刑差异较为明显。

针对以刑法修正案对"问题性"司法解释作出后续补救后涉及的法律适用问题，最高人民法院、最高人民检察院、公安部与司法部曾于2021年5月专门发布了《关于适用〈中华人民共和国刑法修正案（十一）〉有关问题的通知》（法发〔2021〕16号，2021年5月20日起施行，以下简称《通知》），其中第一点指出，"《刑法修正案（十一）》生效后，下列司法解释、规范性文件中，与《刑法修正案（十一）》不一致的内容，不再适用；与《刑法修正案（十一）》不相冲突的内容，在新的司法解释颁行前，继续有效"；第二点第一款指出，"2021年2月28日以前发生的行为，2021年3月1日以后尚未处理或者正在处理的，依照《中华人民共和国刑法》第十二条和相关司法解释办理"。可以看到，两高两部联合发布的《通知》表明了官方立场，也即对于先发布的相关司法解释与后出台的《刑法修正案（十一）》之间针对同一对象所做出的"不一致"规定，应基于《刑法》第12条关于刑法溯及力的规定，[48]采取"从旧兼从轻原则"来处理（以下简称"从旧兼从轻说"）。简言之，《通知》表明，即使涉及"在前的司法解释"与"后续的刑法修正案"这两类不同性质规范之间的法律适用问题，仍可以按照刑法溯及力一般原理予以解决。

与此同时，有学者提出"《刑法修正案（十一）》对司法解释予以否认"之不同看法。也即，司法解释本身存在违背罪刑法定或者说属于类推解释等问题，应当予以否定，而刑法修正恰恰是对存在问题的司法解释之否定。具体来看，该说认为，"与《刑法修正案（十一）》相抵触的司法解释，所规定的以犯罪论处的行为原本不成立犯罪，因而可以认为司法解释违反了罪刑法定原则；或者说，被刑事立法变更规定的司法解释，存在类推解释的现象，应当在《刑法修正案

---

[48] 新法生效后，可否适用于生效前未经审判或判决尚未确定的行为，由此引申出刑法溯及力的问题；如果可以适用，则新法具有溯及力，反之则没有溯及力。对此，我国《刑法》第12条规定，"中华人民共和国成立以后本法施行以前的行为，如果当时的法律不认为是犯罪的，适用当时的法律；如果当时的法律认为是犯罪的，依照本法总则第四章第八节的规定应当追诉的，按照当时的法律追究刑事责任，但是如果本法不认为是犯罪或者处刑较轻的，适用本法"。

（十一）》颁布后（而非施行后）自然失效，不应当再适用司法解释"；而且，"如果要贯彻公平原则，妥当的做法是通过审判监督程序将《刑法修正案（十一）》之前认定为以危险方法危害公共安全罪的高空抛物行为均改判为无罪"。[49] 可见，依据该说，刑法修正后的新条文对司法解释具有溯及最初的否定效果，司法解释自始无效，也即产生一种彻底的否定效果。

比较而言，《通知》所规定的基于《刑法》第 12 条适用从旧兼从轻原则的司法要求表达出一种相对否定的立场，也即认可司法解释在《刑法修正案（十一）》生效之前阶段的法律效力，对于《刑法修正案（十一）》生效前已经依据《高空抛物意见》针对高空抛物行为所做出的裁判，仍予以肯定。"彻底否定说"则认为《刑法修正案（十一）》是对问题性司法解释的全面否定，这种否定效力延伸到《刑法修正案（十一）》生效之前，表明了问题性司法解释是自始无效的。可以看到，《通知》与"彻底否定说"的主要分歧在于，第一，对于《刑法修正案（十一）》施行前发生的、但尚未作出裁判的危害行为，《刑法修正案（十一）》可否溯及既往；第二，对于《刑法修正案（十一）》施行前已经依据司法解释进行裁判的案例，是否认可其法律效力。

应当看到，无论是作为官方意见的《通知》所采取的"从旧兼从轻论"，还是作为学界代表观点的"彻底否定论"，均是从法律适用层面对以刑法修正案对"问题性"司法解释作出后续补救的现象提出各自看法，二者也均是立足于实然维度对"司法解释先行造法与刑法立法后续补救"的局面给出解释论上的操作方案。但仔细甄别，我们可以发现，《通知》所采取的"从旧兼从轻论"与学者所主张的"彻底否定说"，在法律适用问题上仍然存在着某种理论误区或认知局限，更为重要的是，上述两类观点均是立足于当前，而没有着眼于未来。进而言之，"司法解释造法在先与刑法立法后续补救"这一刑法规范输出模式，将来是否会延续下去，是否会成为我们对待新型危害行为的路径选择？反之，这一模式是否足够完美——存在隐患，为何不能再"司法解释造法"之际及时寻求刑法立法上的规范输出？

从理论上来讲，《刑法修正案（十一）》并非直接对司法解释进行修改，也即并不存在一个被《刑法修正案（十一）》这一"新法"直接替代的"旧法"，刑法立法对"问题性"司法解释的补救并不符合刑法溯及力的逻辑构造。理论上来

---

[49]　张明楷：《〈刑法修正案（十一）〉对司法解释的否认及其问题解决》，《法学》2021 年第 2 期，第 17 页。

讲，刑法修正案虽然表达出对司法解释的否定意愿，但并不能直接产生否定性的法律效果；因而只能希望于最高司法机关对相关司法解释作出自我否定，但必然会造成同案不同罪的裁判不公。本质上来讲，司法解释与刑法修正案的重复性规范输出，不仅暴露出司法解释的随意性及其对刑事法治的冲击，更反映出我国当前以刑法修正案为核心的修法方式困境。

事实上，对于某些刑法没有明文规定的行为，司法解释往往先行入罪，此后才有立法的跟进，由此形成了一个悖论：如果司法解释是正确的，那就没有必要此后的立法。反之，此后的立法恰好说明此前的司法解释是越权的。[50] 其实，对于"问题性"司法解释作出"否定"的目标本身并没有不妥之处，问题在于"否定"的方式方法；简言之，这种"否定"无法通过在司法解释生效之后再通过刑法修正（针对同一不法行为）增设新罪名的方式来实现。事实上，规范的重复性输出与规范数量的增长并不代表刑法规范质量的提升与犯罪治理效果的优化；抽象性司法解释与刑法修正案的频繁出台造成了不同刑法规范之间的重叠甚至是冲突，为司法实践带来不必要的混乱。

二、结构化分析：主副型结构与竞争型结构

如前所述，虽然抽象性司法解释在我国法治实践中始终扮演着重要角色，但从最初定位来看，司法解释是以作为一种辅助性规范被运用到刑法适用环节中的——也即一种"副法"体系，用于释明一些尚未明确的术语，或者是明确数额、情节等罪量要素在司法实践中的具体标准。易言之，司法解释的最初定位必然是被置于刑法之下、处于边缘、次要或辅助地位的规范文件类型，不可能成为一种与刑法具有平行关系甚至冲击到刑法规范完整性、引发体系混乱的规范文件类型。

如果说司法解释作为我国所特有的、辅助性规范体系而存在——即相比于域外法治实践而言仍具有其特殊性，总体而言，刑法与抽象性司法解释实际上是一个主规范与副规范的基本关系，也即二者最初的关系定位应当是呈现出一种"主副型结构"，刑法是主干，而抽象司法解释只是辅助或末端。通常情况下，某一类犯罪事实信息直接输入作为主系统而存在的刑法规范，抽象性司法解释作为一

---

[50] 陈兴良：《回顾36年的刑法学术生涯，我有三点感慨》，https://www.thepaper.cn/newsDetail_forward_13539089。最后访问时间2021年7月19日。

种副规范系统,往往所针对的犯罪事实信息在危害结果层面评价时所面临着数额或情节等要素,也即在定罪量刑时需要参考一下司法解释的规定。并且,即便"两高"所颁布抽象性司法解释逐渐表现出"司法解释造法"的倾向,冲击到立法权限设置与罪刑法定原则;但抽象性司法解释是作为一种副法规范系统,是在主规范系统末端作为子系统而存在,并不应表现出冲击到刑法规范体系完整性的问题。简言之,从功能上来讲,抽象性司法解释规范系统所要填补的是罪量要素上的不明确性,这一最初的功能定位是被明确限定的,也即处在刑法规范系统之外、位于末端发挥着作用,本不应对刑法规范体系带来负面影响。

然而,这种预期中的刑法与抽象性司法解释所形成的"主副型结构"在近几年来出现了新的变化。如前所述,针对"司法解释造法"的法治难题,以《刑法修正案(十一)》为代表的刑法立法表现出来一种"纠偏"倾向,也即刑法立法针对有抽象性司法解释所确立的不法类型再次进行立法回应——如对高空抛物等行为增设高空抛物罪,新设罪名的法定刑比司法解释所确立的罪名(多为"口袋罪")明显轻微,构成要件更为明确,但却没有直接产生否定司法解释效力的效果,由此便形成了刑法立法与抽象性司法解释之间的规范重叠局面。即便两高专门发布《通知》主张当其颁行的司法解释与刑法立法存在冲突时,不再具有法律效力,但这种立法现象的出现实际上表明我国抽象性司法解释与刑法之间的关系结构发生了变化,也即在"主副型结构"之外出现了一种"竞争型结构"。进而言之,部分抽象性司法解释与刑法之间并不是一个明确的"主副"关系,针对某些刑法并没有明文规定但却表现出较大社会危害性的行为,抽象性司法解释与刑法立法之间可能均希望对其作出回应,寻求积极的规范输出。但由于司法解释的快速、高效性,往往处于优势位置,但其劣势显而易见,也即冲击罪刑法定原则与罪刑相适应原则;而刑法立法在效力上具有优势,且立法权限上具有合法性,劣势在于效率相对较低。正是由于刑法立法与抽象性司法解释之间各具优势,由此便会引发司法解释与刑法立法先后对社会关切的新型危害行为作出回应的现象,表现出一种规范输出上的竞争关系,也即"竞争型结构"。

在司法解释出台之后,立法机关又针对同一对象问题再次进行立法——虽然具有补救或否定色彩,刑法立法与抽象性司法解释之间的"竞争型结构"也表现为二者之间所具有的交叉、重叠特征;只不过,规范之间的交叉、重叠只是形式上的表现,针对同一对象问题在规范输出上的"竞争"才是引发刑法规范体系混乱的本质原因。应当看到,刑法立法与抽象性司法解释在制度输出方式上呈现出不同特点,"竞争型结构"表明不同规范类型之间在规范输出上的功能冲突,司法解释所具有的快速回应问题的特点超越了其所具有的法治风险,成为法治实践部门所倚仗的对象,在竞争中一度占据优势。进而言之,如果说司法解释所确立的规定本身并不违背法治原则,刑法立法无需在对此进行补救或否定,那么二者之间的划分是很明确的,也即表现出一种主规范系统与副规范系统之间明确的功能划分。但在"竞争型结构"下,二者在一段时间或某一问题上出现交叉、重叠,并且司法解释作为一种规范系统的功能更为强大,主规范系统的功能被副规范系统所取代,这必然会从整体上冲击到刑法规范体系。

具体而言,"竞争型结构"冲击到主规范系统与副规范系统之间的关系定位,造成刑法规范系统混乱,给法治实践带来了困难。当某一犯罪事实信息进入到刑法规范反应系统中,由于刑法立法与抽象性司法解释存在着一种规范输出上"你先我后"的竞争关系,同时又在一段时期内表现出规范重叠——未能对问题性司法解释的效力做出及时否定,究竟要进入哪一个规范系统,是基于新法与旧法的规范系统逻辑,还是基于重法域轻法的规范系统逻辑,抑或是立法对司法解释彻底否定之逻辑,两类不同规范系统之间并不是逻辑清晰的主系统与副系统之间的运行逻辑,这显然会造成不同时期、不同地域上的法律适用差异,引发类案不同判的现实问题。

此外,值得我们进一步思考的是,当前刑法立法与部分抽象性司法解释之间所呈现出"竞争型结构",是不是与曾经存在的单行刑法与刑法典之间的交叉、重叠问题具有一定的相似性。由于刑法立法与抽象性司法解释两类规范系统之间存在交叉、重叠——并不是功能区分明确的规范系统,实践中必然会引发法律适用难题。并且,抽象性司法解释在效率上的优势地位使得其存在架空刑法典的风险,上述问题均值得我们充分反思。

小　结

整体来看,当前刑法立法大一统局面下,刑法典分则所要容纳的内容较多,但章节安排并不细致;除了传统的自然犯之外,各类行政犯均被纳入刑法典之中,但却只能与作为前置法的非刑事部门法之间保持着一种机械化的形式关联。同时,刑法修正案取代单行刑法,成为维系刑法典大一统立法格局的基本手段。具体而言,我国当前的刑法立法呈现出如下结构性特征。

第一，单一法典化的立法定位使得我国刑法典分则呈现出一种"紧缩式"结构特征。一方面，刑法典分则中容纳了大量的行政犯——在域外则往往是以独立型附属刑法形式而存在的，所以我国的刑法典分则需要对此类犯罪进行整合和压缩，技术路径之一是增设了包含多种违法类型的概括式罪名，这种将数种不同违法类型置于同一罪名或条文之下的立法技术运用有效地减少了罪名数量；技术路径之二便是设置了大量的"违法国家规定"或"违反XX部门法规定"之空白罪状，但由于空白罪状的具体指向较为模糊，只能形式化地确立援引非刑事部门法的依据，无法准确表明为刑法与前置法之间的连接点。可以说，我国刑法典分则部分所规定的经济犯罪、行政犯，在构成要件上是相对简化的，由此而言刑法典分则在内容上呈现出"紧缩式结构特征"，并与非刑事部门法相脱节。整体而言，在刑法立法大一统模式下，刑法典内部呈现出一种章节安排相对紧凑的格局，表面上容纳了大量条文或罪名，抽象性程度高，但是实际上在罪名设置、罪状表述上都不得不进行立法技术上的简化；相比于独立型附属刑法中的罪状设计与法定刑配置而言，单一法典化局面下刑法典分则中的诸多行政犯条文实际上只能是一种简化版的设计，无法达到域外多元化立法模式下通过独立型附属刑法模式对构成要件与法定刑逐一作出明确规定的立法效果。简言之，刑法立法大一统模式下刑法典分则实际上无法容纳"等量"的附属刑法规范，只能通过概括式罪名与空白罪状等立法技术运用在刑法典分则中塑造一种"紧缩式"立法结构，刑法典逐渐成为一座无法与其他刑法规范系统保持联络并相互支撑的"孤岛"，在法律适用中逐步暴露出"各种违法类型之间的关系逻辑不清""违反前置法判断的指引不明"以及"法定刑无法与各种违法类型相适应"等弊端，增加了司法实践的解释负担。

第二，当前刑法立法大一统局面预设了一个基本矛盾，即单行刑法与刑法修正案之间是一种排斥关系，刑法修正案实际上是为了取代单行刑法，成为维系刑法立法大一统模式的技术路径。由于单行刑法被视为是一种刑法修改的方式，其在专门术语、特别程序性规定与犯罪预防等方面本应具有的独特技术优势并未能充分体现，与刑法典之间难以形成一种有益互补。加之刑法典分则呈现出一种"紧缩式"结构，而单行刑法则缺位使得刑法典分则多是规定以罪状与法定刑为核心内容的罪刑式条文，在针对特定领域的专业性功能与预防性功能存在明显不足，僵化的刑法典规范系统在对犯罪事实信息作出反应时输出结果具有不确定性，且功能较为单一。同时，当社会发展过程中确实反映出刑法规范输出诉求之时，为了确保刑法典不被频繁地修改，刑法修正实际上是采取了一种积攒式修法模式，也即将数个需要修改或补充的条文集合在一起一并加以讨论，在规范系统更新上也不够及时，紧缩并且孤立的刑法典规范系统同时面临着滞后性难题。

第三，当前刑法立法大一统局面下，分则条文内容紧缩，且刑法典规范系统相对孤立，并受制于修法模式而表现出一定的滞后性，承担刑法典补充功能的规范载体形式便不可能是单行刑法与附属刑法；为了解决上述结构性问题，单一的法典化立法便不得不去寻求获得抽象性司法解释的支持。易言之，刑法立法大一统局面下，抽象性司法解释成为刑法典之外快速回应新型社会问题的规范输出方式。一方面，由于经济领域与社会管理领域的犯罪行为均被纳入刑法典之中，刑法典分则内容紧缩，在罪名资源相对紧张的情况下，只能通过对入罪标准的扩张解释实现一种扩大罪名覆盖范围的效果。另一方面，为了确保刑法典及时回应社会，同时也是基于刑法典不应当被频繁修改的固有观念，抽象性司法解释成为弥补刑法典适应能力不足——及时回应社会发展中的新型危害行为——的现实选择。由此，抽象性司法解释的地位越发重要、功能依赖突出，逐渐从一种副法体系发展为与刑法立法并行并表现出一定竞争关系的规范类型。尤其是自《刑法修正案（十一）》开始，刑法立法与司法解释之间重复输出的困境逐步显现；这种困境如同曾经出现的刑法典与单行刑法的交叉重叠一般，很可能进入另一种恶性循环。

总而言之，与域外各个国家或地区所采取的多元化立法有所不同，我们刑法立法大一统构造，既呈现出的单一法典化，仅仅以刑法修正案作为刑法典规范系统的更新方式；又呈现出刑法典内部紧缩、功能上相对僵化等特征。并且，对于刑法稳定性的追求进一步引发规范体系相对固化、规范输出相对滞后缓慢的限制，由此又不得不依赖于抽象性司法解释，但却有导致司法解释立法化并引发刑法规范体系混乱的风险。上述刑法规范的结构特征，影响刑法在实质上的功能发挥；基于本部分关于刑法立法模式与修改方式的结构化阐释，我们可以对"刑法规范载体形式对于刑法实质功能制约"问题展开进一步的思考。

第六章 刑法立法大一统格局的功能性局限

日本法制史专家穗积陈重在考察法典演进时曾经指出,"法律有实质与形体两种元素,实质是法律的精神,而形体是法律的躯体。一国的法律是否真正地制作出简明正确的条文,又是否以该国人民容易知其权利义务所在的问题就是法律的形体问题。法律若实质善良,而其形体不完美,则就会产生法律疑义百出,争讼不息等弊端。"[1] 刑法立法模式与修改方式的研究围绕着刑法之"形体"而展开,但刑法立法模式是各种刑法渊源或规范载体形式的组合方式,确立了发挥刑法实质功能的规范基础;刑法修改方式则是对刑法规范进行修改完善过程中所要选择的方式方法,对刑法功能调整产生着影响。总而言之,刑法立法模式与修改方式问题实际上直接影响到刑法功能,有必要对于刑法规范载体形式与实质功能之间的关联样态展开深入研讨。

第一节 "结构-功能":刑法规范载体形式与实质功能的关联范式

对于刑法规范载体形式的结构化阐释,不仅有助于我们加深对当前、曾经抑或是域外关于刑法典、单行刑法以及附属刑法之间的相互关系和组合形式的理解;更为重要的是,结构化阐释将有助于更为深入地认知刑法立法模式与修改方式的不同选择所呈现出的功能差异,由此展现出"结构-功能"分析的方法论优势。

一、"结构-功能"分析的方法论意义

围绕刑法规范载体形式对于刑法实质功能的影响所展开的分析,体现出"结构-功能"分析的方法论特征。在展开实质研讨之前,有必要对"结构-功能主义"的分析范式以及方法论意义进行必要的介绍与梳理。

第一,从思想渊源来看,"结构-功能主义"仍然是源于系统论思维。也即系统由若干要素(部分)组成,具有一定的结构;系统各要素相互联系、相互制约,因而表现出有一定的功能或者说目的性。任何系统都涉及信息的输入、输出及反馈;系统内部的各部门、重要环节或核心要素之间的相互联系以及系统内部和外部环境之间相互影响或制约的关系,产生了"结构",而信息输入后的结果

---

[1] [日]穗积陈重:《法典论》,李求轶译,商务印书馆2014年版,第5页。

输出或反馈能够反映出系统的运行或自我维持后与外部环境的关系，由此具备了功能。"结构 - 功能"分析所反映的是系统的核心要素与外部环境相互联系和相互作用中表现出来的性质、能力和功用。[2]

第二，从基本定位来看，作为一种方法论的"结构 - 功能主义"致力于回应的基本问题是，社会作为系统而存在，其在维持自身运转之时，需要依托于一些基本的架构（即结构），而各类制度之间发生的相互支持关系以及由此所产生对社会这一整体的积极或消极影响（即功能），从而保证了社会系统的生存。[3]并且，"结构 - 功能"分析已经延伸至或者说具体化到某一制度体系或微观社会现象，也即对于某一制度或社会现象，通过结构化阐释以及功能性分析，均可以呈现出一种"结构 - 功能"认知。因此，凡是有助于社会运行或制度实践的某些因素或机制都可以被纳入到结构中得到突出的标记，并且在相互关系之中呈现出功能差异。

第三，从独特性层面来看，"结构 - 功能主义"为考察社会现象提供了新颖的观察角度。在一定程度上，结构 - 功能主义去努力揭示出一种与历史进化论或因果论不同的发展轨迹；在解释社会运行（整体或具体现象）时，"结构 - 功能主义"侧重于社会系统的现存结构及其在维持社会系统生存中所发挥的效果（功能），表现出对社会系统的结构性特征所具有的促动性与约束性。[4]"结构 - 功能主义"更为倾向于对确保社会得以良性运行的制度或实践机制展开分析，将之作为系统核心组成部分提炼出结构，并侧重考察结构在维持社会系统所作出的贡献，也即表现出功能。

第四，从"结构 - 功能主义"的分析方式来看，社会整体的运行或具体制度的实践被视作一个系统或子系统。结构则是系统的简约化存在，表征着系统运行中的互动架构。卢曼结合结构化分析的基本脉络，提出了"作为社会结构的法律"之理论命题，并将法律定义为社会系统之边界以及选择类型的结构。其认为，法律结构随着社会复杂性的进化而变迁，亦即，在从古代向高度文明的现代社会转变的进程中，法律的形式有效性也会随之发生改变，法律塑造着社会结

---

[2] 卢建平：《刑法法源与刑事立法模式》，《环球法律评论》2018年第6期，第5页。
[3] 参见[英]安东尼·吉登斯：《社会的构成：结构化理论纲要》，李康、李猛译，中国人民大学出版社2016年版，第15-16页。
[4] 参见[英]安东尼·吉登斯：《社会的构成：结构化理论纲要》，李康、李猛译，中国人民大学出版社2016年版，第154页。

构,而社会的变迁也影响着法律的发展。[5] 可以说,法律本身即是一种规范性的结构,并且与社会系统结构之间存在着紧密的互动与关联。

第五,不同刑法规范载体形式所确立的结构是为了实现特定刑法功能,这种功能的根本落脚点在于刑法参与社会治理的效果。如果对刑法规范系统进行结构化阐释,各类刑法规范系统的结构特征将会影响刑法的实质功能,可以从多个维度反馈。当同样的犯罪事实输入到特定结构下的刑法规范系统后,"结构-功能主义"通过对功能问题的反思,由此诠释出刑法规范载体形式(结构)与功能之间的内在关联,试图通过结构对比来解释刑事法律系统在犯罪事实信息输入后的输出结果差异,并挖掘背后的深层原因。

可以看到,在"结构-功能主义"思维方式中,结构化阐释建构起一个整体的关系网络,而关系网络的互动实际上表明系统与外部环境之间的输入与输出过程,功能的优劣则通过输出结果与预期目标的契合性或偏差来体现。易言之,基于整体关系所提炼出的系统"结构"将通过功能性评价被观察,由此才能更为全面地说明功能背后的影响因素。所以,"结构-功能主义"有助于我们分析法律规范的结构及其所产生的功能差异,由此反映出关于法治或通过法律的社会治理的多维思考。可以看到,"结构-功能主义"分析通过简约化提炼与模式化对比,最终实现社会、系统或制度的可解释性。

当然,也应当看到,尽管"结构-功能主义"在政治学、社会学领域颇具影响力,并逐步延伸至法律领域,但必须承认的是,无论是社会结构、法律系统抑或是刑法规范系统,这种由表及里、从广泛到具体的知识演进和学说发展,所依赖的仍然是思辨性。对刑法立法模式与修改方式问题而言,结构的确立及其功能性分析角度的选择,需要结合其自身特点。易言之,刑事法律系统自身具有鲜明的功能定位,结构功能主体分析仍然是刑事法律系统的理论诠释,也即通过系统思维方式的注入,从社会学理论汲取方法论之养分,与当前处于纷争中的刑法立法模式与修改方式问题展开理论对话,寻求新的突破。

二、刑法规范载体形式对刑法实质功能的影响维度

基于"结构-功能主义"分析进路,关于刑法规范载体形式(结构)与刑法

---

[5] 参见[德]尼克拉斯·卢曼:《法社会学》,宾凯、赵春燕译,上海人民出版社2013年版,第186-188页。

实质功能之间的关联,可以被简要概括为"内容决定形式、形式制约着内容"。易言之,刑法立法模式与修改方式关系到刑法在整个法律系统中的理性定位,更关涉整个刑事法律系统的运转,模式上的"偏好"制约着刑事法律制度的功能发挥。

从根本上来讲,在立法实践中选择单一法典化立法抑或是多元化立法,不仅仅是源于我们对于刑法规范载体形式的喜好,更在于我们希望发挥刑法最优功能的现实诉求。易言之,刑法功能引领着刑法规范系统的要素分配和结构配置,而刑法结构反制刑法的实质功能。若刑法功能预期较为单一,则可能在结构上的期望也较为简单,刑法规范形式的独特性明显;若刑法功能多样性,表现出不同的诉求,刑法规范系统结构复杂,刑法规范形式的独特性趋弱。总体而言,刑法规范系统结构不是纯粹的立法技术或形式问题,实质是社会治理中赋予刑法什么功能、期待刑法实现什么功能以及如何实现的问题。[6]

将刑法立法模式与修改方式这一形式问题与当前刑法实质功能充分关联,我们便会发现,诸多刑法立法动向、刑法适用问题以及犯罪治理中的刑事政策诉求,都会在刑法规范载体形式这一结构化问题上留下烙印。在当前的风险社会理论、处罚的早期化、预防性刑法或象征性立法等命题下,刑法立法模式与修改方式是否影响着刑法立法的实质发展?不同立法模式选择下犯罪圈扩大是否面临着刑法典重刑化结构的限制?同时,刑法立法模式与修改方式问题又直接关系到刑事法治中的法律适用;"解释论"层面的若干问题,也可以从刑法规范载体形式上予以说明。简言之,在刑法立法大一统局面下,单一法典化追求对刑法实质功能的制约,涉及如刑法立法走向、刑法适用以及犯罪预防等不同层面。

首先,现有单一法典化的结构性特征可能无法契合刑法立法的实质走向。进而言之,进入21世纪以来,国内外刑法立法均在一定程度上表现出预防性立法之趋势。理论上来讲,预防性刑法之立法倾向主要表现为刑法在实害结果发生之前的提前介入,通过增设危险犯(或者仅仅是违反特定法律义务的行政犯)并配置刑罚相对轻缓的罪名,实现一种处罚早期化的效果。当然,这种刑法立法实质走向涉及犯罪圈扩张以及由此引发的负面效应,又涉及司法实践对于轻微罪名的妥当运用,需要从多个方面予以妥当把握,才能实现立法扩张与司法限缩的平衡,否则便会适得其反。同时,对于这种刑法立法上实质性倾向,现有刑法立法大一统的结构性特征是否与之相契合,或者说是否从一定程度上制约着预防性立

---

[6] 参见卢建平:《刑法法源与刑事立法模式》,《环球法律评论》2018年第6期,第5页。

法的理性拓展甚至产生负面影响。可以说，关于刑法立法层面的预防性功能问题，值得从刑法规范载体形式层面作进一步探讨。

其次，现有单一法典化立法除了对刑法立法的实质走向产生影响（制约）之外，在法律适用层面也表现出现实困境，同样值得进一步反思。具体而言，单一法典化结构下的刑法适用局限可以一分为二地划分出两个维度，其一是定罪层面或者说构成要件解释层面对刑法功能的实质制约，主要表现为单一法典化所呈现出的"脱节型结构"使得刑法与作为前置法的非刑事部门法之间难以实现"法秩序统一性"的理想状态，大量经济犯罪、行政犯在认定过程中可能会出现一种模糊地带或者是表现出不确定性。除了定罪层面之外，现有单一法典化立法对于法律适用层面的功能制约还表现在量刑上的不均衡或偏差，也即冲击到罪刑相适应原则。进而言之，单一法典化立法表现出的紧缩式结构，前文所分析的"概括式罪名"以及抽象性司法解释对于情节型要素的类型扩张效果，使得一些在基本性质或者说逻辑关系上存在明显差异的不法行为类型被置于同一罪名之下，并且处于相同的法定刑区间之中。危险犯与实害犯或者是单纯的行政不法类型与实害结果类型被不加区分地纳入到"概括式罪名"以及同一法定刑区间之下，如果司法实践不能够对处于同一法定刑区间的各种不法行为类型加以甄别，准确判断各种不法行为类型的危害程度差异，最终便可能获得了同样或大致相同的刑罚裁量结果。可以说，单一法典化模式所引发上述困境，值得我们进一步反思。

最后，在刑法立法实质走向以及刑法适用所涉及的定罪与量刑两个维度之外，刑法规范载体形式对刑法实质功能的制约还表现在刑事政策层面的犯罪预防。易言之，如果跳出规范刑法学视域而进入到刑事政策学的研究视野，刑法仍然是处于刑事政策体系中的中枢，刑法规范载体形式对于犯罪预防上的刑事政策功能也将产生着影响。认知到刑法规范载体形式在超出规范刑法层面的外部影响，将有助于我们更为深入地探讨刑法立法模式与修改方式如何制约着刑法在参与犯罪预防过程中的功能发挥。

第二节　刑法立法大一统对预防性立法需求的制约

在探讨刑法立法模式与修改方式问题时，判断某种刑法规范系统结构是否具有科学性，与刑法立法基本趋势的契合性程度必然会成为重要标尺。因此，只有确定当前刑法立法在实质上的走向，我们才能进一步探讨哪一种刑法规范系统结构与立法上的实质走向相契合，最终在维持现状与寻求变革之间作出选择。当前刑法立法在整体上呈现出预防性立法之实质走向，"多元化"立法（尤其是附属刑法）与更加迎合这种预防性特征。

一、预防性立法之实质走向

近年来，新技术的广泛应用被视为风险社会的时代背景，孕育了当代刑法所应负担的积极预防风险的"重任"，以犯罪化整体趋势与危险犯数目增长作为具体表象的预防性立法成为各国的选择，安全与秩序的追求开始超越自由，立法者将刑法的防卫线向前推置，成为近年来刑法发展的基本趋势，并可能将是未来一段时间内刑法理论所要回应的现实问题。力图在危害结果发生之前设置有效的阻断机制，以处罚早期化与轻刑罪名为核心的预防性立法倾向逐步显现。这种立法的思维变革深刻触动了传统刑法体系的社会根基、价值取向与功能设定等教义学基础，刑法立法的工具化机能与治理功能被大幅度激活。[7]

事实上，预防性立法的趋势不仅仅发生在我国，德日两国的刑法立法也已体现出明显的预防性色彩。从预防性刑法产生社会背景来看，有日本学者指出，"随着信息社会的复杂化、科学化、高度技术化，人们日常生活对技术手段的依赖明显增强，而传统的社会统制力正在弱化，由此产生了以刑罚手段补充社会统治力的需求，刑法学也确立新的思考方法，也即刑事立法的'活跃化'"。这种刑事立法的"活跃化"重要表现便是"处罚的早期化"，刑法在实质内容上呈现预防性立场。学者提出以下社会原因来论证"处罚的早期化"的合理性，包括：（1）信息社会中统制力弱化，需以刑罚对"无力"的行为规范作补充；（2）风险社会公众的不安感；（3）由那些在根本价值观上与一般市民完全不同且无法共存的人（敌人刑法语境）所组成的犯罪组织、宗教团体、政治集团的登场；（4）国际社会的压力。[8]此外，也有德国学者对刑法立法的预防性趋势作出反思，"德国刑事政策在最近20年间再次呈现出严厉的趋向，刑法更多地被用于'打击'犯罪并有被肆意解释的风险。德国刑事政策最新的一般化发展形势，包括刑法的扩张与严厉化、刑事可罚性的前置、抽象危险犯的增加、区分压制性刑法与预防性警察法、'象征性'刑法的增加、临时立法替

---

[7] 高铭暄、孙道萃：《预防性刑法观及其教义学思考》，《中国法学》2018年第1期，第167页。
[8] [日] 井田良「近年における刑事立法の活性化とその評価」[日] 井田良、松原芳博『立法実践の変革（立法学のフロンティア3）』（ナカニシヤ出版株式会社・2014）97-98頁。

代统一的刑事政策路线"。[9] 从全球范围内来看，社会发展进程中必不可少的新兴科技手段同时增强了民众的不确定性与恐慌感，这种不确定性与恐慌感进一步在政治上上升为立法诉求，促使立法者通过预防性立法冲抵风险。

我国有学者对预防性立法持肯定态度，如认为，"刑事立法应当超越古典自由主义的消极刑法立法观，确立积极刑法立法观，处罚的早期化也有其必要性；刑法的谦抑性也并不反对现代社会增设必要数量的新罪"。[10] 当然，对于预防性刑法及其合理性，学界也存在着诸多的质疑声。有日本学者认为，"基于危险社会（风险社会）的立场，为预防犯罪而选择处罚的早期化，其实际效果值得怀疑，且偏离了刑法的本来任务；需要明确地认识到刑罚的负面作用以及局限性。"[11] 此外，我国也有学者认为，"在晚近我国刑法立法中，刑法前置化的倾向越发明显。刑法前置化立法最为直接的理论结果就是违法相对性理论的崩溃。"[12] 也有学者从个罪的角度指出，"环境犯罪治理早期化是一条消解法益之路，它超越了我国刑法当前所处的发展阶段；有关司法解释等对惩处的早期化也表现出相当谨慎的立场。[13] 甚至就醉驾入刑本身，学界也出现了质疑之声，如有学者认为，醉驾入罪代表着一种"浪漫主义立法观"。[14] 应当承认，《刑法修正案（八）》将醉驾等危险驾驶行为作入罪化处理，这与预防性立法的动向有关。受预防性刑法思维影响而增设的罪名，其必然具备了"处罚早期化"的罪质，这种罪质特点将影响到上述犯罪在刑法结构中的定位。易言之，在刑罚"低配"的特点之外，醉驾还表现出"处罚的早期化"的罪质特征，二者共同塑造了醉驾在我国刑法结构中的特殊地位。应当看到，在刑法立法理念已经由自由的消极保障转变为对实害后果之积极预防的过程中，预防性立法转向表现得尤为明显。

直观来看，预防性立法主要表现为刑法中扩大了抽象危险犯之立法技术，刑法处罚的着眼点已不是法益侵害后果，而是违反规范行为本身，这便使得处罚的阶段提前。对于"处罚的早期化"之立法动向，本文在此并不想作过多评价，这

---

[9] ［德］贝恩德·海因里希：《德国刑事政策的当前形势》，李倩译，江溯主编：《刑事法评论》（第42卷），中国人民大学出版社2019年版，第245页。

[10] 周光权：《积极刑法立法观在中国的确立》，《法学研究》2016年第4期，第23页。

[11] ［日］高橋則夫「刑法の保護の早期化と刑法の限界」法律時報75卷2号（2003）2頁。

[12] 孙万怀：《违法相对性理论的崩溃——对刑法前置化立法倾向的一种批评》，《政治与法律》2016年第3期，第10页。

[13] 刘艳红：《环境犯罪刑事治理早期化之反对》，《政治与法律》2015年第7期，第2页。

[14] 付立庆：《刑法修正案（八）中的浪漫主义思维——以醉酒驾驶入罪为切入的反思》，《云南大学学报（法学版）》2011年第5期，第104页。

里指出醉驾入刑带有处罚早期化的色彩，是想借此说明如下问题。第一，对于"处罚的早期化"不能简单地从字面含义来解读，其是仅仅强调刑法干预社会生活的提前，将一些危险行为作犯罪化处理，它并不代表着刑罚的必然发动或重刑化。其实，"处罚的早期化"具有极强的宣誓性，是与积极的一般预防联系在一起的。第二，既然学界对于"处罚的早期化"一直存在争议，这至少表明，某一危险行为是否值得入罪是存在疑问的，显然行为本身不可能达到传统实害犯的法益侵害程度。对于受"处罚的早期化"影响而被入罪化的危险行为，由于其本身并不具备实质上的法益侵害性，刑罚裁量上也不应作出严厉地回应。

此外，正如有学者指出，"对于刑法修正案严密刑事法网、扩大犯罪圈的活性化立法趋向，应当超越肯定与否定的立场选择之争，区分立法论与解释论的不同范畴，在立法论上进行客观分析、深刻理解与中肯批评，在解释论上发挥刑法教义学的限制功能，对于可能过于前置干预起点的条文限缩其适用范围"。[15] 上述观点表明，对于预防性立法、积极刑法观抑或是处罚的早期化所引发的犯罪圈扩张，立法层面应当基于具体分析而客观对待，而解释层面上则应当理性限缩其适用范围，这种基本立场值得肯定。事实上，"处罚的早期化"的利弊在短期内并不能完全地显现出来，无论对此肯定与否，近几次刑法修正都明显表现出这样的立法动向；出于对立法的尊重，我们不应一味地批判。而从刑法适用层面来看，在犯罪论层面的目的限缩性解释以及刑罚裁量层面的轻缓化似乎更为可取。

可以肯定，近年来，我国的刑事立法进入了活性化发展的阶段，新罪不断设立，犯罪门槛逐渐降低。而在这波犯罪化浪潮中，网络犯罪无疑是立法的"宠儿"，在立法过程中体现出了回应性扩张、预防性前置、概括开放性的特点。总体而言，随着社会的复杂化、科学化、高度技术化，人们日常生活对技术手段的依赖明显增强，而传统的社会统制力正在弱化，由此产生了以刑罚手段补充社会统治力的需求，刑事立法呈现"处罚的早期化"，刑法学也确立新的思考方法。

二、单一法典化结构在预防性立法背景的局限性

客观而言，即便在我国当前刑法立法大一统局限下，单一的法典化结构也可以在一定程度上融入预防性立法的产品，《刑法修正案（八）》增设的危险驾驶

---

[15] 梁根林：《刑法修正的维度、策略、评价与反思》，《法学研究》2017年第1期，第10页。

罪、《刑法修正案（九）》增设的数个恐怖主义犯罪罪名、代替考试罪等罪名以及《刑法修正案（十一）》新增的高空抛物罪、妨害安全驾驶罪等轻刑罪名，均表现出预防性立法的倾向。然而，当前刑法典中的预防性立法可能在司法实践中暴露出困境，这些困境在一定程度上正是由于单一法典化模式下自然犯与法定犯被统合于刑法典之中，而未对其犯罪性质进行甄别，因而也就无法反映出独立型附属刑法模式下的行政犯（行政刑法）与单一法典化模式下的刑事犯之间的差异，难以从多维度充分阐释在特定领域引入独立型附属刑法的相对优势。简言之，刑法立法大一统模式下预防性立法面临着法治困境，无法契合预防性立法在扩大犯罪圈的同时降低刑罚量的"严进宽出"需求，暴露出刑法立法模式对刑法实质走向的制约。

首先，从理论层面来讲，刑法典通常被认为是规范基本生活秩序的法律，与国民的基本生活密切相关，以传统的自然犯为基础；而行政刑法是为了实现行政规制或经济管理目的而借用了刑罚手段的法律，其技术的、合目的的要素较强，所以行政刑法的指导原理主要是合目的性。[16]刑法典及单行刑法的根据仍然是"法益"，而行政刑法的根据往往在于"福祉"，具有一定的功利性；行政刑法所规定的犯罪，主要是基于行政管理目标，道德非难性程度往往较低，甚至是不存在。我国刑法立法大一统局面下，自然犯和法定犯都集中在刑法典之中，两种性质的犯罪类型并未被实质区分，刑法典中的犯罪都可被视为刑事犯，均具有较强的道德谴责性。在传统的自然犯相对稳定的情况下，刑事立法中的变量在很大程度上取决于社会治理中的刑法需求，社会快速发展所衍生的负面效应导致一些行政不法行为需要通过新的刑事立法进行规制。由于预防性立法走向下多是表现社会治理中风险预防，由此往往衍生出行政犯，相比之下，多元化立法模式下附属刑法中的行政犯并不具有道德谴责色彩——只是基于行政管理目的配置罚则，能够更为准确地反映出此类犯罪的行政不法本质。

其次，"多元化"立法模式有助于在预防性立法所引发的犯罪圈扩张过程中，实现刑事制裁的轻缓化。面对社会发展中的新型不法类型，预防性立法理念主张动用刑法手段积极回应；但受制于当前单一法典化局面下的重刑结构，在扩大犯罪圈回应新型社会问题时，我们只能不惜以丧失刑法协调性来实现目的。易言之，在单一法典化立法的重刑结构之下，预防性立法难以体现出扩大犯罪圈与降低刑罚量并行的立法诉求，反而会进入到扩大犯罪圈并同步加大刑罚量的困境。

---

[16] [日]大塚仁：《刑法概说（总论）》第3版，中国人民大学出版社2002年版，第2页。

如果我们希望在预防性立法背景下理性扩大犯罪圈，变应该打破现有的刑法典大一统模式，基于附属刑法模式确立轻缓的刑罚措施，实现预防性立法背景下兼顾扩大犯罪圈与降低刑罚量的基本目标。在多元化立法模式下，附属刑法更为适合开展预防性刑法的立法需求。因为附属刑法能够体现行政犯的基本性质，保证在扩大犯罪圈的同时弱化刑罚增量，确保刑罚的轻缓化，并且不会过度增加社会制裁效果。考虑到刑法典与附属刑法之间存在着自然犯与行政犯之间的基本性质划分，在附属刑法中增加罪名有助于认知行政犯的本质，此类犯罪在司法实践中并不会积极定罪或科处实刑；在这种情况下，纳入到附属刑法中的行政犯罪，仅仅具有行政管理目的，在定罪频率（包括是否起诉、定罪免刑）以及刑罚裁量上（缓刑或单处罚金）都更为轻缓。可以说，从刑法规范载体形式上对犯罪性质做出区分有助于定罪量刑的理性与轻缓化。

再次，独立型附属刑法有助于在预防性立法中实现不法行为类型的细化，避免"概括式罪名"的困境。世界各国刑法发展演进过程印证了现代刑法的预防逻辑，也即将部分原属于行政制裁的行为纳入刑法规制的范畴，以实现法益的前置保护，而行为不法的类型细化则是这种预防性立法的重要表现。值得注意的是，在刑法立法大一统模式下罪名资源较为紧张，若要实现预防性目标，多数情况是依托于司法解释路径，规定数种具有预防性色彩的入罪标准，使得罪名之下包容了实害结果、抽象危险状态甚至单纯的行为不法。独立型附属刑法模式可以基于立法（而非司法解释）设置精细、多样、明确的行为不法类型体系，将基于预防潜在危险之目标所展开的风险预测和风险评估后的责任渗入现代刑法的缝隙，通过刑法禁止某种危害行为或强化一般国民守法意识塑造。[17] 预防性立法不再仅仅立足于实害结果模式，而设置独立型附属刑法规范，将有助于确立多元化、精细化、科学化的行为不法类型体系。

最后，预防性立法实际上扩大了犯罪圈，而犯罪圈的扩大必然会导致犯罪人被贴上犯罪标签。事实上，预防性立法往往针对的是危险状态或行政义务违反本身，不可能达到传统实害犯的法益侵害程度，但其具有极强的宣誓性，是与积极的一般预防联系在一起的。在这样的情况下，我们必须寻求制裁的轻缓化，而弱化犯罪标签是制裁轻缓化的必然要求；尤其是在促进科技创新的背景下，弱化犯罪标签才能确保更多的人愿意投身于科技创新中，进而促进社会发

---

[17] 孙雪妍：《辨析环境犯罪"行政从属性"内涵》，《人大法律评论》2020年第1辑，法律出版社2021年版，第311页。

展。由于我国目前所谓的行政犯也都被置于刑法典中，其"行政"不法的色彩已经明显淡化。在附属刑法中确立实质意义上的行政犯，才能确保其所遭受的非道德难性明显低于传统的刑事犯，最终达到弱化犯罪标签效应的效果。易言之，针对附属刑法所确立的不法类型，即使行为符合法律规定的构成要件，也未必会被科处刑罚；即便被科处刑罚，也不会被贴上犯罪标签，阻碍他再次复归社会。在预防性立法扩大犯罪圈的背景下，多元化刑法立法模式选择有助于避免犯罪标签效应的扩张。

　　总体而言，我们应当正确认知预防性立法的本质，预防性立法生成的罪名往往表现出的轻刑配置，充分表明了预防性罪名相对轻缓的危害性。考虑到我国具有强烈的刑法依赖，刑法虽为事后法，在我国却往往冲在前面；在预防性立法的实质走向之下，基于积极刑法观来实现一般预防效果，因此，针对未造成危害后果的基本犯，实践中在定罪与量刑上都应当采取轻缓化立场，避免"轻罪不轻"的逻辑困境。[18] "多元化"立法模式下的附属刑法更为契合预防性立法的轻缓化诉求，有助于克服刑法立法大一统模式对刑法立法实质走向的制约。与此同时，为什么要将某些行为贴上犯罪的标签与我们期望通过科处刑罚所要达到什么目标是完全不同的两个问题。向社会宣告这些行为不应为并确保只有少数人才会真的实施，这是确定某一行为犯罪的主要目的，一种纯粹的功利性目的。[19] 由此而言，多元化立法模式下的独立型附属刑法，有助于以行为规范来确立一种宣誓作用，根本目标不在于通过将某一行政犯定罪处刑来实现一种裁判性规范功能，这显然需要在发动制裁过程中尽可能降低刑罚适用量。可以说，独立型附属刑法更加有助于彰显预防性立法背景下犯罪化的本质。

第三节　刑法立法大一统对法秩序统一性的制约

　　伴随着依法治国的深入推进，我国法律体系日趋完善；立法机关颁布的法律越多，协调衔接好刑法和其他非刑事部门法之间关系的必要性也就越突出，这是法秩序统一性的应然要求。然而，当前刑法立法大一统局面下，刑法分则中的行政犯呈现出一种脱节型立法构造，未能有效与前置法同步推进，在多个维度存在

---

[18]　参见崔志伟：《积极刑法立法背景下前科消灭制度之构建》，《现代法学》2021 年第 6 期，第 163-164 页。
[19]　[美] 哈伯特·L.帕克：《刑事制裁的界限》，梁根林等译，法律出版社 2008 年版，第 18 页。

不协调，制约着法秩序统一性的实现。

一、法秩序统一性对刑法与前置法关联适用的要求

为了调整多元化的利益诉求，国家基于不同目的制定了民事法律、行政法律以及刑事法律等部门法，各类部门法具有不同的功能定位，由此形成了客观的法秩序。不过，在法律实施过程中，某一具体问题难免会引发各类部门法之间的关联思考，各部门法之间如何对某一基本范畴或具体问题作出评价，实践中是否可以接受各部门法之间的差异性？与此同时，作为一种前提条件，立法上如何对当代各部门法之间的功能区分，是完全承认某种差异性而放任其存在，还是说尽最大可能地避免差异性进而维持统一的法秩序，这便引申出我们关于法秩序的深层思考。

在将法视为行为规范、重视法规范的文化价值的德国，卡尔·恩吉施（K.Engisch）提出"法秩序的统一性要求排除法规范之间的矛盾，排除法规范之间的矛盾要求违法判断的统一性"命题。[20] 法秩序统一性原理主张妥当把握各个法领域之间的关系，在对待某一条文或处理某一争议问题时，所有的规范秩序不能相互矛盾。[21] 在违法性评价上，民事、行政与刑事之间的关系如何把握；在法秩序统一性下，不同法域之间的违法判断究竟是必须保持统一（违法一元论），还是应当具有相对性（违法相对论），甚至彼此独立（违法多元论），始终引发争议。从多年来的法律实践来看，在承认法秩序统一性的基础上维持一种相对的违法性，似乎是更为理性的目标。这一目标的实现，不仅仅在于"违法判断相对性"与"违法判断多元性"这两种判断理念之间的对立，正确的方法是在法秩序统一性的视野下，以违法统一性为基础进行违法的相对性判断。[22] 更为重要的是，立法之时便应当为法秩序的统一创造必要条件，也即确保刑法与前置法在术语、基本范畴以及规范表述上的相对一致性，进而再探寻二者之间功能定位的相对性。可以说，无论是基于统一的一元论，还是说一种相对的违法论，只要我们追求法秩序的统一，立法时尽可能确保不同法律部门之间的一致性，减少不必要的差异，是实现法秩序统一性的基本前提。

---

[20] 转引自王昭武：《法秩序统一性视野下违法判断的相对性》，《中外法学》2015年第1期，第171页。

[21] 周光权：《法秩序统一性原理的实践展开》，《法治社会》2021年第4期，第1页。

[22] 王昭武：《法秩序统一性视野下违法判断的相对性》，《中外法学》2015年第1期，第170页。

就刑法而言，追求法秩序的统一性，其根本目的在于准确把握刑法和前置法之间的紧密关联，防止将前置法上不具有违法性的行为在刑法上认定为犯罪。[23]与此同时，这种紧密联系并不否认刑法评价上的相对独立性，因而催生出法秩序统一说中的"相对性说"。不过，需要注意的是，这种"相对性"的适用前提在于，刑法与前置法对某一基本范畴的理解上应具有整体上的统一性，表现出一种合目的性的统一；在此基础上，刑法可以在实质层面上作出相对独立的违法性判断，避免刑法对前置法的绝对盲从而影响到实质正义。基于相对违法性论立场，刑法上的判断虽需顾及前置法的取向，但这并不代表刑法绝对地从属于前置法，也即要适度承认规范之间的目的差异性。易言之，要确保刑法与前置法领域之间针对相关范畴并不存在根本性矛盾，再结合各自的功能定位对相关范畴的规范目的作出实质评价，这是贯彻法秩序统一性原理的内在要求。[24]由此而言，刑法层面在对某一范畴作出基本评价（解释）之时，首先需要考察前置法的规定，将之作为刑法解释之体系理性的基本前提。不过，如果立法之时不能保证刑法与前置法之间的协同，二者之间相对的法秩序统一便可能面临着困境，由此走向了独立或者分割的局面。

事实上，法秩序统一性原理的应用场域并不局限于司法层面，其对立法层面上刑法与前置法之间的关系整合问题也将产生重要影响，也即刑法立法必须保障刑法与前置法之间的协调性与一致性，最大可能性地为刑事司法过程中援引与解释前置法的工作减少障碍，降低负担。易言之，在立法之时有效地保障刑法之外的前置法与刑法之间规范协同性，才能为司法过程中实现法秩序的融贯与统一奠定基础。例如，行政犯的设置目的并不是仅仅为了保护某些抽象的行政管控秩序，而意欲保护特定的、与构成要件紧密关联的法益。[25]但在"分割式"立法局面下，刑法所要保护的与构成要件紧密关联的法益与行政法规范目的之间的关联往往无法被直接表明，刑事违法性的实质判断与形式化的行政规范违反很容易被简单地等同划一，这种立法局面加重了法秩序统一性原理的应用困境。

如果法律内部出现难以容忍的矛盾，这不仅无法为公民生活提供行为规范，更会对法律体系本身造成功能性破坏。虽然刑法与前置法分属不同法律部门，在具体条文的规范保护目的上难以完全统一化；但不可否认的是，目的背后往往体

---

[23] 参见周光权：《处理刑民交叉案件需要关注前置法》，《法治日报》2021年4月7日，第03版。
[24] 参见周光权：《法秩序统一性原理的实践展开》，《法治社会》2021年第4期，第1页。
[25] 周光权：《法秩序统一性原理的实践展开》，《法治社会》2021年第4期，第1页。

现着一定的利益诉求,各个法领域所设立的行为规范正是在符合上位利益指引的前提下,结合各自的法律目的进行不同评价,确保彼此之间并不存在根本性矛盾,[26] 这正是在刑法立法层面的贯彻法秩序统一性原理的内在要求。由此而言,法秩序统一性原理要求我们一分为二地、理性处理好刑法与前置法之间的关系,在尽最大可能地避免法秩序中存在规范矛盾的同时又适度承认规范之间的目的差异性。应当看到,规范衔接"协同立法"模式,正好有助于在立法层面尽可能确保刑法与前置法规范受目的性统一约束,避免法秩序中的规范矛盾,但同时并不影响我们在司法层面上理性地承认规范之间可能存在的差异性。将法秩序统一性原理延伸到立法层面,必然要求我们在规范衔接立法过程中选择更具制度优势的"协同立法"模式。

二、脱节型立法结构对法秩序统一性要求的冲击

虽然确保法秩序统一性已经成为共同的法治诉求,但在我国刑法立法层面却呈现"形式化"的理解倾向。从立法机关以及相关立法参与人对《刑法修正案(十一)》的说明与解读来看,[27] 刑法及时关注其他非刑事部门法的立法动向,通过立法上增设罪名或修改条文将相关法律中的某种违法行为予以犯罪化,似乎立法上就可以实现规范衔接,确保了法秩序的统一。反之,如果刑法立法未能及时对新近的非刑事部门立法动向作出回应,那么在"规范衔接"工作上可能就有所欠缺。应当看到,当前的规范衔接立法实践仅是强调形式上的规范关联——实现刑法与其他非刑事部门法之间的相互照应,未必能在实质上产生"衔接"效果,法秩序统一的前提并不存在。一旦进入刑法适用阶段,刑法规范载体形式对刑法实质功能的制约首先表现在定罪过程中刑法与前置法之间的关联性问题。

如前所述,在独立型附属刑法缺位的背景下,单一法典化所呈现出的"脱节型结构",刑法与作为前置法的非刑事部门法前置法之间难以被实质关联,法律适用中法秩序统一性追求面临着立法模式上困境,空白罪状适用或者说前置法援引在过程中表现出不确定性,制约着刑法适用效果。进而言之,这种刑法立法模式上对于法秩序统一性的制约,可以从立法事实层面与法益定位层面分别加以反思。

---

[26] 参见周光权:《法秩序统一性原理的实践展开》,《法治社会》2021年第4期,第1页。
[27] 参见张义健:《〈刑法修正案(十一)〉的主要规定及对刑事立法的发展》,《中国法律评论》2021年第1期,第58页。

首先，当前脱节型立法结构导致行政犯立法时立法事实不明确。理论上来讲，立法事实是指能为立法目的及其实现手段的合理性提供支持的社会、经济或文化方面的一般事实。[28] 立法事实的发现与论证，贯穿于从起草法律到法律草案被立法机关表决通过的整个阶段。在功能上，立法事实经由公共领域汇聚转化为立法需求、凝聚成立法共识，由此提炼整合立法议题，决定是否启动立法。[29] 目前，我国规范衔接立法实践表现出"分割式"立法局面，难以清晰地呈现出"立法事实"，直接影响到刑法立法的科学性。

在寻求规范衔接的刑法立法过程中，立法者未能对将某一行为犯罪化所依据的"立法事实"作出明确说明；同时，其他部门立法过程中，立法者也没有对需要由刑法予以犯罪化的特定不法类型予以说明，因而也就难以表明"立法事实"的客观存在。事实上，近年来我国颁布的非刑事部门法中几乎无一例外地规定了"构成犯罪的，依法追究刑事责任"条款。但由于该条款没有设置实质意义上的罪刑规范，无法直接适用于刑事司法实践——相关是否构成犯罪仍然取决于刑法的规定，因而不属于真正的附属刑法。[30] 不过，对于"构成犯罪的，依法追究刑事责任"条款是否表明立法事实的客观存在并具有指引刑法立法的"约束"作用，前文已梳理了学界存在的"肯定论"[31]与"否定论"[32]之不同理解。值得思考的问题是，如果说"构成犯罪的，依法追究刑事责任"条款表明立法事实的存在，那么，立法事实究竟为何、具体指向哪一不法行为？对此，非刑事部门立法过程中没有作出任何明确说明。易言之，规定做出来，立法者并不清楚用以惩罚什么行为，加入只是为了提示刑法做出与此对应的规范，但并不能说明某一违法行为具有犯罪化的必要性。[33] 同时，通过规范衔接所要实现的具体的刑法立法诉求是什么？对此，刑法立法过程中也并不清楚。应当看到，由于"构成犯罪的，

---

[28] [日]安西文雄：《立法事实论》，《法律家》第 1037 号（1994 年）。转引自陈鹏：《合宪性审查中的立法事实认定》，《法学家》2016 年第 6 期，第 2 页。

[29] 参见张婷：《立法理由说明的民主功能与制度建构》，《环球法律评论》2019 年第 4 期，第 131 页。

[30] 储槐植：《1997 年刑法二十年的前思后想》，《中国法律评论》2017 年第 6 期，第 4 页。

[31] 参见孙运英、邵新：《浅议"构成犯罪的，依法追究刑事责任"》，《法学评论》2006 年第 4 期，第 154 页。

[32] 参见吴允锋：《非刑事法律规范中的刑事责任条款性质研究》，《华东政法大学学报》2009 年第 2 期，第 43 页。

[33] 刘仁文：《刑法修正需重视与新证券法衔接 新型犯罪主体和犯罪行为也应纳入相关条文》，《证券日报》2020 年 8 月 10 日，第 A3 版。

依法追究刑事责任"条款并不能表明立法事实的真实存在,既没有明确其所指向的具体问题,也没有说明应将本法中哪一违法行为升格为刑事犯罪。当前刑法修正过程中所表现出的规范衔接意愿,实际上只不过是"一厢情愿",刑法立法中所追求的"规范衔接",只是在不清楚立法事实情况下的"猜测式"立法。

就本质而言,脱节式立法局面下,刑法立法与其他部门立法似乎均将阐述"立法事实"的任务交给了对方,实际上是一种不负责任的"推卸"。在立法事实是否存在、是否真实以及应当如何对相关事实作出立法选择等问题都没有被充分讨论的情况下,我们积极展开以规范衔接为目标的立法实践,显然难以达到真正的"衔接"效果。反之,由于立法事实着眼于立法意图合理性的探究以及立法手段与立法目的之关联的证成,[34] 立法事实的不清晰必然会违背科学立法的根本目标,导致规范衔接的意愿沦为空谈。

其次,在脱节式立法局面下,寻求规范衔接的立法实践还会暴露出法益定位不明确的困境。无论是从直观的立法批判层面来讲,还是就在司法层面上约束刑法适用的解释论层面而言,"分割式"立法模式下涉及规范衔接的罪名所要保护的法益都无法被准确把握;对于是否存在值得保护的法益以及应保护法益的内涵究竟是什么,立法过程中缺乏清醒认知,法益的立法批判机能难以落实。[35] 由此将会导致刑法介入社会生活的泛化,危及刑事法治的根基。

为了避免不当扩大刑法规制的行为类型,刑法立法过程需要接受法益批判。从犯罪化立法必要性论证层面来讲,在"分割式"立法模式下,正是由于无法明晰立法事实的客观存在,法益的立法批判机能在刑法立法过程难以发挥,刑法立法的规范目的无从落实。同时,由于非刑事部门法立法过程中并未针对某一对象问题表达出明确的刑法立法诉求,刑法立法中所寻求的规范衔接无法满足法益保护必要性与紧迫性的立法批判要求。基于刑法的二次规范地位与保障法机能,为实现规范衔接而将特定违法行为犯罪化所要保护的法益,应当与其所对应的部门法规范目的之间呈现出明确的关联。申言之,在寻求与其他部门法规范衔接的过程中,刑法立法应评估该部门法中特定违法行为所侵害的对象是否有必要上升到刑法层面的法益,进而论证将该行为犯罪化或调整构成要件的正当性;然而,在"分割式"立法局面下,规范衔接所指向的规制对象无法被明确,难以在其他部

---

[34] 王怡:《论立法过程中的事实论证》,《政治与法律》2018 年第 7 期,第 98 页。
[35] 参见叶良芳、武鑫:《法益概念的刑事政策机能之批判》,《浙江社会科学》2020 年第 4 期,第 59 页。

门法的规范目的与刑法保护法益之间建立起准确关联,法益的立法批判机能将形同虚设。

立法上缺乏明确的法益定位又将导致法益在解释论层面的约束机能难以充分发挥,无法以法益作为确定刑法处罚范围的价值判断标准。[36]寻求与其他部门法规范衔接的立法过程中往往会产生大量"空白罪状",刑法适用必然需要援引或参照其他部门法来界定某些基本术语或理解规范条文,由于"分割式"立法过程中缺乏必要的沟通,罪名所要保护的法益以及对"空白罪状"的解释坐标在立法阶段都无法明确,法益在解释论层面的机能大打折扣,刑事司法实践极易出现对其他部门法的形式盲从,最终导致刑法适用上的实质偏差。当然,为克服上述刑法与其他部门法之间的规范不协调的实践困境,学者依托法秩序统一性说的相对违法性论立场,阐释了刑法与其他部门法之间存在的规范目的差异,[37]对某一基本术语或规范条文的解释不应简单照搬前置法。但不可否认的是,正是由于"分割式"立法过程中刑法与其他部门法之间只是"机械对接",无法在实质意义上将其他部门法的规范目的转化为刑法罪名背后的法益;即便是基于"相对违法性论"立场形成了教义学应对方案,也必然要增加法律适用的难度与司法负担,并且无法彻底规避刑法被机械适用的风险,难以有效避免裁判结果的偏差。

第四节 刑法立法大一统对罪刑相适应的制约

在刑法立法大一统局面下,刑法典分则呈现出紧缩式结构,犯罪治理的刑法诉求与刑法典中有限的罪名资源之间呈现出一种紧张关系;在罪名资源相对有限的情况下,"概括式罪名"的设置以及"情节型"罪量要素的扩张解释成为扩大罪名适用范围、满足社会治理刑法诉求的现实手段。然而,刑法典分则的紧缩式结构之下,"概括式罪名"的技术路径往往会将不同性质的不法类型纳入到同一法定刑之下,各类不法行为的危害程度差异难以从法定刑上直观反映,在司法实践冲击到罪刑相适应。可以说,刑法大一统模式对量刑问题产生影响,与罪刑相适应的需求存在差距。

---

[36] 参见[德]克劳斯·罗克辛:《刑法的任务不是法益保护吗?》,樊文译,载陈兴良:《刑事法评论》(第19卷),北京大学出版社2007年版,第147页。

[37] 参见陈少青:《法秩序的统一性与违法判断的相对性》,《法学家》2016年第3期,第18页。

一、刑法的精确性与罪刑相适应原则的再解读

刑法事关生杀予夺，应当是最为精确的法学，应具备细腻的逻辑思维、严谨的立法构造与令人信服的裁判说理过程。[38]可以说，刑法本身的性质决定刑法学应当是最精确的法律科学，同时，这种精确性也源自社会治理的需要。但是，刑法精确性的目标并不是自然而然地实现的。一方面，刑法的精确性体现在理论的精细化程度，其实就是一个思维方式的体系化、逻辑性以及对民族传统或社会价值的深层表达，由此表现出法教义学上精益求精的理论构造。另一方面，刑法的精确性不仅仅源于法教义学上的理论追求，更在于刑法立法上罪刑结构的合理性与科学化。易言之，立法就像一把精确的尺子，厘定运用刑法手段介入社会生活的边界与程度；边界之精确表现为犯罪之构成要件的科学配置，而程度之精确在于罪刑之间的精准对照。可以说，这种对于刑法精确性的追求，实际上与刑法中罪刑配置的科学性密切相关，体现出罪刑相适应原则的本质。

直观来看，罪刑相适应原则的基本含义强调的是刑罚的轻重应当与犯罪的危害程度相适应，又称"罪刑均衡原则"，追求一种"刑自罪生，罪重刑重，罪轻刑轻，罪刑均衡"的应然效果。[39]我国《刑法》第5条明文规定的罪刑相适应原则，贯穿于刑法始终，其首先要求立法上确立了科学严密的刑罚体系，并且在具体罪名的法定刑设置上体现出一种罚当其罪的理性追求。立法上贯彻罪刑相适应，是确保裁判者准确运用刑法打击犯罪的基本前提，是兼顾法益保护与人权保障的基础。

此外，确保刑法精确性要求罪刑配置的科学化，实际上也是"比例原则"在刑法中的运用。目前，刑法学界也在积极探讨着比例原则在刑法立法中应用可能及其限度。有学者指出，"在以保障公民基本权利为主旨的法治国家的实现中，比例原则以其具体性、规范性和目的性在限制刑事权力上有着重要担当：能够弥补刑法的基本原则无法防止立法泛滥及刑法的谦抑性所不具有的硬约束力之缺陷。也因此，刑法学有必要引入比例原则分析范式，并以其三项子原则——妥当性原则、必要性原则和禁止过度原则的建构为突破口，追寻一种理性的罪刑规

---

[38] ［德］克劳斯·罗克辛：《刑法总论（第1卷）》，王世洲译，法律出版社2005年版，译序部分。
[39] 参见陈兴良主编：《刑法总论精释（上）》（第三版），人民法院出版社2016年版，第60-61页。

范,并形成如下学术路向:把比例原则作为罪刑关系配置的基本原则"。[40]另有学者指出,"比例原则虽然无超越法益保护原则的内容。但比例原则对于贯彻法益保护原则具有方法论的意义。将比例原则引入刑法领域补充法益保护原则时,应当避免简单的话语转换与机械的套用,其中的环节之一是要判断刑罚是不是达到了合理目的的有效手段"。[41]可以看到,虽然上述两种观点对于"比例原则"在刑法中的基本定位存在一定的分歧,但二者均认为,比例原则是衡量刑罚(法定刑)与不法类型之间是否相适应的原则——也即一种合比例的考量;罪刑配置是否在比例上具有实质的合理性,体现出刑法之精确性追求。

直观来看,比例原则是行政法领域的重要原则,其是指行政主体实施行政行为应兼顾行政目标的实现和保护相对人的权益,如果行政目标的实现可能对相对人的权益造成不利影响,则这种不利影响应被限制在尽可能小的范围和限度之内,二者有适当的比例。比例原则着眼于法益的均衡,以维护和发展公民权为最终归宿,是行政法上控制自由裁量权行使的一项重要原则。整体而言,比例原则包含目的正当性原则、适当性原则、必要性原则和狭义的比例原则(均衡性原则)等子原则。其中,狭义的比例原则也称为相称性原则、均衡原则,即行政权力所采取的措施与其所达到的目的之间必须合比例或相称。狭义的比例性原则是从"价值取向"上来规范行政权力与其所采取的措施之间的比例关系的。但其所要求的目的与手段之间关系的考量,仍需要根据具体个案来决定。[42]当然,法律原则不同于法律规则,狭义的比例原则并非一种精确无误的法则,但其表明法治实现过程中的实质理性与精确化的诉求,并且"合比例分析"可以从反面来反思那些违背了的权利与权力之间的失衡状况,亦是我们实现完美的正义观所不缺少的保障。[43]

从立法技术上来讲,罪刑配置上的比例适当要求立法者可以将行为性质(领域)较为接近、危害程度大体相当的不法类型并列在一起配置相同的法定刑区间,但对于类型(领域)存在明显差异,尤其是危害程度明显不同的不法行为而言,将之配置在同一法定刑区间就不符合狭义的比例原则(相称性原则)。易言之,如果我们概括地将各类性质不同(实害、危险抑或是单处的行政义务违反)

---

[40] 姜涛:《追寻理性的罪刑模式:把比例原则植入刑法理论》,《法律科学》2013年第1期,第100页。

[41] 张明楷:《法益保护与比例原则》,《中国社会科学》2017年第7期,第88页。

[42] 参见刘权:《比例原则》,清华大学出版社2022年版,第20-25页。

[43] 参见刘权:《比例原则》,清华大学出版社2022年版,第2-3页。

且危害程度差异性明显的不法类型集中在同一罪名之下,并且配置相同的法定刑区间,这便是"合比例分析"所要反思的对象。事实上,刑事立法中理想的条文构造(尤其是针对行政犯而言)应当是具体的、特定的,即某一具体行为因违反了哪一个法律、法规中的哪一义务并引发何种具体的危害后果,条文构造应当是一个个类型化的构成要件,由此方能体现出刑法之精确性,这也是罪刑配置中对狭义比例原则的贯彻。

毫无疑问,立法上罪刑设置的不科学必然影响到刑法的精确性追求,实际上是立法者将争议的皮球踢给了司法裁判者——为刑事司法"挖坑"——的表现。[44]当然,即便从法教义学的基本立场来看,司法裁判的过程并不应当热衷于对刑法条文的批判;但由于立法中的条文设计未能对司法实践提供确定的规范性指引,司法裁判者必须立足于该罪的立法目的与法治精神,依托于案件事实对概括的条文表述进行有效提炼,通过良性的释法来寻求该罪在实践中的正当适用,[45]在制度化的解释框架内通过应用到(案件)事实来证立与检验该罪名在实践中的应用范式。[46]然而,这种要求必然会给司法者带来较大的负担,并且会因人而异地产生差异化的裁判结果。因此,从立法层面确保不法类型与法定刑配置符合比例原则的要求,为司法裁判实现罪刑相适应确立科学的规范依据便显得尤为重要。

二、紧缩式结构对罪刑相适应原则的冲击

可以肯定,在刑法立法大一统局面下,越来越多的"概括式罪名"使得刑法典分则中有限的条文资源被最大化地利用,但其呈现出的"紧缩式结构"暴露出罪刑不相适应的风险隐患,为刑事司法带来的法治困局。通过聚集多种不法行为类型生成"概括式罪名",在类型逻辑与法定刑配置之间的照应并不精确。司法实践中,裁判者必须对该罪名的适用作出精确拿捏,否则就可能出现宣告刑与不法类型或危害结果不相适应的情况。然而,一旦裁判者不考虑各类不法行为类型在危害程度上的差异性,不加区分地对同一罪名之下性质各异的不法类型采取同

---

[44] 参见姜瀛:《"以网管网"背景下网络平台的刑法境遇》,《国家检察官学院学报》2017年第5期,第48页。

[45] 参见陈兴良:《教义刑法学》,中国人民大学出版社2010年版,第6页。

[46] 参见[德]罗伯特·阿列克西:《法律论证理论》,舒国滢译,中国法制出版社2002年版,第311页。

一刑罚裁量标准，便可能引发裁判不公。而这种风险正是源于单一法典化立法模式下对"概括式罪名"的依赖以及由此引发的罪刑失衡困境。裁判者必须从整体上确立基本的刑事政策立场，以避免刑罚裁量违背实质理性。

通过下述事例的具体分析，我们可以发现"概括式罪名"及其导致刑法典分则所呈现出的紧缩式结构，对于罪刑相适应原则的冲击，进而对罪刑配置背后的立法模式困境展开反思。事实上，只有对可能违背罪刑相适应原则的立法构造进行合比例分析，才能基于罪刑相适应原则的与刑法精确性追求对作出立法模式上的误差作出有效限制。

首先，就新近刑法立法而言，《刑法修正案（十一）》第7点增设的"妨害药品管理罪"（《刑法》第142条之一），[47]将药品管理领域中的四种违法行为升格为刑事犯罪，实现与《药品管理法》的规范衔接。然而，该条所列举的四种违法行为在性质上差异明显，在法益保护上存在逻辑困境。例如，该条第（三）项所规定的"药品申请注册中提供虚假的证明、数据、资料、样品或者采取其他欺骗手段的"，所针对的主体往往是合同研究组织（Contract Research Organization，简称CRO）等商业性的科学机构，[48]其所要保护的法益可能是"公文材料的真实性"；而第（四）项"编造生产、检验记录的"所针对的则是生产阶段的危险状态。并且，上述两种行为所可能侵害的法益，又显然不同于该条前两项所规定的"生产、销售禁止性药品"或"未取得药品相关批文而生产、进口或销售药瓶"的行为。事实上，将四种违法行为一并纳入到同一罪名之下，也并不符合前置法对于各类行为的危害性定位。在未能对前置法进行全面分析的情况下，刑法修正简单地以规范衔接为名将不同性质的行为一并予以犯罪化，很容易造成法益混同、模糊法益定位，为日后的司法实践增加了负担。此外，《刑法修正案（十一）》

---

[47]《刑法》第142条之一第一款规定，"违反药品管理法规，有下列情形之一，足以严重危害人体健康的，处三年以下有期徒刑或者拘役，并处或者单处罚金；对人体健康造成严重危害或者有其他严重情节的，处三年以上七年以下有期徒刑，并处罚金：（一）生产、销售国务院药品监督管理部门禁止使用的药品的；（二）未取得药品相关批准证明文件生产、进口药品或者明知是上述药品而销售的；（三）药品申请注册中提供虚假的证明、数据、资料、样品或者采取其他欺骗手段的；（四）编造生产、检验记录的"。

[48]《药物临床试验质量管理规范》第68条第17款规定，"合同研究组织（Contract Research Organization，简称CRO），一种学术性或商业性的科学机构。申办者可委托其执行临床试验中"。通过合同形式为制药企业、医疗机构、中小医药医疗器械研发企业，甚至各种政府基金等机构在基础医学和临床医学研发过程中提供专业化服务，分为临床前研究CRO和临床研究CRO，这里的临床研究CRO即以接受委托临床试验为主。

对《刑法》第 217 条"侵犯著作权罪"[49]作出修改,变化之一是增加了第六款规定,即"(六)未经著作权人或者与著作权有关的权利人许可,故意避开或者破坏权利人为其作品、录音录像制品等采取的保护著作权或者与著作权有关的权利的技术措施的"。然而,该项规定所针对的是"规避技术措施"的行为,这一行为往往是侵犯著作权的前置行为,在性质上更接近于使得软件或其他作品的著作权处于可能被侵犯的危险状态,并不意味着必然会对著作权造成侵害。将该行为直接纳入到侵犯著作权罪之下,与另外五种具有实害性质的不法类型相并列且配置相同的法定刑,难以体现罪刑相适应的要求,在适用中也将暴露出"概括式罪名"的法治困境。

其次,前文所提及的《刑法》第 196 条规定的信用卡诈骗罪,涉及"(一)使用伪造的信用卡,或者使用以虚假的身份证明骗领的信用卡的;(二)使用作废的信用卡的;(三)冒用他人信用卡的;(四)恶意透支"等四种情形。其中,恶意透支与其他三种类型相比存在较大的差异。"两高"于 2018 年 11 月 28 日联合发布的《关于办理妨害信用卡管理刑事案件具体应用法律若干问题的解释》(以下简称《信用卡刑案解释》)第 6 条规定,"持卡人以非法占有为目的,超过规定限额或者规定期限透支,经发卡银行两次有效催收后超过三个月仍不归还的,应当认定为刑法第一百九十六条规定的'恶意透支'"。相比而言,"恶意透支"的用语表述虽然更有助于体现出行为人主观上的"恶性",但其行为方式主要表现为透支后拒不还款的不作为形态,是一种消极不作为的不法类型;而其他三种类型均具有积极的虚构事实或隐瞒真相的作为形式,差异较为明显。正因如此,《信用卡刑案解释》第 10 条针对"恶意透支型"信用卡诈骗罪设置了出罪事由,[50]司法实践中,一旦借款人能够还本付息,往往便会获得轻缓化处理;因此,

---

[49] 《刑法》第 217 条规定,"以营利为目的,有下列侵犯著作权或者与著作权有关的权利的情形之一,违法所得数额较大或者有其他严重情节的,处三年以下有期徒刑,并处或者单处罚金;违法所得数额巨大或者有其他特别严重情节的,处三年以上十年以下有期徒刑,并处罚金:(一)未经著作权人许可,复制发行、通过信息网络向公众传播其文字作品、音乐、美术、视听作品、计算机软件及法律、行政法规规定的其他作品的;(二)出版他人享有专有出版权的图书的;(三)未经录音录像制作者许可,复制发行、通过信息网络向公众传播其制作的录音录像的;(四)未经表演者许可,复制发行录有其表演的录音录像制品,或者通过信息网络向公众传播其表演的;(五)制作、出售假冒他人署名的美术作品的;(六)未经著作权人或者与著作权有关的权利人许可,故意避开或者破坏权利人为其作品、录音录像制品等采取的保护著作权或者与著作权有关的权利的技术措施的"。
[50] 《信用卡刑案解释》第 10 条规定,"恶意透支数额较大,在提起公诉前全部归还或者具有其他情节轻微情形的,可以不起诉;在一审判决前全部归还或者具有其他情节轻微情形的,可以免予刑事处罚。但是,曾因信用卡诈骗受过两次以上处罚的除外"。

"恶意透支型"信用卡诈骗罪通常被认为是维护金融机构利益、督促借款人还款的刑事手段。总之，恶意透支这一不法类型与其他三种不法类型在行为性质、危害程度上存在显著差异，却被并列在信用卡诈骗这一概括式罪名下，"共享着"相同的法定刑区间，但在司法实践中，该种类型无论是在发案数量上，还是在危害程度上，均具有不同于其他情形的独特之处，更易被作为独立犯罪类型设置专门罪名。

最后，如前所述，我国刑法典分则中的罪名资源较为紧张，且刑法规范输出呈现出刑法立法与抽象司法解释并立的二元化结构，司法解释"造法"的扩张性也会引入诸多性质各异的罪量标准，实质上对罪刑相适应原则产生影响。具体而言，司法解释可以将"情节"作出一种泛化解释，将危害程度差异较大的各种罪量标准纳入到同一"情节"之下。例如，无论在刑法学理上如何诠释，《环境污染解释》第1条针对"严重污染环境"所列举的17项入罪标准在性质与危害程度上存在明显的差异；将差异性的入罪标准共同置于一个罪名之下、适用相同的法定刑区间，又必然会产生罪刑不相适应的问题。具体来看，《环境污染解释》第1条第（一）（二）（三）（四）（五）项[51]所规定的入罪标准，都涉及"排放、倾倒、处置"特定危险物质或废物的行为，此类标准具有触发危害结果的高度盖然性，包含着对将来会发生的污染环境结果的推定或预防；但不能忽视的是，以"排放、倾倒、处置"特定危险物质或废物的行为作为入罪标准，亦表明尚未立即造成环境污染的实害结果。与之相对，《环境污染解释》第1条第（十）（十一）（十二）（十三）项[52]所规定的入罪标准，直接造成环境污染的实害结果，第（九）项[53]是造成财产损失的实害结果，而

---

[51]（一）在饮用水水源一级保护区、自然保护区核心区排放、倾倒、处置有放射性的废物、含传染病病原体的废物、有毒物质的；（二）非法排放、倾倒、处置危险废物三吨以上的；（三）排放、倾倒、处置含铅、汞、镉、铬、砷、铊、锑的污染物，超过国家或者地方污染物排放标准三倍以上的；（四）排放、倾倒、处置含镍、铜、锌、银、钒、锰、钴的污染物，超过国家或者地方污染物排放标准十倍以上的；（五）通过暗管、渗井、渗坑、裂隙、溶洞、灌注等逃避监管的方式排放、倾倒、处置有放射性的废物、含传染病病原体的废物、有毒物质的；（六）二年内曾因违反国家规定，排放、倾倒、处置有放射性的废物、含传染病病原体的废物、有毒物质受过两次以上行政处罚，又实施前列行为的。

[52]（十）造成生态环境严重损害的；（十一）致使乡镇以上集中式饮用水水源取水中断十二小时以上的；（十二）致使基本农田、防护林地、特种用途林地五亩以上，其他农用地十亩以上，其他土地二十亩以上基本功能丧失或者遭受永久性破坏的；（十三）致使森林或者其他林木死亡五十立方米以上，或者幼树死亡二千五百株以上的。

[53]（九）违法所得或者致使公私财产损失三十万元以上的。

第（十四）（十五）（十六）（十七）项[54]的规定则是直接产生危害生命健康的实害结果。上述各类结果虽然在法益定位上存在区别，但相比于《环境污染解释》第1条第（一）（二）（三）（四）（五）项所规定的"排放、倾倒、处置"型入罪标准而言，均表现出明显的实害性，在危害程度上显然更为严重。此外，《环境污染解释》第1条第（六）所规定的"二年内受过两次以上行政处罚又实施前列行为的"、第（七）项所规定的"重点排污单位篡改伪造数据或者干扰监测的"以及第（八）项规定的"违法减少防污支出的"等情形，则与实害结果的跨度更大，预防性色彩更为强烈。可以说，《环境污染解释》第1条规定的17项入罪标准，在侵害法益、行为方式以及客观危害程度上呈现出多样性与差异性，将其杂糅在一起主要是为了避免出现的规制漏洞，但却面临着将刑法干预前置化的不法情形与传统的实害后果简单并列的困境，难以体现出差别对待与实质正义，确有违背罪刑相适应原则之嫌。

总体而言，无论是立法上直接规定了多种不法行为类型的"概括式罪名"，还是通过司法解释对罪量要素进行解释所产生的不同罪量标准形态，他们所针对的法定刑都是相同的。如果说不法行为类型或罪量标准只是单纯地违背了行政管理义务，或者说仅仅是产生了某种危险状态，并没有引发实害结果，表现出更为强烈的预防性色彩，将此类不法行为类型或罪量标准与引发实害结果的不法类型或罪量标准共同置于同一罪名之下，显然是背离罪刑相适应要求。在这样的情况下，不同性质的不法行为类型在危害程度上的差异性与法定刑的同一性之间形成鲜明反差，立法上罪刑不相适应，司法适用过程中必然会引发机械化裁量的罪刑失衡风险，违背刑法的精确性诉求。

可以说，刑法立法大一统局面催生出一种相对粗犷的立法模式，为了追求体系上的整齐划一，针对行政管理领域性质各异的不法类型往往选择合并为同一"概括式罪名"，这种立法有效地缩减分则中的罪名数量，形成一种紧缩式立法结构；同时，"概括式罪名"的法益定位模糊（甚至需要引发复合型法益）、规制范围"膨胀"，此类立法构造虽然具有很强的包容性，但却使罪刑配置缺乏一一对应的精确性，难以在法定刑上准确反映出各种不法类型的罪质差异。

---

[54] （十四）致使疏散、转移群众五千人以上的；（十五）致使三十人以上中毒的；（十六）致使三人以上轻伤、轻度残疾或者器官组织损伤导致一般功能障碍的；（十七）致使一人以上重伤、中度残疾或者器官组织损伤导致严重功能障碍的。

第五节　刑法立法大一统对犯罪治理诉求的制约

犯罪治理表现为对犯罪行为所采取行动或作出反应的过程，是世界各国都要面对的公共事务；除了拥有国家的刑罚手段"强势出击"之外，还需要寻求国家之外的参与主体以及其他科学有效的犯罪治理途径。刑事政策是以犯罪治理为基本内容的对策设计与制度安排，属于治国方略的重要内容。[55] 在推动将刑事政策系统地、科学地、有效地投入犯罪治理过程中，刑事政策制度化的载体形式选择成为影响犯罪治理效果的重要因素之一，而这一问题实际上又与刑法立法模式与修改方式问题存在密切关联。在当前刑法立法大一统局面下，优化犯罪治理效果的过程中可能存在着制度供给不足，无法满足刑事政策制度化的载体形式需求，与我国犯罪治理科学化的目标不相契合，这便要求我们反思我国当前的大一统立法局面，寻求科学的犯罪治理之道。

一、犯罪治理科学化对刑法立法模式的诉求

对于处于社会转型期的当代中国而言，由于犯罪现象本身呈现出复杂、多变之样态，我们对犯罪现象的认识也需不断深化，犯罪治理的实践也在不断为我们提出新的问题，探讨如何系统、科学、有效地治理犯罪就显得尤为重要。为了实现犯罪治理的效果，我们首要先要对犯罪现象展开深入考察，如果对待犯罪问题缺乏科学的定位，犯罪治理的对策设计可能会发生基础性偏差，进而导致其无法在犯罪治理实践中发挥效用。因此，应当对刑事部门在犯罪治理过程中的反犯罪运作原理进行综合归纳，并在刑事立法与刑事司法及社会政策上作全盘性的规划，以期对反犯罪行动作最有效果的系统建构。[56] 犯罪治理需求将会被进一步转化为刑事政策上的诉求，不同的刑事政策问题将从微观、具体、静态的层面导入刑事政策的整体系统之中，不同层次的刑事政策之间寻求相互之间的协调，刑事政策才能在整体结构上从一维跃入多维，由微观进入系统，进而成为反犯罪诸方法之总和。[57] 与此同时，社会分工与科学进步使得学科之间相互协作的"依赖性"

---

[55] 参见卢建平、姜瀛：《论犯罪治理的理念革新》，《中南大学学报（社会科学版）》2015 第 1 期，第 38-39 页。

[56] 参见姜瀛：《公共政策对刑事政策的影响模式研究》，中国人民公安大学 2018 年版，第 45-46 页。

[57] 参见卢建平、姜瀛：《治理现代化视野下刑事政策重述》，《社会科学战线》2015 年第 9 期，第 227 页。

明显增强，犯罪治理的行动过程与方法应用也将寻求更多学科的理论支撑，这也为刑事政策在犯罪治理实践应用中的可行性提出了更高的要求。

同时，为了确保刑事政策科学地回应犯罪治理需求，需要将刑事政策制度化，也即确保刑事政策可以被落实为明确的制度体系。在刑事政策制度化输出过程中，载体形式的科学配置决定了刑事政策的制度化程度及其实施效果。简言之，这种制度化的过程体现出刑事政策的科学含量。一方面，刑事政策的形成需经历由对象问题到目标确定到方案规划再到风险预测的基本流程，是犯罪实时信息分析、各参与主体分工配置以及外部环境因素分析等综合作用的结果；另一方面，刑事政策的制度化则是将上述过程形成的结果最终转化为可行的制度设计，并且通过相应的载体形式呈现给执行者。

与有效地解决社会问题、实现刑事立法整体效益的实际需要相比，刑法规范在形式上的整齐划一，并非刑法立法所要实现的重要价值。而且，刑法规范载体的理性配置，不在于形式上的一致性或者刑法典的单一性，而在于刑法规范在内容上的系统、协调，在于其所体现的刑事政策与刑法理念的统一。[58] 目前，刑法立法大一统局面下的单一法典化结构，无法充分满足犯罪治理的科学化需求，影响着刑事政策的制度化程度——刑事政策难以融入刑法典之中。[59]

二、排斥型结构在刑事政策制度化上的功能制约

如前所述，由于我国的刑事政策除了以政策文件存在之外，其载体形式通常不是具有明确性的、体系化的法律规范，而产生这一现象的原因主要是由于我国大一统刑法立法模式直接制约着我国刑事政策的载体形式。当前单一法典化模式下，刑法修正案排斥单行刑法的存在，刑法典与单行刑法呈现出排斥型结构；受制于立法技术原因，犯罪治理的刑事政策需求难以在刑法典中直接反映，各种犯罪预防措施、补救机制以及针对犯罪人的处遇措施，难以通过制度化、规范化、系统化的法律形式呈现出来。

犯罪涉及的社会关系越复杂，犯罪治理的制度化需求便越高；通过单行立法对犯罪治理中的刑事政策需求作出详尽、周到的规定，是更为科学化的立法选择。针对特殊犯罪类型、特殊犯罪人群体或者是针对犯罪人的特别措施等方面的

---

[58] 刘之雄：《单一法典化的刑法立法模式反思》，《中南民族大学学报（人文社会科学版）》2009年第1期，第108页。
[59] 参见柳忠卫：《刑法立法模式的刑事政策考察》，《现代法学》2010年第3期，第51页。

犯罪问题，有针对性的刑事政策需要依托于专门的规范载体，单一刑法典很难做出针对性的规定，单行刑法却具有独特的优势。事实上，如果按照单一刑法典的立法技术要求，分则条文一般只能规定具体犯罪的罪状和法定刑——也即表现为一种罪刑式条文构造，以此来体现出刑法典的简明需求；关于某一类犯罪问题的专业术语、有针对性的程序规定以及预防性政策措施的制度化问题，均难以规定在刑法典之中。可以说，由于刑法典的立法技术局限，力图对特殊犯罪类型、特殊犯罪人群体或者是针对犯罪人的特别措施等作出针对性规定存在相当的技术困难。

在国家治理体系与治理能力现代化的进程中，"系统治理、依法治理、综合治理、源头治理"是我们探求犯罪治理科学化所应坚持的基本原则。[60]也即，刑罚虽然是犯罪治理必不可少的措施，但并非唯一的手段；对某些危害特别严重的犯罪类型，犯罪治理过程的各类有效措施均有必要上升为国家的法律。然而，单一法典化的立法模式不能对某些复杂的犯罪领域实现刑事一体化的法制构建。刑事对策的特别设计不仅涉及实体刑法，也涉及刑事诉讼法和刑法执行法，如案件管辖的特别规定、证明责任的特殊分配、特别的侦查措施、证人的特别保护措施、特别的刑罚执行措施等。这些内容既不适合在刑法典中规定，也不便于全部规定在刑事诉讼法典与监狱法中，而需要通过单行刑事立法作综合性、系统化的规定。[61]

事实上，面对主体、时间、空间等方面非常特殊的犯罪问题，如未成年人犯罪问题、技术性强的网络犯罪问题以及黑恶势力犯罪、恐怖主义犯罪或电信诈骗等有组织犯罪问题，专门制定单行刑法具有明显的技术优势，更容易创设出具有针对性的犯罪治理制度体系，体现出刑事一体化价值。进而言之，单行刑法的技术优势表现为，将有关罪刑适用的评价性规范与涉及犯罪治理的目标性、策略性或预防性的制度安排置于同一部门法之中，罪状描述更为详尽具体，刑罚配置更为精细化；并且，不同犯罪治理机制同步被纳入规范体系之中，联系构造将更加紧密，[62]增强了司法的指引与犯罪预防、被害救济等方面的可操作性。目前，我国刑法立法大一统局面下，刑法分则几乎规定的均是罪刑式条文，在技术运用上

---

[60] 参见卢建平、姜瀛：《治理现代化视野下刑事政策重述》，《社会科学战线》2015年第9期，第224页。

[61] 刘之雄：《单一法典化的刑法立法模式反思》，《中南民族大学学报（人文社会科学版）》2009年第1期，第109页。

[62] 储槐植等：《刑法机制》，法律出版社2004年版，第24-25页。

相对封闭，难以在犯罪治理方面体现出活力，以刑法修正案所维系的大一统模式不能适应犯罪治理的全部需要，单行刑法在刑事一体化方面的技术优势没有在犯罪治理行动中充分体现。为了适应国家控制犯罪的需要，我国应建立刑法典、单行刑法和附属刑法相结合的刑法立法模式，尤其是有必要通过单行刑法（刑事法案）来发映出刑事政策需求，推动刑事政策制度化为具体的刑事法案。

例如，针对网络犯罪这一技术性强、专业问题相对较多的领域，治理中的单行刑法模式更能够彰显刑事一体化理念，有助于实现犯罪预防的整体目标。如前所述，针对以计算机信息系统为对象的犯罪行为，日本专门制定《关于禁止非法访问（计算机系统）行为的法律》，一部针对计算机信息系统安全及隐私性问题的单行刑法。该法不仅从实体刑法层面围绕计算机信息系统安全以及隐私性法益设置了义务违反规定（构成要件）与刑事罚则，同时还对与计算机信息系统相关的技术性概念做出界定；更为重要的是，该法第8条专门对"访问管理者的防御措施"做出规定，第9条和第10条则是对"公权力机关在应对非法访问行为中的援助方案与程序"作出专门规定，上述规定考虑到计算机网络犯罪治理的对策需求，充分体现出单行法在贯彻刑事一体化方面的立法技术优势。从理论上来讲，单行刑法往往是针对某一特定对象所作出的罪刑规定，其可以跳出实体法与程序法严格划分的思维定式，具有整合犯罪制裁体系的效果。从网络犯罪治理系统化的角度来看，单行刑法确实具有刑事政策上的技术优势。日本《关于禁止非法访问（计算机系统）行为的法律》正是体现出上述特点，值得我们进一步借鉴。总体而言，倡导多元化刑法立法模式，尤其是对于技术性极强的侵犯计算机信息系统的犯罪行为，单行刑法确实能够容技术性规范、实体法与程序法于一体，实现打防结合，彰显刑事一体化理念，是一种理想的立法模式选择。当然，也应当看到，我国针对计算机信息系统犯罪的刑法规范已经较为稳定，加之最高司法机关也已经分别从实体法与程序法层面作出司法解释、提供裁判指引。因此，即使在网络犯罪领域倡导多元化立法模式，考虑到刑法立法成本，目前似乎没有必要专门制定一部网络犯罪单行刑法。不过，结合我国网络犯罪治理实践的需要，整合我国刑法典中以计算机信息系统为对象的罪名以及相关司法解释的内容，融入特别的程序性规定以及犯罪应对的策略，围绕以计算机信息系统为对象的犯罪行为制定一部单行刑法，也可能成为一种备选的立法方案。

此外，考虑到我国近年来针对有组织犯罪专门立法实践并未明确将刑事罚则纳入到相关的部门立法中——如《中华人民共和国反有组织犯罪法》（以下简称

《反有组织犯罪法》)和《中华人民共和国反电信网络诈骗法》(以下简称《反电信网络诈骗法》),这实际上也表明我国立法机关对于单行刑法有所顾忌。事实上,刑法规范载体形式的选择是一个系统性问题,如果我们在刑法典之外针对相对复杂的犯罪问题逐步开展专门性单行立法,便需要整体上考量不同的立法模式选择对刑事政策效果产生的影响。事实上,制定一部具有体系性单行立法的成本较高,如果不能针对规制的犯罪问题进行有效整合,仍然是由刑法典与单行刑事立法针对同一类犯罪分别加以规定,这种立法格局便会存在规范衔接问题。总而言之,为了适应治理犯罪的现实需要,我国应建立刑法典与特别刑法相结合的刑法立法模式,方能根据刑事政策的需要作出立法模式的理性选择。并且,也应当确保对刑法典与单行刑法所规定的对象问题作出较为清晰的界分,实现不同刑法规范载体之间在规制对象与功能目标上的科学分工,如此方能在多元化立法局面下避免陷入刑法规范体系混乱的局面。

小 结

整体而言,目前的单一法典化结构制约着刑法的实质功能,印证了"形式理性影响实质功能"的基本论断。具体而言,这种功能制约在立法层面上表现为单一法典化结构难以契合当前预防性立法走向,也即刑法典并不能完全迎合预防性立法诉求,规范形式与实质功能之间出现了错位。预防性立法需要将刑法干预社会问题的阶段前置化,展现出一种相对积极的犯罪化以及与之相对的非刑罚化(弱刑罚化)色彩。现有刑法典虽然也可以增设一些危险犯(典型的如危险驾驶罪),实现预防性立法效果,但相较于独立型附属刑法或者说在非刑事部门法中直接作出罪刑规定而言,在刑法典中开展预防性刑法立法仍然可能被不加甄别地与自然犯等同视之,陷入轻罪重刑的困境,由此表明预防性立法背景下单一法典化的技术局限。

与此同时,由于我国采取自然犯与法定犯一并纳入刑法典的立法模式,并没有对两种犯罪类型进行严格区分,二者在危害法益类型、程度以及道德非难上的差异性并没有被充分体现出来,将行政管理领域的犯罪纳入到刑法典中往往会面临严罚化的境遇,这与预防性刑法立法背景下刑罚轻缓化(弱刑罚化)的趋势截然相反。并且,刑法典中的犯罪圈扩张会增加犯罪人的数量,但由于自然犯与法定犯或者说是刑事犯罪与行政犯罪之间在道德非难性的差异在同一刑法典中难以体现，社会对于法定犯也会贴上同等的犯罪人标签，这种理解上的差异必然制约着犯罪人再社会化。可以说，过度的犯罪标签效应成为单一法典化结构在预防性立法背景下的另一技术局限。

此外，在单一法典化结构下，刑法典分则呈现出一种"紧缩式"结构特征。受制于刑法典分则紧张的罪名资源，单一法典化结构难以直接地将各种行政义务违反或者危险状态逐一确定为犯罪，而往往只能是将数种性质不同的违法类型集合在一起，形成概括式罪名，可以说，单一法典化局面下刑法典分则所能设置的罪名是较为有限的，显然无法如在附属刑法中设置独立罪刑规定，一般具体、细致地规定各类违法行为，实现一种明确的立法宣誓与积极的一般预防效果。同时，在单一法典化结构下，经济犯罪或社会管理犯罪所规定的涉及前置法违反部分往往采取了空白罪状，但关于前置法的具体内容与刑法条文之间缺乏明确指引，刑法典分则又表现出与前置法相脱节的立法局面。"紧缩式"结构特征的概括式罪名，不能体现出刑法的精确性要求；当罪状中罗列了多种不法行为类型却配置相同的法定性区间，表明此种结构实际上是一种不求甚解的粗犷式立法，很可能导致不同性质的违法类型被一视同仁，比如说单纯的行政义务违法或者说是危险状态可能被与具有实害结果的不法行为同等对待，在适用过程中要求司法机关对于不同性质的违法类型进行极为精确把握与区别对待，由此带来了司法负担，并且在裁判结果上必然会差异，引发司法不公，背离了罪刑相适应原则的要求。同时，由于脱节式结构下部分构成要件被简化为空白罪状，但作为违反前置法判断的核心内容并未在非刑事部门法中予以明确，暴露出立法上的模糊地带，既可能导致规范衔接不畅制约着法秩序统一性的实现，也容易导致司法部门存在不同理解——司法裁量空间过于宽泛。

最后，如果说以上立法与法律适用层面的制约是建基于传统的规范刑法视野，那么，当思考跳出规范刑法而进入刑事政策领域，在评价当前单一法典化结构时，立法模式对于犯罪治理效果的制约也会显现出来。可以发现，单一法典化立法模式并不利于刑事政策的制度化推进。当前，如果我们希望针对特定犯罪领域作出犯罪预防功能的规定，刑法典难以将此类规定充分制度化，我们在一定程度上不得不运用抽象性司法解释。然而，抽象性司法解释在内容或权限等方面均饱受质疑，并且难以充分表现出在刑事政策和刑事一体化上的技术优势。相比之下，单行刑法可以整合各种立法要素，无论是实体、程序还是专业技术性的，甚至将具有犯罪预防色彩的一些政策措施都纳入到单行刑法中，可以说，一部针对某特定犯罪领域的单行刑法（刑事法案），既是一部具有法教义学色彩的适用性法律，同时也是具有刑事政策色彩、体现犯罪预防效果的政策性法律，可以结合规范刑法与刑事政策的优势，体现刑事一体化效果。当前的单一刑法典结构，在犯罪治理方面存在着明显的技术短板，制约着刑事政策制度化以及其在犯罪治理中的功能发挥。

第七章 塑造刑法立法大一统格局的原因分析

我国当前刑法立法大一统格局，并非仅仅源于立法技术上的原因。事实上，除了立法技术层面的误区之外，一些传统或观念上的因素也会影响到刑法规范载体形式的选择。单一法典化结构的呈现，在很大程度上也是由于某种立法观念或者说刑法观的作用所导致。同时，我们希望刑法立法模式与修改方式有助于刑法实质功能的发挥，但结构选择的背后却很可能会展现出某种背离预期的效果。易言之，观念对于结构本身以及功能性因素的影响，实际上是潜移默化的；在立法技术局限之外，我们所追求的刑法法典化之绝对统一，可能更多的是出于符号化意义，其与预期的功能效果之间存在着某种偏差，也即呈现出一种相对的"违和"。技术性误区的更正与观念性因素的调整——或者说在立法观念上的适度引导——将有助于我们进一步优化刑法的规范载体形式结构配置，最终满足刑法实质功能的定位与需求。

第一节　刑法优位的观念因素

自改革开放以来，我们在刑法立法尤其对待刑法与其他部门法的关系上，始终受到固有观念的制约。对刑法与其他部门法之间的立法逻辑顺位与功能定位展开分析，可以为我们从更深层次揭示出塑造刑法立法大一统模式的背后因素。进而言之，我们在对待刑法与其他部门法的立法逻辑顺位上确立了刑法的优势地位，而这又在一定程度与我们传统上的刑罚依赖观念相关。在经济发展与社会治理领域的首选仍然是刑法手段，而不是作为基础法律的相关部门法。与此同时，在以刑法手段参与到相关社会治理领域之时，我们在实质上又倾向于一种严罚化立场。上述刑法观念定位导致我们在立法过程中将刑法、刑罚措施推向了极高的地位，甚至认为不宜在刑法典之外的其他法律规范中直接规定罪刑规范，进而逐步塑造出一种单一法典化构造。

一、立法顺序上的刑法优位

从既有关于刑法立法模式与修改方式问题的研究来看，学界并未从改革开放之初立法进程入手对刑法与非刑事部门法之间的立法逻辑展开细致分析。事实上，如果对20世纪80年代我国的法治建设过程进行整体审视——不仅仅是梳理刑法立法的进程，可以发现，我国在改革开放之初采取了从"先刑法后他法"的立法逻辑，这一立法逻辑表明了刑法在整体法律体系中的优越定位，而立法顺序上的刑法优位造成了我国刑法立法模式与修改方式的先天局限。

具有重大历史意义的十一届三中全会明确指出"要发扬人民民主，加强社会主义法制"，十一届三中全会的精神有力地推动了我国立法工作的展开。但由于时间、人员以及立法条件等诸多方面因素，当时设立的法制委员会[1]确定了一个方案，就是先抓条件比较成熟的、急需的七部法律，其中包括《选举法》《地方组织法》《法院组织法》《检察院组织法》《刑法》《刑事诉讼法》以及《中外合资经营企业法》；也即，《刑法》与《刑事诉讼法》被认为是急需的法律。此后，随着改革开放的逐步深入，尤其是1984年10月召开了十二届三中全会并通过《中共中央关于经济体制改革的决定》之后，相关民商、经济及行政管理类部门法才逐步提上立法议程。从立法观念以及刑法与其他部门法之间的立法逻辑顺位来看，我国在改革开放之初大体上采取了"先刑事、后其他"的立法进路；其他部门法严重缺位，导致独立型附属刑法无所"依附"，可以说，我国刑法立法工作是在规范载体形式存在"先天不足"的情况下所展开的。

更为重要的是，这种"先天不足"并不仅仅是一个立法技术问题或刑法规范载体结构上的形式问题，其与我国几千年延续下来的"重刑轻民"的观念密切相关。正是由于这一原因，"79刑法"无法适应改革开放所带来的社会变革，也无法通过独立型附属刑法的方式回应经济活动中的违法现象——由于其他部门法严重缺位，而只能将这一重任交给单行刑法，如1982年3月8日第五届全国人民代表大会常务委员会第二十二次会议通过《关于严惩严重破坏经济的罪犯的决定》，实际上很多罪刑规范完全可以置于相关部门法中以独立型附属刑法的方式予以规定。

直到1986年，立法机关才制定了作为民事基本法律的《民法通则》，其后又制定了商标法、专利法等一系列民商事方面的单行法律；继刑事诉讼法之后，民事诉讼法（试行）、行政诉讼法也相继制定出来，三大诉讼法律制度得以建立。与此同时，1986年、1988年，立法机关相继制定外资企业法、中外合作经营企业法，构建起比较全面的对外开放法律框架，为实施以引进外资为主的对外开放战略提供了重要法律支撑。此后，有关经济体制改革方面的一些法律法规也

---

[1] 依据中共中央的意见，五届全国人大常委会第六次会议（1979年2月17日至23日）采取了一项重大的组织措施，即设立法制委员会。该委员会由80人组成，彭真为主任，是一个具有代表性和权威性的立法工作机构，主要负责协助全国人大常委会加强法制工作。

先后制定出来，为推动改革开放顺利进行提供了重要法制保障。[2] 应当看到，在改革开放之初立法资源相对紧张的情况下，通过刑事法律来"维持社会稳定、为改革开放保驾护航"成为当时的首选，这种刑法优位实际上是刑罚依赖传统思维的直接反映。在出现新情况、新问题时，立法机关也是选择快速制定单行刑法予以回应，而不是寻求针对特定立法事实或某一规制领域首先制定基础性法律。如学者所言，"这在世纪之交，我国尚未形成高水平的法律职业共同体，加之市场经济起步，犯罪多发，形势复杂，为保障统一执法，公正司法，刑法单轨制是较优选择。手有小书（刑法）一本，办案心平不慌！与此相随，更有'刑法优位'观念支持，'其他法律无权设置罪刑条款'"。[3]

将刑法立法模式与修改方式问题的研究选择溯源至改革开放之初的立法格局，并将之与我国传统刑法观相关联，这是跳出立法技术本身分析我国刑法规范载体形式问题的思路。事实上，立法机关对于立法上的"刑法优位"观念并非完全没有认知。彭真委员长在第五届全国人大常委会第八次会议所作的报告中指出，"刑法是解决刑事犯罪问题，是处理法纪问题的，而且在法纪中还有刑法与民法之分。决不能把应该属于党纪、政纪和民法处理的问题，列入刑法，追究刑事责任。不能企图用刑法解决一切问题"。[4] 可以看到，仅仅运用刑法来解决一切社会问题并不现实。肯定刑法的局限性，并且认知到法律规范系统性与多元化的功能需求，才是推进我国法律体系逐步完善的关键。不过，一直以来，立法机关并没有充分认知到刑法的保障法地位，仍然将之视为是社会治理中的首选，这种刑法优位观念是逐步塑造出刑法立法形式上整齐划一与单一法典化格局的重要因素。

综上，通过对改革开放初期的立法进程梳理，可以看到，虽然立法机关明确认知到我国刑法规范体系混乱的现实问题，但由于我们仍然缺乏刑法之外的其他基础性法律规范，附属刑法立法没有依托，因此立法机关很难有机会改变我以单行刑法来补充"79刑法"的局面。而"97刑法"颁行直接实现了刑法立法大一统，实现了克服刑法规范体系混乱困境的目标，但却没有对独立型附属刑法规范作出立法尝试。事实上，在1988年确立系统修订刑法典之立法规划至"97刑

---

[2] 胡健：《新中国立法工作七十年》，《中国法律评论》2019年第5期，第159页。
[3] 储槐植：《1997年刑法20年简要回顾》，刘艳红主编：《东南法学》2017年（秋季卷·总第12辑），东南大学出版社2017年版，第8页。
[4] 高铭暄、赵秉志：《中国刑法规范与立法资料精选》，法律出版社2013年版，第357页。

法"颁行的一段时期内,立法机关在民商经济领域已经制定了一些基础性法律,可以成为独立型附属刑法之依托。但由于受到法典化的追求、立法技术限制与思维惯性等方面因素的影响,关于独立型附属刑法立法的工作始终没有实质性展开。"刑法优位"观念塑造出刑法立法形式上的"垄断性",也即在刑法典之外的其他部门法之中不宜规定实质的罪刑规范,成为一种立法上的思维定式,延续至今。

二、对刑罚制裁的心理依赖

立法顺序上的刑法优位,是对刑罚制裁效果过度依赖的形式化表现;而在社会治理中过度地依赖刑罚制裁效果,实际上又是"刑法工具主义"的彰显。易言之,改革开放初期所反映的"刑法优位",并不仅仅是简单的立法部门选择问题,其与我国传统上"刑罚依赖"观念直接相关。刑法被简单化为以刑罚制裁效果为核心的"刀把子",未能体现出刑法在法律体系中的基本定位与功能特征,这是造成我们在法制建设初期将刑法立法视为首选、立法顺序上强调刑法优位的根本原因。

具体而言,无论"79刑法""97刑法",还是后续颁布的十一部刑法修正案中,很多罪名是在没有基础性部门法甚至是行政立法或部门规章的情况下出台的,在立法上采取了先刑法、后他法的路径,实际上就是将刑法视为社会治理的首选,这是刑法工具主义的体现,进一步导致刑法典的膨胀以及罪刑规范的扩大化。事实上,即使考虑到我国传统上强调刑法的威慑效果,往往希望先通过刑法中的罪刑规范对新型社会危害行为予以应对。不过,在相应的部门立法尚未被制定之时,刑法中的相关罪刑规范如何能够准确地反映出特定立法领域或行业的需求,又如何能反映出新型社会危害行为已经达到刑法规制的必要程度呢?进而言之,冲在最前端的刑法立法,在未能准确地反馈出立法领域或行业的犯罪化需求之时,仅仅基于一种威慑效果的期待,便成为立法上的选择。

并且,刑法立法大一统的形式化特征更有助于确保刑法实质上可以脱离于特定部门法而独立存在,这种独立性——不考虑刑法与未来的部门立法之间不一致与冲突——使得刑法典可以吸纳很多经济领域或社会管理领域的罪名。从逻辑上来讲,如果说只有"法律"位阶的立法才能规定犯罪与刑罚,刑法典所规定某些犯罪实际上又是在缺乏"法律"层次的前置性规范的背景下所实现的犯罪化,例如，2009年2月28日所通过的《刑法修正案（七）》第七点[5]（也即《刑法》第253条之一）增设了"出售、非法提供公民个人信息罪、非法获取公民个人信息罪"，此后，2015年颁布的《刑法修正案（九）》对该条规定作出系统修改，罪名表述也相应地调整为"侵犯公民个人信息罪"。应当看到，2009年增设该罪之时，我国并不存在个人信息保护方面的"法律"，直至2021年8月20日，立法机关才颁布了《中华人民共和国个人信息保护法》（以下简称《个人信息保护法》）这一个人信息保护领域的基本立法。可以说，2009年《刑法修正案（七）》增设的"出售、非法提供公民个人信息罪、非法获取公民个人信息罪"，虽然对个人信息权益保护具有积极意义，但却是在缺乏前置性"法律"规范的情况下直接将之规定在刑法典中。假如在多元化立法背景采取独立型附属刑法的方式，那么上述保护个人信息的罪名实际上没有"法律"层次的立法作为依托，难以实现犯罪化。这就要求立法机关首先考虑制定基础性部门立法，并以此为基础实现特定领域的治理，而刑罚手段只是一种辅助性手段被同步置于附属刑法之中。可以说，当前单一法典化局面下，即便规制某一类不法行为的前置性规范尚未达到"法律"的层次，仍可以在刑法典中直接实现犯罪化，这实际上也是刑罚依赖的体现。

此外，将自然犯与法定犯不加区分地全面设置在刑法典中，并且采取一种脱节型结构、不去详细规定法定犯的前置性义务违反规定，而是在相关经济或社会管理领域相对笼统地设置了一个或者几个罪名，这样的立法选择确实有助于确立一种较强的威慑效果，而并非希望塑造出一种规范认同以及法治理性基础的守法预期。一方面，刑法典（设置罪名）本身所彰显的威慑效果要强于独立型附属刑法；另一方面，针对某一经济或社会管理领域采取一种概括性罪名方式设置罪名——而不是将构成要件与刑事罚则一一对应，使得相关罪名（如污染环境罪）所覆盖的范围更大，如此便会在适用中产生一种未知的威力。

与此同时，对于刑罚制裁效果的过度依赖，并非在于表面上犯罪圈的扩张，其更体现在对刑法适用的严罚化定位以及基于制裁程度所达到的威慑效果。在我国固有观念上，"罪"与"刑"几乎是同步一体的；犯罪意味着要在实际上科

---

[5] 原《刑法》第253条之一规定："国家机关或者金融、电信、交通、教育、医疗等单位的工作人员，违反国家规定，将本单位在履行职责或者提供服务过程中获得的公民个人信息，出售或者非法提供给他人，情节严重的，处三年以下有期徒刑或者拘役，并处或者单处罚金。窃取或者以其他方法非法获取上述信息，情节严重的，依照前款的规定处罚。单位犯前两款罪的，对单位判处罚金，并对其直接负责的主管人员和其他直接责任人员，依照各该款的规定处罚"。

处刑罚，否则，刑法的威慑便失去了意义。即便一些轻微犯罪，一旦进入到对刑罚制裁效果的过度依赖的格局中，便难以摆脱严罚观念的束缚。因此，勿论说出罪、免刑，就连附条件的不执行刑罚都可能被认为是未能受到惩罚，这种固有的犯罪观对我国刑事法治实践依然有着深远的影响。刑法立法大一统以及概括式罪名的选择，实际上反映出立法者对各类犯罪不加严格区分的"严罚化"意愿；并且这种意愿顺利地延伸司法过程中，导致司法过程中应有的裁判理性"大打折扣"。[6]

可以说，刑法在社会治理中的功能被简单地理解为发动刑罚制裁，由此产生的刑法工具主义倾向便会导致过于注重刑罚制裁所产生的威慑效果，而不去精益求精地探求规范载体形式上的精确化设置，也不去追求一种罪刑相适应的立法精确性。针对经济或社会管理领域的新型危害行为，立法机关在刑法典中增设罪名，主要目的在于通过在相关领域介入刑罚手段而产生整体上的威惧感。然而，此种立法选择方案，仅仅是我国传统上对刑罚制裁效果过度依赖的体现，无法迎合刑法积极参与社会治理过程中的执法理性与立法科学化的追求。相比之下，单行刑法在参与社会治理中的功能优势，侧重于针对某一犯罪类型确立的独特的犯罪治理目标与刑事政策诉求，这种目标与诉求的满足并非依赖于增加犯罪类型。尤其是单行刑法作为一种综合性刑事立法，可以融入程序、证据或犯罪预防对策等内容——前文所列举日本特别刑法多是如此，充分反映出刑事一体化的优势。此外，在传统自然犯类型相对稳定的局面下，新增罪名主要是集中在行政管理目标，且多属于预防性立法。相比于独立型附属刑法而言，单一法典化立法并不利于弱化犯罪圈扩展背景下的刑事制裁程度与犯罪附随效果，以刑法典增设轻罪名来满足社会发展刑事规范输出需求可能会面临着"轻罪重罚"的困境。[7]因此，对于刑法立法模式与修改方式的把握，最终也要与刑事法治实践关联在一起，而独立型附属刑法能够展现行政犯的不法本质——基于行政管理目标且不涉及道德谴责，因而有利于引导司法部门确立轻缓化制裁理念，也有助于避免基于犯罪标签而遭受到过于严苛的社会制裁处遇。[8]

---

[6] 姜瀛：《我国醉驾的"严罚化"境遇及其结构性反思——兼与日本治理饮酒驾驶犯罪刑事政策相比较》，《当代法学》2019年第2期，第19页。

[7] 参见崔志伟：《积极刑法立法背景下前科消灭制度之构建》，《现代法学》2021年第6期，第162页。

[8] 参见代桂霞、冯君：《轻罪治理的实证分析和司法路径选择》，《西南政法大学学报》2021年第10期，第40页。

第二节　法典的符号化因素

与单行刑法、附属刑法等立法模式相比，法典本身是更具有挑战性的立法技术。不过，对于法典化技术运用的理性程度，学界之前的关注并不充分。可以肯定，法典是法治发达时代的产物，具有法制统一的政治意义，成为一种法治权威的代表。在充分肯定法典政治意义的同时，我们仍然需要理性把握法典技术特征、功能以及限度，避免法典在立法技术上的弱化，进而沦为一种符号化的产物。[9]当前我国刑法立法大一统局面，可能是源于过度强调法典化的象征性意义、将法典简单视为一种"法治符号"的影响，希望以整齐划一的单一法典化结构来树立刑法典"唯我独尊"的权威地位，并且在观念上仍然注重法典的稳定性，忽视了法典本身的技术特征与功能局限。因此，刑法立法大一统局面背后法典的符号化倾向，将成为本部分的反思重点。

一、强调法典的象征意义

在大陆法系国家或地区中，法典是法治文明的象征。法治意味着一种科学精神和形式理性，大陆法系近代以降的法典编纂运动以及试图制定内容完备、形式统一、逻辑自足的大一统的完美法典的追求，正是其在社会领域追求科学精神与形式理性的具体体现。同时，法典还被赋予了反封建的符号意义；为了抵制封建社会法官的司法擅断，立法、行政、司法分权的思想渐入人心，创设完美的法典不仅成为当时的一种政治理想，也成为践行反封建的一个手段。[10]正因如此，拥有大陆法系传统的国家或地区往往将法典化作为法治发展的基本目标，法典能够融理性的思维逻辑、精细化的体系结构与完备的规范内容于一身，实现法典化往往是某一部门法成熟的表现。

如前所述，在近代中国寻求建构理想化法律图景的过程中，法典在展现其体系化与功能性特征的同时，也被赋予法治的象征意义，具有符号化色彩。新中国的法治建设要借鉴域外特别是与中国法律传统相近的大陆法系国家立法的成功经验，并使之与中国自身的文化传统和法律需求相结合，而走好法典化道路成为一种必然选择。客观而言，统一的刑法典能解决刑法分散所带来的不严密，填补刑

---

[9]　参见周旺生：《法典在制度文明中的位置》，《法学论坛》2002年第4期，第14页。
[10]　童德华：《当代中国刑法法典化批判》，《法学评论》2017年第4期，第80页。

法规范空白，使刑法"疏而不漏"，充分发挥刑法的威力。而这也是树立刑法在社会生活中的权威的重要途径。[11]更为重要的是，刑法法典化有利于发挥刑法的权威力量，也有利于促进刑法体系化与科学性。可以说，法典不仅仅是一种法治的象征或者符号，也是一种极其重要的治理手段，法典和法典编纂更是治国理政的重要途径。[12]实现部门法之法典化，有助于使法律规范集中化、系统化和条理化，法典化的水平是衡量立法技术的基本标尺。"97刑法"的颁行，充分见证了中国刑事立法的重大发展与刑法立法水平的显著提高，也是理论研究取得长足进展的真实写照。[13]

在承认法典化是大陆法系国家法治建设重要标志的同时，法典化可能派生出刑法立法形式的路径依赖问题，即在法典与其他刑法立法模式之间如何取舍。[14]对此，有学者曾经指出，"19世纪末逐步兴起的自由法运动在高扬法律的实践理性的同时，逐步破除了法典万能的神话；法学领域开展的法学方法论反思则更加突出了法律的实践智慧。立法模式的选择应当因应解决社会问题的实际需要，而不能过分强调其象征性意义"。[15]事实上，我国民法法典化工作已经取得举世瞩目的成绩，但法典化与解法典化的实践仍然是交错进行的，理论反思亦同步展开。在《民法典》颁布前，有学者曾指出，"中国尽管没有一部形式意义上的民法典，但在实质层面同样面临着'解法典化'的问题。不过，与西方民法典国家'先有法典化，继有解法典化'的发展轨迹不同，中国民法正处在一个'法典化'和'解法典化'并存的时代。变动中的中国民法应该在明确民事一般法和特别法的功能定位的基础上，更好地协调公益和私益之间的关系，从而保持一个开放性的发展体系"。[16]在刑法规范领域内，刑法典大一统已成现实，在此背景下，解法典化的理论反思也在逐步展开。一方面，在刑法立法模式与修改方式的论争中，一些学者表现出绝对法典化的倾向，这一倾向在一定程度上说明了现有刑法大一统模式背后的观念根基。如有学者指出，"对于刑法的法典化而言，'形式合理'要求刑法立法在形式上符合基本逻辑，并主要体现在以下三个方面，其中

---

[11]　李玉臻：《刑法法典化的重大意义》，《政法论坛》1997年第3期，第8页。
[12]　周旺生：《法典在制度文明中的位置》，《法学论坛》2002年第4期，第16页。
[13]　高铭暄、孙道萃：《97刑法典颁行20年的基本回顾与完善展望》，《华南师范大学学报（社会科学版）》2018年第1期，第40页。
[14]　童德华：《当代中国刑法法典化批判》，《法学评论》2017年第4期，第85页。
[15]　刘之雄：《单一法典化的刑法立法模式反思》，《中南民族大学学报（人文社会科学版）》2009年第1期，第109页。
[16]　陆青：《论中国民法中的"解法典化"现象》，《中外法学》2014年第6期，第1483页。

之一便是刑法立法采取的是法典的形式,而未采取单行刑法或者附属刑法规范的形式,这是刑法法典化最基本的形式要件";[17] 同时,"中国刑法要实现法典化目标,首先应从外部入手,实现刑法典在形式上的统一。这方面突出的问题,是需要将目前中国唯一的单行刑法(即《全国人民代表大会常务委员会关于惩治骗购外汇、逃汇和非法买卖外汇犯罪的决定》)尽早纳入刑法典"。[18] 与之相对,另有学者指出,"自 1998 年以来,我国刑法立法奉行单一法典化的做法,这表明法典化思路在我国刑法立法中占据着主导性地位。在新的时代背景下,解法典化已然发展成为一种新的面向。解法典化的过程可以说是一个打破统一、促进融合的过程。解法典化并不意味着去法典化,而是为了更好实现法典的重构或者刑法的再法典化"。[19]

在充分肯定刑法法典化对我国法治建设的重要意义的同时,也不能过分地夸大其象征性,法典并非越大越好,绝对的法典化倾向并不可取。从功能发挥上来讲,"大"并不等同于"好",形式上的整齐划一并不代表着功能上的完美无缺。绝对的法典化过于注重法典的象征性意义,是后发国家在法治建设上最终容易产生的一种路径依赖。事实上,单一法典化所形成的整齐划一的刑法规范体系,是由于法典被误解为一种"法治发达"的象征,将法典本应具有的技术优势让渡于法典的象征性意义,也忽视了法典在回应社会发展进程的局限性。可以说,对大一统刑法立法格局的绝对化追求,是过于强调法典的象征意义并将法典符号化的结果。

首先,在始终处于变动中的社会生活面前,法典不可能是一个完备而封闭的体系。刑事立法不能不回应社会关系和犯罪情势的变化对刑法提出的新要求,立法模式的选择应当因应解决社会问题的实际需要,而不能过分强调其象征性意义。[20] 事实上,由于人类社会秩序的多层次性,人类社会的秩序包括许多不是平行并列的而是相互包容的领域,这便决定了法典与法典化不可能从根本上改变法规范的多元状态。社会千变万化,法典的颁布与适用并不能阻碍新生事物的层出不穷。从域外刑事立法来看,即使是有着法典化传统的大陆法系国家,也没有哪个国家的刑法典完全囊括了全部犯罪,总有部分刑罚规范以特别法的形式出现。

[17] 赵秉志:《当代中国刑法法典化研究》,《法学研究》2014 年第 6 期,第 188 页。
[18] 赵秉志:《当代中国刑法法典化研究》,《法学研究》2014 年第 6 期,第 189 页。
[19] 童德华:《刑法再法典化的知识路径及其现实展开》,《财经法学》2019 年第 1 期,第 46 页。
[20] 刘之雄:《单一法典化的刑法立法模式反思》,《中南民族大学学报(人文社会科学版)》2009 年第 1 期,第 109 页。

并且，特别立法可能篇幅巨大，将其纳入法典将使法典膨胀而难以掌控，并且更不利于及时对新问题作出回应。将所有犯罪问题全部纳入法典的努力，均会引发适应性难题，也即法典作为基础性法律规范的定位以及总分结构的体系化要求，不可能表现出单行立法在具体犯罪问题上的针对性与及时性。

其次，绝对的法典化在内容、规模上体现出对"大而全"的追求，注重立法技术之外的象征意义，但却违背了事物之间协作与分工的理性。社会分工理论下的"专业"分化也可以用来解释法律系统演进与细化，表明有不同规范类型所组成刑法规范系统所具有的结构和功能。从社会学视角来看，与社会分工相伴而生的是知识的分化，知识的分化实质上是"专业化"的必然结果。[21] 就最普通意义而言，专业化是指从事某一行业的人应该按照该行业的要求、规矩、方法和技术最大可能地提供其所能提供的服务。[22] 刑法规范系统的结构及其表现出的功能实际上也是一种分工效果，多元化结构意味着刑法规范载体类型的分工，形成了各自的"专业领域"，提炼出各种类型的专业知识；而单一法典化的结构则意味着去强行地统合多元化的知识，将本来由细致分工所彰显出合作功能一并放置于单一的法典之中，必然会为法典化带来较大的压力与负担。

事实上，刑法典的功能优势并不在于其获得法典之名，以此来彰显法治建设上的成绩，成为一种法治符号；更为重要的是，法典应体现出一种技术优势，既包括法典内部源于体系结构上的安排、总则与分则之间的照应以及在一些具体问题上形成的体系（次系统），也涉及以刑法典总则的一般性规定与传统自然犯为基础，确立了刑法典相对于其他特别刑法规范所具有的引领性地位与相对的指引作用。可以说，只有妥当把握法典的程度与规模，才能较好地运用法典化的立法技术；一旦将所有法律规范全部纳入到法典之中，法典便逐渐成为一种法律汇编型文件，其在体系化的技术优势便难以体现。

二、对法典主导地位的理解偏差

客观而言，秉持不同立场的学界均认为，刑法典在刑法规范体系中的主导地位、权威性以及引领作用；然而，"主导"并不意味着要完全否定其他刑法规范载体形式。事实上，"主导"意味着主要的并引领事物基本的发展方向。言外

---

[21] 参见[法]埃米尔·涂尔干：《社会分工论》，渠敬东译，生活·读书·新知三联书店 2000 年版，第 73 页。
[22] 於兴中：《重新认识法的自主性》，《浙江社会科学》2021 年第 6 期，第 52 页。

之意，主导是一个相对性范畴，需要在与同类对象的对比与互动中呈现出来。因此，刑法法典化以及刑法典的主导地位并不等同于"追求将所有刑法规范的全面法典化"，单行刑法与附属刑法在犯罪治理中所具有的特定优势以及由此表现出的存在必要性与刑法典的主导性并不矛盾。

首先，法典的主导地位是立法技术上塑造出来的，也是维护刑法规范秩序所必需的。主导性所要表明的是刑法典在整个刑事制度体系中的重要性，是通过刑法典对其他刑法立法模式之间的作用关系或者说互动功能中体现出来的。因而，主导是相对的，是一种在整体刑法规范体系中表现出对其他各种刑法规范载体形式的引领与适用约束，由此体现出刑法典为"主"并对刑法体系功能的整体性推进。如果否定了其他各种刑法规范载体形式的独立意义与功能特征，脱离了与相对范畴的关系，反而无法展现出主导地位。

其次，刑法典的主导地位在很大程度上源于其所规定内容的重要性。一方面，刑法典规定了总则部分，是支撑整个刑法体系的基础性规定；另一方面，刑法分则所保护的是与社会生活最为密切相关的法益，有由此确立了最为基础的罪名。从立法技术上来讲，特别刑法规范的制定实际上是在刑法典总则性规定指引下所实现的；特别刑法中的罪刑设置在很大程度上也是对刑法典中基础性罪名的法益保护功能起到了一种辅助作用。可以说，刑法典的主导地位正是源于其所规定的内容以及所具有的功能特征。

最后，法典的主导地位也是源于刑法典制定之时的特定历史条件。在欧陆成文法国家，法典编纂的最初目标在于克服法律分裂的局面，主要是排除地方性立法、教会法或习惯法的适用，并以法规范统一化来彰显国家集权体制下的政治目标；当然，法典化过程也同步展现出法规范体系整合以及简明化（条理化）等立法技术效果。并且，法典编纂所统一的地方性法律或习惯法，多是面对19世纪末、20世纪初的社会生活问题，延续到今日便成为最基础的法律规则。[23] 由法典的时代背景所决定，法典化（除了总论一般规则之外）所要统合的对象，主要是20世纪初社会生活中的传统自然犯。此后，大陆法系国家或地区的刑法立法延续了传统法典化观念，也即秉持"法典不能包含法律之全部"[24]的观念，未出现一种追求绝对体系化并试图囊括全部刑事法律规范的理想型刑法典观。

---

[23] 参见[日]岩谷十郎·片山直也·北居功『法典とは何か』（慶應義塾大学出版会·2014）2-4頁。

[24] [日]穗积陈重：《法典论》，李求轶译，商务印书馆2014年版，第20页。

目前，由于我国学界存在着将法典主导地位等同于绝对化法典的观点，这一观念实际上又是源于对法典稳定性的盲目追求，希望避免其他各种刑法规范载体形式对刑法典产生冲击，但这种主张最终影响到刑法参与社会治理时的功能发挥，由此表现出一种徒有主导之名而弱化了刑法功能的隐患。

此外，还应当看到，当前我国司法解释"造法"问题在很大程度上也是由于我们将法典的主导地位绝对化所致。身处社会转型期的当代中国，确实存在着一些游离于犯罪圈之外，却又表现出社会危害性的行为，仍然存在着犯罪化以及刑法规范输出的需求；但在单一法典化局面下，立法机关不能通过单行刑法或附属刑法的方式及时作出刑法立法输出，而只能寻求快速出台抽象性司法解释应对，由此引发司法解释造法的困境。可以说，单一法典化所要实现的"主导性"，实际上会产生一种立法上的"孤立"效应，也即脱离了其他各种刑法规范载体形式的辅助作用，给了司法解释"可乘之机"，单一法典化背后隐藏的法治风险似乎更加值得警惕。如果司法解释造法的局面持续下去，将会导致刑法规范与大量司法解释之间出现了交叉重叠，反而会逐渐冲击到刑法典的主导地位。表面上来看，单一法典化排斥了其他刑法规范载体形式，达到了一种"唯我独尊"的境地。事实上，在社会高速发展的时代，我们应该重新审视刑法典的主导性；盲目地强调这种主导地位，在刑事法治层面上并不具有实际意义，最终导致我们不得不通过频繁颁布抽象性司法解释来实现"立法化"的效果。

总体而言，对于刑法典主导地位的追求不能绝对化，更不能极度强调通过绝对的法典化来确保这种主导性，而应当在刑法典与其他刑法立法模式的关系中体现出主导功能。虽然在"97刑法"颁行之前，我国的刑法规范体系较为混乱，并且大量单行刑法对于刑法典的修改、补充冲击到了刑法典的权威地位，这使得我们对刑法典之外的刑法规范载体形式有所忌惮，因此，希望通过单一法典化来确保刑法典具有一种绝对化的主导地位。事实上，这一局面正是由于立法机关误解了法典主导地位的意义并将之凌驾于刑法功能之上所造成的。应当看到，法典的主导地位是一种相对的范畴；只有推动刑法立法模式应朝着"多元化"发展，刑法典的主导地位才具有实际意义，也即表现出立法引领与规范适用上的功能性价值。

第三节 立法技术上的误区因素

通过前文关于刑法立法模式与修改方式问题的结构化分析与功能性反思，可以发现,立法者在对待刑法典、单行刑法与附属刑法等特别刑法以及刑法修正案等修法方式存在一些技术性误区,"79刑法"升级到"97刑法"也未能实现根本的改变;并且,传统观念上的偏差进一步加剧了我们在立法技术运用上的误区。例如,有观点认为,"中国的刑法立法技术也经历了一个由粗疏到精细、由分散到集中、由不科学到比较科学的过程。新中国成立伊始,由于立法技术水平较低,只能根据社会治理的需要制定简单的单行刑法和附属刑法规范"。[25] 事实上,单行刑法与附属刑法作为一种立法技术,与刑法典相比并无优劣贵贱之分;学者主张单行刑法与附属刑法是立法技术水平较低时期的产物,实际上并没有准确把握特别刑法的立法技术特点,因此,将特别刑法与刑法典视为立法技术上的对立面。易言之,虽然立法理论与立法技术不断提高,但立法机关并未充分认识到不同刑法立法模式的技术特征与优势,难以准确地综合运用不同立法模式。可以说,立法技术的提升应当为中国刑法立法的科学化提供有力支撑,是现实刑法实质功能有力保障。由此而言,我们要对塑造刑法立法大一统格局的立法技术层面原因(认知误区)展开必要反思。

一、将修法文件与法律本身相混淆

从改革开放以来的刑法立法进程来看,我国先后采取"单行刑法"和"刑法修正案"两种不同方式对刑法典进行修改;"97刑法"颁行以来,"刑法修正案"几乎成为唯一的修法方式,单行刑法被否定。但实际上,刑法修正案属于一种修法文件,而单行刑法则是属于法律规范本身,二者处于不同纬度。目前,刑法修正案成为唯一修法形式,进而排斥了单行刑法,这种立法现象反映出我们在立法技术上的误区。

进而言之,由于在立法技术上将修法文件与法律本身相混淆,未能科学厘清二者之间的差异,成为引发刑法规范体系混乱以及刑法修改方式单一化的重要原因。事实上,如果准确理解修法文件与法律本身之间的差异,就能够厘清刑法典、单行刑法以及刑法修正案之间的关系,便不会导致单行刑法对刑法典统一性产生冲击并造成刑法规范体系混乱。

首先,修法文件虽然也属于一种规范性法律文件,但其依托于特定部门法,并且在修法之后就失去了独立的存在意义。由此而言,作为修法文件而存在规范

---

[25] 赵秉志:《当代中国刑法法典化研究》,《法学研究》2014年第6期,第189页。

性法律文件并不能与被修改对象——法律规范本身——相混淆。长期以来，理论界与立法机关将单行刑法这一特别刑法形式同时作为一种"修法方式"，是立法技术运用上的误区。应当看到，单刑刑法是一种独立的法律规范，并不是修改文件。从基本逻辑上来讲，法律修改实质上是立法机关通过相应的修改方式对相关立法的某些内容或形式作出修改或补充的过程，需要依托于特定的修法文件（也即媒介），而被修改或补充的现行立法则是法律本身，是被修改或补充的对象。无论是对现行立法的相关条文进行修改，抑或是补充相关内容，只要不是采取系统修订的方式，修法过程都需要依托于某一"决定"或"修正案"作为媒介。而无论是采取"决定"或"修正案"的方式，作为对相关立法进行修改或补充的修法文件，与该法律本身是两种性质不同的规范性文件，不能将二者混为一谈。并且，以"决定"或"修正案"方式形成的修法文件，在被修改或补充的法律生效之后，就完成了使命，失去其功能价值。在以单行刑法对刑法典进行修改的时候，正是将修改文件与法律本身杂糅在一起，未能准确把握二者之间的差异，出现规范之间的重叠、矛盾或冲突，引发了刑法规范体系混乱的困境。因此，如前文所强调的，刑法立法模式与修改方式的选择并不是同一层面的问题。长期以来，学界以及立法实践部门将单行刑法的作用之一看成是对刑法典的修改方式，认为单行刑法与刑法修正之间存在着相近的功能，实际上是混淆了修改文件与法律本身的区别。[26] 进而言之，刑法修正案并不是单行刑法的替代者，二者并不处于同一维度，因而也就不存在排斥关系，以刑法修正案作为刑法典修改方式具有其合理性，但这并不能否定特别刑法存在的必要性。

其次，从基本性质来讲，单行刑法是一部具有独立型的法律规范，并不应直接对刑法典作出修改，甚至也不应对刑法典中的相关条文作出适用性解释。单行刑法在适用上虽应受到刑法典总则规定的约束，但其所规定的往往是刑法典所没有规定的，因而才能体现出其相对独立性，单行刑法与刑法分则的具体罪名之间一般不会产生交叉；如果单行刑法所规定的内容是刑法典本来已经具有的，也即是在刑法典固有罪名的基础上进行补充或解释说明，二者之间必然存在交叉或重叠，自然也可能在适用中产生矛盾。就立法技术而言，单行刑法理应是相对于刑法典的独立存在，其所规定的罪刑条款与刑法典之间应当界限分明，避免交叉与冲突。事实上，我国学理通说与立法实践中均认为，单行刑法不仅是刑法典的有

---

[26] 邹易材：《单行刑法概念研究》，《广西警察学院学报》2017年第3期，第17页。

力补充，还可以直接对刑法典进行修改。[27] 可以说，我们对单行刑法的功能定位以及对其与刑法典之间的关系把握出现了一定的误区。具体来看，这种误区一是表现为过于强调单行刑法的补充性，忽视了独立地位；二是表现为单行刑法一度成为对刑法典进行修改的主要方式。从域外立法情况来看，单行刑法所规定的是刑法典没有规定的某一种犯罪或某一类犯罪行为，具有规范意义上的独立性以及功能上的优越性，其作用不仅仅在于补充，也不是对刑法典内容的修改。总之，充分认同刑法修正案的技术优势、科学性以及在刑事法体系优化过程中的独特作用，并不等同于不取代单行刑法；单行刑法作为一种特别刑事立法，其本身的法律规范地位不能被忽视。

最后，另一个值得探讨立法技术问题是，我们在法律制定或修改的时候并未能体现出法律规范系统的联动性，没有形成一种协同立法效果。这便导致立法机关始终是以刑法修正案方式对刑法典进行单一化修改，忽视了与其他作为前置法的部门法之间的联动性，也导致我们难以在立法技术上将刑法典中的相关罪刑规范移出。事实上，在法律制定或讨论修法问题之时，我国各类法律部门之间几乎都是脱节的，即便涉及交叉领域中具有共性的法律问题，需要基于一体化需求一并加以讨论，立法之时却难以以特定问题为导向展开充分研讨，始终没有一个体系化或者说协同修法的机制，暴露出立法技术上的局限。相比之下，德国、日本等国家在处理刑法典、单行刑法、刑事诉讼法以及各种其他部门法之间的关联性问题时，总能够以一个关涉各类法律问题的修法文件予以系统回应，尽最大可能保证体系协调；其中包括对各类部门法既有条文的修改以及新增的条文，这些内容又会逐一进入到相关部门法之中，成为被修改或补充法律的一部分。事实上，单行刑法对法律修改功能的越俎代庖，直观来看是混淆了单行刑法与刑法修正案的功能，忽视了修法文件与法律规范本身之间的区别；更为重要的是，当前以刑法修正案方式为代表的单一化修法模式，并不能满足协同各类立法的需求，因而又会暴露出刑法修正案的技术局限。即便我们充分认识到单行刑法与刑法修正案之间的不同功能，充分肯定单行刑法与刑法修正案之间并不存在冲突可以并存，也不能完全弥补我们在协同修法这一立法技术上的局限性，因而必须寻求立法（修法）技术上的优化。

总体而言，刑法典、单行刑法作为法律规范本身与刑法修正案等修法文件（修法媒介）之间具有不同的技术功能，相互之间应当确立明确分工；一旦可以

---

[27] 赵国强：《刑事立法导论》，中国政法大学出版社1993年版，第225页。

明确各类规范性法律文件不同的技术特征与功能定位，实际上就可以确立一种边界清晰、相互协作的良性分工，便可以避免曾经出现的刑法规范体系混乱局面，这有助于应对当前单一法典化结构的机械化困境。并且，无论是刑法典还是单行刑法，相互之间可能存在着一种罪名移转的体系化整合需求，而协同化修法则是确保体系化整合需求得以实现的技术支持。

二、将行政犯与前置法规范强行分割

目前，在独立型附属刑法缺位的背景下，立法机关通过强行将行政犯与前置规范相分离的技术性处理，使得经济或社会管理领域的犯罪行为几乎全部被置于刑法典之中，呈现出一种脱节型立法结构。应当看到，这种在强行分割的立法现状实际上存在一种认识误区，也即行政刑法具有刑法品性，属于刑法的一部分，而将之与自然犯一并设置在刑法典之中充分彰显出行政犯的刑法品性；而行政刑法中的行政义务违反规定可以与其他构成要件相分离，被设置在非刑事部门法中。这样一种立法构造虽然具有鲜明的本土特征，但却并不符合行政刑法的立法技术要求，为了凸显行政犯的刑法色彩，反而忽视了行政犯同时所应具有的行政性，最终体现出一种行政刑法刑事化的立法样态。可以说，立法机关强行将行政犯与前置规范相分离，并且只在刑法典中规定行政犯，暴露出立法技术运用上的误区。

首先，应当承认，随着我国法制建设的逐步完善，法律层面的部门立法逐步增多并且日渐细化，但立法机关并未在非刑事部门法中设置独立型罪刑规范，这可能是由于部门法划分意识走向了极端化。易言之，机械地认为刑法与其他部门法分属于调整不同社会关系的法律部门，只有刑法典中可以规定罪刑规范，非刑事部门法中无权规定罪刑规范，成为我们在立法意识中自设的"藩篱"。事实上，刑法作为众法的保障法，并没有特定的调整对象。并且，某一部门法是否可以设置罪刑规范，与该部门法涉及的领域或者说调整对象并不直接相关。事实上，在刑法的现代化发展中，刑法规范本身几乎不再创立新的法律关系，而多是对在其他法律分支中已经确立的规则——多数为行政管理类规范——给以更为有力的认可或制裁。既然其他部门法都需要借助刑罚实现其目的，那么，其他部门法就都可以直接设置罪刑规范。[28] 如果刑法典中多数行政犯的罪状并不全面，并

---

[28] 张明楷：《刑事立法的发展方向》，《中国法学》2006年第4期，第21页。

且以空白罪状的方式将一般违法性判断规则保留在前置法规范中,也即将行政犯与前置法规范机械分割,而刑法典又不能如前置法一般及时地适用社会发展并寻求必要的更新,这表明立法机关与民众所期待的仅仅是一种刑法的威慑性效果,而并非刑法参与社会治理中的精确与理性。事实上,将罪刑规范设置在刑法典、单行刑法还是附属刑法之中,是一种立法技术上的考虑与规范载体形式的选择,并非受到调整社会关系的限制。并且,《立法法》并未对设置罪刑规范的法律部门作出限定——限定的是立法层级;在非刑事部门法中不得设置罪刑规范的"刑法优位"现实格局,并将行政犯的构成要件分别进行规定,更多的是源于观念偏差,有违立法科学性的要求。

其次,具有独立罪刑规范的附属刑法实际上是行政犯的表述方式,而行政犯性质进行讨论时,虽然学界曾经存在着"行政法属性说"[29]与"刑法属性说"[30]的立场分歧;但客观而言,行政犯本就应当兼具行政性色彩与刑事法品性,不能偏于一方。事实上,行政犯也是一种犯罪行为,属于刑法中犯罪类型之一,其刑事法色彩主要体现在追诉程序上的严格约束,为人权保障确立法治基础;与此同时,行政犯是因违反行政管理法规中较为严重的违法行为,将之上升为"犯罪行为"仍然是为行政性目标提供强有力的法律保障——保障国家行政管理活动的正常进行,这一特点是刑事法意义上的自然犯所不具备的。当前,我国将行政犯设置在刑法典之中,过度地彰显出刑事品性,使得行政犯所应具有的行政管理色彩被极度弱化,在司法实践中难以体现出来。行政犯所涉及的制裁,也即所谓的行政刑罚虽然也是一种刑事罚则,但其严苛性、道德谴责以及附属效果层面与自然犯仍然是存在本质区别的。我国当前将行政犯与前置法规范相分离的脱节式立法结构,未能从立法模式上将行政犯与自然犯相区别,实际上是错误理解了行政犯本质所导致的技术性误区。

最后,对于独立型附属刑法这一立法技术,立法机关仍然需要逐步了解和接受。目前,我国立法机关似乎已经习惯了在非刑事部门法中概括性地规定"构成犯罪的,依法追究刑事责任"条款,形成了一种立法思维惯性。学界甚至有观点认为,"附属刑法属于立法技术水平较低时期的产物,随着立法技术的不断提高,

---

[29] 参见卢建平:《论行政刑法的性质》,载杨敦先、曹子丹主编:《改革开放与刑法发展年刑法学术研讨会论文精选》,中国检察出版社年1993年版,第112页。

[30] 参见张明楷:《行政刑法辨析》,《中国社会科学》1995年第3期,第116页。

一部比较系统、全面和现代化的刑法典才是高水立法技术的体现"。[31] 然而，单行刑法与附属刑法本身都是必要的立法技术，全面掌握不同的立法技术才是立法水平提高的体现。当然，由于受到这种立法思维的影响，对于如何在非刑事部门法中设置独立型罪刑条款，立法机关并没有足够的经验。从域外立法来看，附属刑法有两种规定方式：一是像刑法典分则条文一样，条文的前段规定罪状（多为叙明罪状），后段规定法定刑；二是在一个条文中规定禁止事项或命令事项，在另一条文规定"违反本法第××条的处……"。[32] 日本的附属刑法立法多采取第二种模式，也即在非刑事法律规范中的不同章节分别规定了"义务违反的构成要件"与"罚则"两部分，"罚则"规定了违反相关条文所设定法律义务的刑罚措施。当前，关于"各种附属刑法立法模式的优劣与应用选择""引入实质性构成要件与法定刑条款后非刑事部门法的章节设置"以及"刑事罚则与行政处罚之间的立法协调"等立法技术问题，立法机关尚没有充分思考。

  总体而言，由于我国当前采取将行政犯与前置法规范相分离的立法构造，空白罪状大量存在形成了一种脱节型立法结构。这种立法现状源于我们未能理解行政犯本质并将其构成要件强行"分离"的技术性误区。在这样一种技术误区长期影响下，立法机关实际上对非刑事部门法中设置独立型附属刑法之立法技术始终缺乏全面了解，这将制约着附属刑法的立法实践展开。当前，更为重要的是，引入独立型附属刑法还要面对着如何处理刑法典中的行政犯的问题，这一问题可以说没有经验可循，只能是在"多元化"立场之下逐步去摸索。一方面，独立型附属刑法在我国的实践展开，需要同步处理好刑法典中行政犯的移出以及相关附属刑法中罪型条款的设置（引入），这种同步整合的过程又涉及当前刑法中概括式罪名在附属刑法规范中的分解。另一方面，针对特定非刑事部门法领域，也必然存在刑法典尚未设置相关罪名的情形，但这并不排斥在该部门法中新增罪刑规范。可以说，打破当前将行政犯与前置法规范相分离的立法构造、引入实质意义上的附属刑法规范，是刑法典与多个部门法之间的联动以及法规范体系的整合过程，需要在立法上整体布局。

---

[31] 赵秉志：《当代中国刑法法典化研究》，《法学研究》2014年第6期，第190页。
[32] 张明楷：《行政刑法辨析》，《中国社会科学》1995年第3期，第116页。

小　结

我国刑法立法过程受到固有刑罚观念、法典化路径依赖以及立法技术误区等多方面因素所影响，虽然考虑到与中国法律传统相近的大陆法系国家成功的立法经验，我们充分肯定刑法法典化的道路，但这种法典化应当是理性的、有限度的，既要摆脱传统的思维惯性影响，不能过于注重法典的象征意义，又要准确理解各类刑法规范载体形式与立法技术，科学推进刑法法典化。

在改革开放之初，立法机关便是采取了一种"先刑法后他法"的立法逻辑，展现出刑法在法律体系中的优越地位，而这种"刑法优位"本质上源于我们传统上的刑罚依赖观念。刑罚依赖导致刑法在法律体系上的优势地位，这种优位观念发展到极端，便可能出现其他非刑事法律规范中无权制定罪刑规范的思维定式，最终推动着我国刑法单一法典化格局的形成。可以说，当前刑法立法大一统虽然是一种立法模式的呈现，但背后却受到固有法治观念的影响。

客观而言，大陆法系国家的法治发展进程离不开法典化，刑事法治建设的进程自然伴随着刑法法典化的历史。并且，也应当承认，中国刑法的法典化应该体现出自身的技术特色，但这并不意味着应当在大陆法系国家刑法法典化的基础上再进一步追求一种绝对的、全面的法典化。事实上，这种将所有刑法规范纳入刑法典的绝对法典化，并不是一种高超的立法技术；整齐划一的规范载体形式虽然独树一帜，但却是在承担了诸多刑法功能局限所做出的表面文章。这种对于法典象征意义的极度追求，实际上是一种在未能准确掌握各种立法技术情况下所作出的极为简化的、不负责任的立法选择，本身就违背了立法科学化的目标。

法典化作为一种基础性立法技术，是大陆大系国家所必须掌握并且能够妥当运用的；但单行刑法、附属刑法等特别刑法以及刑法修改的各种类型也同样是必要的立法技术。立法技术水平的高低在于我们能否准确运用多种立法技术，而并非将某一种立法技术的运用走向绝对化。事实上，绝对法典化观念推动下刑法立法大一统局面的出现，既未能理解法典化这一立法技术的优势、负担与限度，同时也忽视了单行刑法、附属刑法本身的技术特点与功能优势。

第八章 刑法立法『多元化』转型的推进方案

通过前文对我国当前刑法立法大一统格局的深刻反思，我们认知到单一法典化结构的局限性，制约着刑法的实质功能。由此而言，我国刑法立法的未来选择应当是一种以刑法典、单行刑法以及附属刑法等多种法律规范载体形式为基础并引入协同修法方式的多元化立法。这种多元化立法强调法律规范载体形式的分散性以及回应社会问题的及时性，因此，需要对当前大一统立法格局做出改变。但对于由"一元化"向"多元化"变革的具体操作过程中，即便是秉持"多元化"立场的学者也没有拿出一种具体方案。在本书看来，当前刑法立法大一统转化为"多元化"立法，立法实践操作过程中必须回应以下问题。第一，独立型附属刑法的设置与刑法典中行政犯之间如何衔接与协同，是等待刑法典系统修订之际而将行政犯全部移出，还是说在部门法制定或修改时逐步将刑法典中的行政犯移出？第二，单行刑法的立法领域如何选择，当前是否存在值得推进的单行刑法立法？第三，立法模式转型后，如何在立法技术上维持"多元化"局面；怎样理解协同修法与分散式修法的现实意义，实践如何具体展开？总之，在论证多元论立场的合理性之后，本部分试图拿出一个立法模式转型的具体方案，并就立法实践中所涉及的技术性问题展开分析，为我国刑法立法根本性变革的未来走向提供参考。

第一节 独立型附属刑法的生成路径

理论上来讲，打破现有刑法大一统立法模式，在非刑事法规范中引入独立型性附属刑法，需要在非刑事部门法中直接规定基本罪状（构成要件）与刑事罚则。独立型附属刑法的生成路径不仅涉及某一非刑事部门法自身的立法操作，更与刑法典中行政犯的移出路径密切相关，因而需要对二者一并加以研讨。

一、刑法典中行政犯移出的路径设计

独立型附属刑法模式有助于避免"空白罪状"的模糊性和减少前置法规范援引的解释负担，可以从根本上克服刑法与其他部门法之间不协调或相冲突的实践困境。不过，就我国现有的立法实践情况来看，引入独立型附属刑法仍然面临着实践操作上的问题，有必要探讨的重点问题之一便是如何处理当前刑法典中的行政犯问题。

首先，在现有刑法立法大一统局面下，如果要引入独立型附属刑法，刑法典中是否有必要继续保留行政犯便成为一个现实问题。事实上，一旦在某一部门法中增设了独立型附属刑法规范，现有刑法典中又同时保留着大量与该部门法直接关联的行政犯罪名，便可能出现一种"两层皮"的现象。由此引发的结构性困境在于，针对某一犯罪问题或者是某一领域的行政犯立法，仍然可能呈现出刑法典与独立型附属刑法同时并存的二元化构造，独立型附属刑法在实现构成要件的精确化、确保罪刑相适应以及克服规范衔接困境等方面的优势并没法完全发挥。由此而言，在引入独立型附属刑法之际，立法机关应同时对刑法典相关领域的行政犯作出考虑，也即尝试将其中的行政犯同步移出——移入到对应的非刑事部门法领域。不过，这种移出过程将如何实现，这将考验着立法机关的法治智慧与技术能力。可以说，引入独立型附属刑法过程需要同步回应刑法规范体系整合的现实需求。

其次，从刑法规范体系化整合的角度来讲，要在相关部门法制定或修改之时，将刑法典中相关行政犯条款同步移入该部门法，还是说启动一次系统刑法典修订将行政犯罪名全部移出刑法典，可以说，关于增设独立型附属刑法条款的具体步骤以及由此引发的刑法规范结构性整合方案，仍然需要从整体上加以系统思考。考虑到通过系统修订刑法典来推动行政犯移出的方案可能涉及多种不确定因素，并且需要与各种前置法相对接，这种立法转型路径的成本相对较高、风险较大，因此，本书更为倾向采取一种"渐进性"模式逐步将刑法典中行政犯移出，而不赞同一种"一步到位"的变革模式，也即在推动刑法立法大一统向多元化立法转型的过程中逐一落实各种行政犯的移出与移入。事实上，对于刑法典行政犯的移出与相关前置部门法中独立型附属刑法规范的设置（移入），好比是一种"移植"手术；相对于整体修订刑法典的移出模式而言，采取一种"渐进性"模式，不会直接冲击刑法规范体系的稳定性与刑法适用机能，避免过于匆忙地实现变革所带来的不确定。在一定程度上，首次尝试的"渐进性"移出与移入，可能产生一种"试点"效果，有助于立法机关在实践中逐步发现问题、总结经验，逐步摸索出一种在刑法典与相关部门法之间协同立法或修法的方式。

再次，刑法典与前置部门法之间同步立法或修法的方式，实际上是基于刑法典中具体行政犯与相关法律领域（尚未制定部门法）或已制定的部门法之间的照应关系，在该领域新法制定或者说部门法修改之时，同步对刑法典进行局部修改，实现将相关行政犯移出刑法典的立法操作。具体而言，刑法典中的诸多行政犯需要"瞄准"相关法律领域（尚未制定部门法）或相关部门法的立法动向，作为前置法的法律领域或部门也需要与主导刑法立法的立法部门保持充分沟通，在制定新法或者是修改相关的部门法之时同时通过部分修改刑法典中的方式将相关行政犯的条文直接删除，由此便实现了一种移出效果。在此，对于采取"渐进性"变革模式逐步将行政犯逐步移出刑法典的操作方案，我们可以进行初步预设。一方面，如果是针对新法制定情形而言，比如在出台《个人信息保护法》之时——作为现行《刑法》第253条之一"侵犯公民个人信息罪"最核心的前置法规范，我们已经明确对刑法立法模式进行"渐进性"调整的基本方案以及刑法典中"侵犯公民个人信息罪"移出的需求，便可以进一步论证侵犯公民个人信息罪移入到《个人信息保护法》并设置独立型附属刑法的立案方案，可以保留当前刑法中"侵犯公民个人信息罪"的条文表述并将之纳入《个人信息保护法》的法律责任之中，也可以对该条文进行调整优化，细化为数个条文和罪名，并分别配置法定刑。另一方面，如果是针对相关部门法修改而言，如在2019年12月28日，立法机关对《中华人民共和国证券法》（以下简称《证券法》）进行了系统修订，此后，刑法中的证券犯罪进行了相应修改；当然，如果此时立法机关已经明确刑法立法模式的"渐进性"调整方案，那么在《证券法》修改过程中，我们便可以考虑到将刑法典中的各种证券犯罪罪名移出至《证券法》中，也即在《证券法》中设置独立型附属刑法规范。实际上，刑法典中的"侵犯公民个人信息罪"或者各种证券犯罪的移出与相关前置部门法的制定或修改过程是同步进行的（下文协同修法部分将展开具体说明），也即在探讨《个人信息保护法》制定或《证券法》修改之时，关于刑法典中"侵犯公民个人信息罪"或各种证券犯罪如何转化为《个人信息保护法》或《证券法》中的附属刑法条文，罪刑体系如何设置，这些问题将一并纳入到《个人信息保护法》制定或《证券法》修改的立法研讨过程中。

最后，从立法前瞻的角度来看，如果对刑法典中行政犯移出展开一种个案式分析，当前较为理想分析样本应当是"环境犯罪"。由于环境法法典化进程一直是处于积极推动中，在探讨环境法法典化的过程中，有学者提出引入独立型附属刑法的主张，如"应继续更新刑法理念，在修改《刑法》中与生态文明理念相违背的部分原则性规定的同时，承认生态法益的独立性，建立附属刑法制度，使之与环境法更好协调";[1]另有观点指出,"以'裁判法'为基本定位的刑事立法与环境立法自身'行政管理法'的定位之间并不十分协调,应对二者之间的失调状态,理想模式是制定环境附属刑法或环境单行刑法;现实模式是通过必要的环境立法设计,从实体法和程序法两个方面为环境犯罪领域中刑法的适用提供更加充分、准确的法律指引或法律依据"。[2] 如果尝试环境法法典化过程中落实上述主张,基本要求便是就将现行《刑法》分则第六章第六节"破坏环境资源保护罪"中的相关环境犯罪罪名全部移出。当然,由于环境犯罪综合了多种法益性质,也即环境犯罪中的各类罪名(比如说污染环境罪)所保护的法益涉及生命健康权益或者说独立的生态法益,等等,[3] 同时对于这些法益保护的前置化又引申出危险犯以及单纯违反行政义务的行政犯,部分罪名或入罪情节同时具有行政管理色彩。从环境犯罪立法的体系整合维度来看,如果我们将污染环境罪定位违法类型相对明确的实害犯——剔除《污染环境解释》中并不具有实害性得相关入罪标准,并且考虑到未来的环境犯罪立法将呈现出明显的预防性刑法确立,抽象危险犯以及违背行政管理义务的犯罪类型将会逐步扩展,将环境犯罪整体从刑法典中移出,并在环境法典中尝试设设置一种体系化环境犯罪罪刑结构,更加符合立法科学性的要求。这种罪名的整体移转将有助于打破现有的过度依赖于污染环境罪针对环境领域数种违法类型进行规制的概括罪名模式,实现一种精细化立法效果。下文在探讨相关部门法中独立型附属刑法中的罪刑体系设置时,也将继续以环境刑法为例作立法实践上的前瞻。

总体而言,将行政犯甚至是其他罪名移出刑法典是开启刑法立法模式"多元化"转型实践的必经环节,是我国刑法规范体系化整合过程中的一部分。本书所倡导的将行政犯移出刑法典的实践操作实际上可以作为一种"渐进性"变革方案,有助于通过具体的立法实践逐步摸索经验,是经过理论上的整体研判后予以科学推进立法实践的选择。并且,在"渐进性"变革过程中,立法机关逐步从观念上接受"多元化"刑法立法、认知独立型附属刑法的存在价值以及掌握附属刑法立法技术之后,为将来直接在相关部门法中设置独立型附属刑法积累宝贵经验。

---

[1] 吕忠梅:《论环境法的沟通与协调机制——以现代环境治理体系为视角》,《法学论坛》2020年第1期,第10页。
[2] 刘佳奇:《论环境立法与刑事立法的协调——以环境立法中刑事法律规范的"裁判化"为视角》,《暨南学报(哲学社会科学版)》2021年第6期,第77页。
[3] 张明楷:《污染环境罪中"严重污染环境"的认定》,《民主与法制(周刊)》2022年第5期,第59页。

二、非刑事部门法中独立型附属刑法的设置方案

在前文对"多元论"立场展开梳理之时,我们便可以发现,虽然已有诸多学者提出了在非刑事部门法中引入独立型附属刑法的观点,并论证其合理性与相对优势,但学者并没有从立法实践的维度充分阐释引入独立型附属刑法的具体方案,似乎设置独立型附属刑法规范并不会面临某种实践挑战。然而,从我国的立法实践情况来看,引入独立型附属刑法仍然面临着实践障碍。由于我国长期以来并未真正创设独立型附属刑法,改革开放之后先是制定了《刑法》及《刑事诉讼法》,之后才陆续出现其他非刑事部门法;附属刑法的立法实践存在明显不足,包括早期的类推立法都可以反馈出我国附属刑法的立法误区,当前所采取的"构成犯罪的,依法追究刑事责任"之形式化规定实际上更是没有充分理解附属刑法的意义与功能。易言之,由于既有研究未能针对独立型附属刑法之构成要件与刑事罚则的设置等具体立法技术问题作出回应,也未能围绕将刑法典中相关行政犯移入非刑事部门法并设置独立型附属刑法规范的具体路径展开必要的研究。为了弥补上述不足,有必要从立法技术层面结合具体个案对增设独立型附属刑法的罪刑设置问题展开进一步研讨。

第一,从理论上来讲,引入独立型附属刑法需要在非刑事部门法中直接规定罪状(构成要件)与法定刑,这有助于避免空白罪状的模糊性。不过,关于罪状(构成要件)与法定刑的设置模式,立法技术上存在不同选择。目前,我国具有行政管理性质的非刑事部门法基本上都采取一种将义务违反具体类型与法律责任相分离的立法模式,也即在部门法前半部分(第一章之后)的某一章或数章中具体规定了各种义务违反的具体类型,最后的法律责任部分(附则之前)往往规定了各类义务违反的法律后果。如果在非刑事部门法中确立独立型附属刑法规范——增加罪状(构成要件)与法定刑,我们可以继续沿用当前的将义务违反具体类型与法律责任相分离的立法模式,将法定刑纳入到法律责任部分中,而相关的构成要件实际上仍然作为义务违反具体类型与之相分离,这种模式所对应的立法技术上的表述是(法律责任部分)"违反本法第××条的规定,处……(法定刑)"。相比之下,如果选择一种将罪状与法定刑结合在一起——如同当前刑法典分则的行政犯规定一般——的立法技术设计,那么,非刑事部门法中便需要专门开辟一章,将相关违法类型与法定刑规定在这一章中。在本书看来,我国独立型附属刑法的设置选择一种分离式立法技术更为妥当。一方面,分离式立法可以

避免义务违反类型上的重复表述，节约立法资源；并且，针对危害程度相当、法定刑配置一致的违法类型，可以采取一种合并表述的简化方式，在一个条文中一并规定相同的法定刑，即"违反第××条、第××条及第××条的规定，处……（法定刑）"。另一方面，更为重要的是，上述立法技术选择并不会打破我国非刑事部门法基本的体例格局，是在整体上保持现状的基础上在法律责任部分增加了法定刑（刑事罚则）或者说刑事责任。

第二，如果考虑到对某一领域各种犯罪类型展开体系化整合的需求，将该领域的相关罪名全部以独立型附属刑法规范纳入该部门法中，此时罪刑体系的重构可能并不仅仅是在该部门法规定一些抽象危险犯或纯粹违反行政义务的行政犯，还同时可能包括涉及实害结果的实害犯。关于反映实害犯中实害结果的罪量要素——如数额较大（巨大）、情节严重（特别严重）或情节恶劣等内容，不宜将之放到该部门法中涉及义务违反的具体类型部分；比较妥当的做法将这些彰显实害结果程度的罪量要素置于法律责任部分，也即在采取一种分离式条文设计的基础上，将实害结果型要件与法定刑共同置于法律责任部分，此类独立型附属刑法的条文表述方式为，"违反本法第××条的规定，造成（实害结果类型）+处……（法定刑）"。

第三，非刑事部门法中引入独立型附属刑法规范，不仅需要处理好该部门法的体例安排与法律条文设计，确保体系结构的科学性，更要协调好当前刑法典相关行政犯与该部门法之间的关系。事实上，刑法典相关罪名的移出是一个相对简单的立法工作，重点在于与其他部门法在调整范围上的划分，决定着刑法典的内容取舍，由此确立刑法典与相关部门法之间相对清晰的界限。相比之下，在非刑事部门法中移入刑法典中的行政犯，并不仅仅是一种直接接收的过程，这种移入涉及罪刑体系设置的科学性，是一个立法重述的过程。尤其是当前刑法典中涉及经济或社会管理领域的罪名呈现出概括式罪名的立法格局，或者通过抽象性司法解释对相关罪名入罪标准进行扩张，同时实现了扩大规制范围的目标。然而，考虑到罪名表述的明确性、罪刑关系的合理性，非刑事部门法中引入刑法典的相关罪名，需要对罪刑体系作出重新考虑，如何设计出具有明确性、体现罪刑配置科学性的附属刑法规范以充分发挥刑法的实质功能，考验着立法者的法治智慧。

第四，我们可以以环境犯罪的立法模式转型作为分析样本，对未来环境法典中移入刑法典中相关环境犯罪后的罪刑体系设置方案展开一种前瞻式探讨。如前文在反思概括式罪名时所指出，由于环境保护法律体系庞杂，涉及的保护领域与违法类型具有多样性，并且环境犯罪的保护法益包含了生命健康、财产以及生态环境等多重维度，当前以"污染环境罪单一罪名＋司法解释确立多种入罪标准"为基础的环境犯罪治理模式暴露出诸多局限，难以明确各种环境保护领域内复杂多样的违法类型，更无法将环境保护涉及复杂利益关系都统合于单一罪名之下，《污染环境解释》第1条针对"严重污染环境"所列举的17项入罪标准在危害程度上存在明显的差异；将差异性的入罪标准共同置于一个罪名之下、适用相同的法定刑区间，又必然会产生罪刑不相适应的问题。在环境法典中设置独立型附属刑法，将会从根本上克服当前以"污染环境罪单一罪名＋司法解释确立多种入罪标准"为基础的环境犯罪治理模式困境，针对危害程度不同的违法行为设置独立的罪状与法定刑，也即确立一种多罪名的立法模式，将不同性质的违法行为分别予以犯罪化，避免保护法益上的模糊定位，实现罪刑相适应。具体而言，环境犯罪体系设置所要解决的实际问题是将当前规制范围极度扩张的污染环境罪进行理性"分解"，也即将《污染环境解释》第1条所规定的关于"严重污染环境"的17项入罪标准进行合理归纳——基于各种违法行为类型的逻辑关系、行为性质以及危害程度，使之转化为多个具体的环境犯罪罪名，以此来重新塑造环境犯罪之基本体系。上述立法转型之构想将有助于提升罪名的明确性，确保罪刑相适应，也为公众提供合理的守法预期。

依据犯罪行为的性质（危险或实害）以及对于环境侵害的严重程度，纳入环境法典中的环境犯罪可划分为如下罪名类型。第一类犯罪为环境污染预防性犯罪，来源于《污染环境解释》第1条所规定的、具有预防性色彩的入罪标准，具体包括三个罪名，即"伪造环境监测数据罪""拒不履行污染防治义务罪"以及"非法经营危险废物罪"。[4] 由于此类犯罪具有明显的预防性色彩，采取轻罪模式有助于彰显罪名所具有的刑法介入早期化的特征；参考《刑法修正案（十一）》增设"高空抛物罪"等轻罪的刑罚标准，将上述罪名的法定刑（主刑）设置为"一年以下有期徒刑或拘役"，更为妥当。第二类犯罪为违法排放、倾倒、处置

---

[4] 参考条文表述：（1）"伪造环境监测数据罪"，即"违反本法第××条规定（也即重点排污单位为排放污染物，篡改、伪造自动监测数据或者干扰自动监测设施的），处一年以下有期徒刑或拘役"；（2）"拒不履行污染防治义务罪"，即"违反本法第××条规定（也即违法实施了减少防治污染设施运行支出行为的），数额较大的，处一年以下有期徒刑或拘役，并处或单处罚金"；（3）"非法经营危险废物罪"，即"违反本法第×××条规定（也即无危险废物经营许可证，从事收集、贮存、利用、处置危险废物的经营活动额），处一年以下有期徒刑或拘役，并处或单处罚金"。

的危险性犯罪（或称为"累积犯"），该类犯罪虽然尚未直接表现出环境污染的实害性结果，但潜在危害性已较为明确，因此，在危害程度上明显不同于上一类犯罪。该类犯罪可采取列举式立法模式，将《解释》第1条中所规定的涉及"排放、倾倒、处置"行为的入罪标准统一至于该罪名之下，设置"排放、倾倒、处置危害物质罪"。[5] 考虑到此类犯罪虽然尚未产生实害结果，但其具有累积犯的典型特征，基于"由量变到质变"后转变为实害后果的高度盖然性，因此，将之作为独立犯罪类型，并针对在特定场域空间实施不法行为的情形配置了更为严苛的法定刑。第三类是污染环境的实害犯罪，该类犯罪已直接表现出环境污染的实害性结果，在危害程度上要高于上述二类犯罪行为，此类犯罪可被定位为狭义的"污染环境罪"。[6] 由于此类犯罪已经产生明确的实害结果，刑罚配置显然也应当高于尚未立即表现出实害性的排放、倾倒、处置危害物质犯罪，选择"三年以上七年以下有期徒刑"作为其主刑区间，更符合罪刑相适应原则的基本要求。第四类是污染环境引发致人死伤后果的犯罪，该类犯罪不仅导致污染环境的实害性结果，更侵害到人身安全法益，在危害程度上要高于第三类"污染环境罪"，可将之定位为"污染环境致人死伤罪"。[7] 第五类犯罪属于涉进口固体废物的类型，也即现行《刑法》第339条规定的"非法处置进口的固体废物罪"与"擅自

---

[5] 参考条文表述：（第一款）"违反本法第××条规定实施下列排放、倾倒、处置特定危害性物质行为，足以造成下列环境污染可能的，处三年以下有期徒刑，并处罚金：（一）在饮用水水源一级保护区、自然保护区核心区排放、倾倒、处置有放射性的废物、含传染病病原体的废物、有毒物质的；（二）非法排放、倾倒、处置危险废物，数量较大的；（三）排放、倾倒、处置含铅、汞、镉、铬、砷、铊、锑的污染物，超过国家或者地方污染物排放标准三倍以上的；（四）排放、倾倒、处置含镍、铜、锌、银、钒、锰、钴的污染物，超过国家或者地方污染物排放标准十倍以上的；（五）通过暗管、渗井、渗坑、裂隙、溶洞、灌注等逃避监管的方式排放、倾倒、处置有放射性的废物、含传染病病原体的废物、有毒物质的；（六）二年内曾因违反国家规定，排放、倾倒、处置有放射性的废物、含传染病病原体的废物、有毒物质受过两次以上行政处罚，又实施前列行为的"；（第二款）"在饮用水水源保护区、自然保护地核心保护等依法确定的重点保护区域或向国家确定的重要江河、湖泊水域实施上述排放、倾倒、处置特定危害性物质行为的，处三年以上七年以下有期徒刑，并处罚金。"

[6] 参考条文表述："违反本法第××条规定实施排放、倾倒或处置废物、有毒物质或者其他有害物质行为，造成下列污染环境后果的，处三年以上七年以下有期徒刑，并处罚金：（一）致使乡镇以上集中式饮用水水源取水中断的；（二）致使基本农田、防护林地、特种用途林地或其他农用地基本功能丧失或者遭受永久性破坏的；（三）致使森林、幼树或者其他林木死亡的；（四）致使疏散、转移群众的。"

[7] 参考条文表述："实施本法第××条所规定的污染环境犯罪行为，致人中毒的或造成伤害、残疾或者器官组织损伤而导致功能障碍等危害结果的，处三年以上七年以下有期徒刑，并处罚金；致使多人重伤、严重疾病或者致人严重残疾、死亡的，处七年以上有期徒刑，并处罚金或没收财产"。

进口固体废物罪",上述二罪名的罪状中既包括了单纯违反国家规定、具有一定预防性色彩的危险犯,也包括造成实害结果的结果犯。上述二罪名作为相对独立的犯罪类型,可直接从现象《刑法》移转至环境法典中。通过有关环境犯罪的体系重述,我们可以较为清晰地厘清刑法保护法益的类型与差异,并通过法益定位来约束刑法适用边界。附属刑法契合了环境保护预防性立法需要与积极刑法观的理念,并有助于将当前环境治理中过于依赖污染环境罪的"单一立法"转变为类型丰富、逻辑清晰的"罪名体系"。未来,随着环境保护领域中"犯罪化需求"与"非犯罪化需求"的此消彼长,以经过环境法典重述后的环境犯罪体系构造与逻辑理性为基础,可以进行适度的增补与删改,由此实现环境保护领域的刑法革新。

第五,需要补充说明的是,当前我国立法层次相对较低仍制约着附属刑法的全面推进。域外在非刑事部门法中规定了义务违反的构成要件以及违反后的刑罚措施,是一种常态,可以说,独立型附属刑法占据着极大的比例。但由于《立法法》第11条第(四)项明确规定了"关于犯罪与刑罚的相关事项"只能制定法律,[8] 其他层次立法不具有设定犯罪与刑罚的立法权。因此,实现全面引入附属刑法立法的基本前提,是以法律为基础的高层次立法。目前,我国在一些经济与社会管理领域仍然存在立法层次较低的现实困境——行政法规或部门规章成为该领域的基础性法律规范,以独立型附属刑法模式将该领域内具有社会危害性的行为予以犯罪化的愿望便难以实现。因此,即使我们倡导"多元化"立法模式,主张引入独立型附属刑法,由于某些领域立法层次较低,在一定时期内仍然会面临着附属刑法规范无所依附的困境。

第二节　单行刑法的技术运用与领域选择

在肯定"多元化"立场的背景下,推进单行刑法的落地,不仅仅涉及单行刑法立法技术运用与规范体系整合的问题,更为重要的是,应当确立适合开展单行

---

[8]《立法法》第11条规定,"下列事项只能制定法律:(一)国家主权的事项;(二)各级人民代表大会、人民政府、监察委员会、人民法院和人民检察院的产生、组织和职权;(三)民族区域自治制度、特别行政区制度、基层群众自治制度;(四)犯罪和刑罚;(五)对公民政治权利的剥夺、限制人身自由的强制措施和处罚;(六)税种的设立、税率的确定和税收征收管理等税收基本制度;(七)对非国有财产的征收、征用;(八)民事基本制度;(九)基本经济制度以及财政、海关、金融和外贸的基本制度;(十)诉讼制度和仲裁基本制度;(十一)必须由全国人民代表大会及其常务委员会制定法律的其他事项。"

刑法立法之特定犯罪领域，并以此为预期样本作出立法方案分析。

一、单行刑法的技术性阐释

单行刑法是对刑法典的有益补充。作为一种补充性规范，单行刑法可以被理解为是针对特定犯罪问题的专门化刑事立法。当某一类犯罪的主体、空间场域或发展趋势呈现出不同于传统自然犯或一般行政犯的特点，在犯罪治理上需要予以专门化应对，勉强将之纳入现有刑法典分则体系的某一章节便显得过于简单，忽视了犯罪治理中刑事政策需求，而采用单行刑法模式对之单独予以规定，[9]将有更助于从刑事政策上对犯罪问题作出针对性的应对。所以，当社会经济发展为我们的犯罪治理提出新的挑战、需要通过专门性立法对犯罪治理难题作出反应时，单行刑法更加适合担此重任。

从立法技术上来讲，单行刑法中可以规定的内容较为丰富；前文在梳理域外单行刑法立法时曾经指出，单行刑法作为一个特别刑法类型，自然应涉及有关犯罪构成要件与法定刑的罪刑式条文。可以说，罪刑式条文是彰显单行刑法之刑法品质的基本元素。但罪刑式条文显然又不应当是单行刑法中的唯一内容，如果像我国现存的（即《骗购外汇决定》）一般只是对某一罪名的犯罪构成要件以及法定刑进行规定，同时又对刑法典相关内容进行提示或修改，这样的立法并没有体现出单行刑法在立法技术上的优势；如果单从《骗购外汇决定》的内容来看，采取刑法修正案的方式也是完全可以实现的。或许该立法主要是为了应对亚洲金融危机之紧急情势，因而不得不作出一种被迫选择。

事实上，相比于刑法典而言，理想的单行刑法实际上应具有一定的综合性色彩，其中往往不仅包括罪刑式条文，还可能涉及针对特定犯罪问题的刑事程序性规定，例如特定证据的收集问题，或涉案财产处置，等等。并且，一些关于有针对性的犯罪预防措施或者涉及各种主体协同参与犯罪预防的刑事政策措施都可以在单行刑法中予以规定。易言之，单行刑法的性质决定了其中要存在规定某种犯罪的构成要件与法定刑的罪刑式条文，但罪刑式条文又往往不能是单行刑法中唯一的内容，否则便无法体现单行刑法的技术优势。因此，单行刑法可以较好地体现出刑事一体化的理念，这是对单行刑法技术特征的最好概括。

此外，单行刑法与刑法典之间的范围划定是较为清晰的，在规制对象设置上

---

[9] 黄京平、彭辅顺：《刑法修正案的若干思考》，《政法论丛》2004年第3期，第49页。

有较为明确的区分。立法机关会统筹安排以避免刑法典与单行刑法对同一类行为做出相同规定，避免重复性刑法规范输出。当需要以单行法形式对传统自然犯进行系统规制时，还可以将刑法典中相关罪名移出实现专门化立法的体系整合。同时，单行刑法与刑法典在内容上也不可能完全没有交集，但应当确保交集是相对明确的，比如说某一个单行刑法适用过程中，可能涉及触犯刑法典中的具体罪名，在该单行刑法的条文中需要进行明确规定，这就使二者之间产生交集，只不过这个交集一般不会引发法律适用问题。易言之，即便是单行刑法立法与刑法典相关罪名存在一定关联之时，立法机关往往会将刑法典中的罪名作为保护传统法益之基础，并与单行刑法中的形成基础犯与特别犯之规范构造。

二、单行刑法的领域选择：反思与展望

如果某一与犯罪治理问题密切相关的部门法中仅仅是界定相关犯罪概念或术语，并没有规定的实质性罪刑规范，便可以说明立法机关未能从单行刑法这一立法技术角度来展开立法设计。对于这种立法现状，有必要做进一步反思。从近期立法实践来看，值得反思的现实例子是《反有组织犯罪法》。

总体上看，《反有组织犯罪法》制定前，我国反有组织犯罪的法律制度以及政策性文件已经具备一定规模，实施的效果也是好的，但比较分散、未成体系，部分文件效力位阶比较低。从法律规范的内容来看，主要是办理有组织犯罪案件的刑事实体和刑事诉讼程序方面的规定，有组织犯罪的预防治理、反有组织犯罪工作保障方面的制度规范还比较少。[10] 在既有刑法规定以及相关规范性文件的基础上，总结实践经验，制定一部专门的反有组织犯罪方面的综合性法律，有利于为常态化开展扫黑除恶斗争提供更加有力的法治保障，进一步完善以宪法为核心的中国特色社会主义法律体系，推进国家治理体系和治理能力现代化。与此同时，也应当看到，该法直接关涉有组织犯罪这一特殊性的犯罪问题，需要确保对有组织犯罪涉及各种规范刑法问题作出准确评价，也从整体上确立一种科学应对有组织犯罪的反应措施。遗憾的是，该法中并没有直接设置罪刑式条文，似乎在性质上并不是一部刑法。一方面，《反有组织犯罪法》的上述立法定位，或许是为了避免与刑法典中所规定的相关黑社会性质组织犯罪之间存在过多的交集，因

---

[10] 陈远鑫、马曼：《我国反有组织犯罪法律制度的重要发展——反有组织犯罪法的立法情况和主要内容》，《人民检察》2022 年第 1 期，第 11 页。

而被定位为一种行政化色彩更浓的部门法。另一方面，立法机关似乎也完全忽视了以单行刑法之立法技术来系统整合这一部门法的必要性，忽视了在该法中设置相关罪刑式条文的可能性。事实上，如果考虑到在《反有组织犯罪法》系统化规定涉及黑恶势力犯罪的罪名，那么，可以通过同步修改刑法典的方式，将刑法典中涉及黑社会性质组织的罪名移出并纳入到《反有组织犯罪法》之中。当然，如果考虑到保持刑法典的相关完整性，不宜将其移出刑法典，立法机关也可仅针对黑社会性质组织之外的恶势力犯罪寻求一种专门应对，也即针对恶势力设置专门的罪名与法定刑。本质上来讲，《反有组织犯罪法》作为凝结我国扫黑除恶专项斗争经验的立法，有必要对我国的黑恶势力犯罪采取一种系统化的立法选择，将涉及黑恶势力犯罪基本术语、各类罪名、预防措施以及程序性规定统一纳入到该法中，实现对黑恶势力犯罪的体系化应对。

此外，如果从立法展望瞻的角度来看，未来有可能成为我国单行刑法立法样本的是"轻犯罪法"，也即《治安管理处罚法》向轻罪立法转型后在法律性质上发生的变化，由一部行政法转变为单行刑法立法。治安处罚中的行政拘留也是对人身自由的剥夺，本质上是一种"人身自由性制裁措施"，具有了"刑"的色彩；基于程序正义与人权保障的要求，由行政拘留措施所规制的"违法行为"也应纳入司法权的调整范围。这便要求我们推动治安违法行为犯罪化、行政拘留向刑事处罚转型，由行政性措施进入到刑事程序的约束之中。[11] 正因如此，我国学界存在着将《治安管理处罚法》转化为类似日本《轻犯罪法》的呼吁。如学者指出，"我国应当制定《轻犯罪法》，将《治安管理处罚法》、劳动教养法规所规定的各种危害行为纳入到《轻犯罪法》中（较为严重的行为应纳入刑法典），并规定非常简易的审理程序，使各种犯罪行为都得到法院的依法审理。在制定轻犯罪法后，完全可以通过采取相应措施（如对轻犯罪人不得拘留和逮捕、轻犯罪不视为前科等）解决所谓'罪犯'标签问题"。[12] 另有学者认为，"轻犯罪法是将大量危害群体利益或仅具有抽象危险的犯罪纳入其中，不需要特别强调法益实害原理。在轻犯罪法中，建立刑罚和保安处分的二元体系，对强制医疗、收容教养等作出详细规定，赋予其刑罚特质，从而形成治安管理处罚法、轻犯罪法、刑法的递进式无缝衔接制裁体系。轻犯罪法的制定要和治安处罚法的修订一体考虑，今后最严厉的治安管理处罚措施不能高于罚款，所有剥夺人身自由的行政处罚措施

---

[11] 姜瀛：《劳教废止后"微罪"刑事政策前瞻》，《学术交流》2015 年第 11 期，第 132 页。
[12] 张明楷：《犯罪定义与犯罪化》，《法学研究》年 2008 年第 3 期，第 145 页。

全部纳入刑法调控范围,通过快速的司法程序进行裁判,从而大幅度压缩治安管理处罚法的适用空间。"[13]

目前,我国刑事制裁体系中逐步引入轻微犯罪仍然是延续着单一法典化的格局,也即将轻微犯罪纳入到刑法典,如《刑法修正案(八)》中的"危险驾驶罪"、《刑法修正案(九)》中的"代替考试罪"以及《刑法修正案(十一)》中的"妨害安全驾驶罪""高空抛物罪",等等。同时,有待犯罪化的同质治安违法行为,也可能逐步被刑法所吸收,最终被纳入到刑法典的犯罪行为之中。然而,这种立法模式对于治安违法行为犯罪化而言是存在局限性的。一方面,这种轻罪化立法的范围较为有限,只能选择将那些表现出相中严重危害的行政违法行为或者是可能转化为严重实害结果的危险状态予以轻罪化,不可能实现一种将治安违法行为整体犯罪化的效果;另一方面,考虑到刑法典整体的罪刑结构,纳入刑法典中的轻微犯罪最低法定刑配置仍然是拘役,似乎又与治安管理违法行为整体上相对较轻的危害程度并不相符。

未来,治安违法行为的轻罪化转型可能是一种整体的立法调整,也即以《治安管理处罚法》为基础重新制定一部专门的"轻罪刑法",在刑法典之外制定一部类似于日本的《轻犯罪法》的单行刑法立法。之所以选择单行刑法模式将现有的治安管理处罚法转化为"轻罪刑法",一是可以将现有的治安违法行为地转化为轻罪,并纳入到刑事司法模式之下,实现一种部门法性质变革。二是考虑到其"轻罪刑法"所具有的宣示性,通过规范名称可以表明行为本身轻微的罪质,并且可以配置相对独立的轻罪程序,在刑事政策层面上确立一种轻缓化的定位,促进不起诉、定罪免刑以及罚金刑等轻缓化措施的适用,并且以轻犯罪的本质来否定此类犯罪整体上的犯罪标签效应。简言之,以单行刑法模式推动《治安管理处罚法》法治化转型为一部轻罪刑事立法,既有助于在立法模式上确立单行刑法立法的标杆样本,也有助于我们重新审视刑法典的重刑结构对危险驾驶罪等轻微罪名的不当影响,即案件数量高居高不下、制裁轻缓化程度不足以及犯罪标签效果泛化。

总而言之,为了适应治理犯罪的现实需要,单行刑法是一种必不可少的立法模式,可以根据犯罪治理中的刑事政策需要选择相对丰富的规范内容。当前,立法者应当确立"多元化"立法模式的科学性,重新认知各种刑法立法模式的功能,以特定领域的犯罪治理需求为契机,纠正曾经对单行刑法的技术误区,并克

---

[13] 周光权:《转型时期刑事立法的思路与方法》,《中国社会科学》2016年第3期,第142页。

服对运用单行刑法造成刑法规范体系混乱局面的恐慌，将单行刑法作为回应犯罪综合治理之刑事政策需求的科学选择，敢于选取适合的立法领域并尝试制定综合性的单行刑法立法。从长远来看，单行刑法是最能够充分体现刑事政策特征的刑事规范载体模式；针对某一具犯罪问题形成体系化、综合性刑事立法，并以之来表达刑事政策的具体目标，是犯罪治理科学化的要求，更是我国刑法立法科学化的表征。

第三节 刑法修改模式的革新

一、协同修法模式之确立

应当承认，单一法典化降低了刑法规范体系的复杂程度，单一也意味着减少了矛盾冲突，确保了相对协调的立法格局；刑法修正案作为刑法典修改、补充的方式维持着刑法典更新的需求，避免了刑法规范体系混乱的风险。而主张打破现有的刑法立法大一统状况化，确立一种"多元化"立法格局，是刑法立法科学化的需求，但这种立法模式的变化不应对刑法规范体系协调性造成冲击。易言之，对于"多元化"立法的追求必然会带来多种刑法规范载体形式——不再是无需考虑外部协调性问题的单一法典化，需要确保各类刑法立法模式之间的协调性以避免界限不清或交叉、重叠。而实现各种刑法立法之间、刑法与非刑事法律规范之间的界分与协调，有必要确立一种协同立法的模式。

首先，协同立法模式以刑法典、单行刑法与附属刑法等多个部门法之间联动式立法为基础，确保以对象问题为引领，立法推进的同步性与规范文本的统一性，希望实现同步立法的协同效果。事实上，日本立法机关在刑法修改过程中采取了"一体化"的修法模式，颇具协同立法色彩。在2011年，为了系统回应严峻的网络犯罪问题，日本统一出台了《为了应对高度化信息处理而修改刑法等法律的法案》（平成23年法律第74号），这一法案不仅涉及刑法实体法的内容——增加了"制作不当指令电磁记录等罪"，同时还对《刑事诉讼法》中关于网络犯罪侦查相关的程序性内容进行了修改。[14] 可以看到，在立法或修法过程中

---

[14] 参见［日］安冨潔「情報化社会における刑事立法の役割——コンピュータ犯罪からサイバー犯罪へ」慶応法学第42卷2号（2019年）396-397頁。

基于对象问题通盘考虑，采取"一体化"思维将与某一具体问题相关的部门法集中在一起分析讨论，统一纳入立法或修法程序，达到了不同法律部门之间的协同立法状态。与单个部门立法相比，协同立法的功能主要体现为实现部门之间的立法权责整合、防止多部门职责交叉领域立法的碎片化和部门本位主义，并有助于节约立法成本和减少部门立法冲突，[15]避免各部门之间在"交叉领域"出现立法脱节困境。简言之，为维持多元化立法模式下的规范协调性，立法机关应当在整体上实现各部门法之间的统筹，推进协同立法。

其次，协同立法应体现出多部门法联合参与立法的基本特征，也即如果在某一对象问题上确实存在着犯罪化或是对当前立法进行修改的必要性进而引发的立法或修法上的"需求"，此时，应当由涉及该立法事实的各立法主导部门同时参与立法讨论中。事实上，由于协同立法往往涉及部门法之间的"交叉"领域，只有确保与该项交叉领域相关的各立法主导部门同时实质地参与到"交叉"领域的问题讨论，实现多部门联合参与立法，才能避免由于立法时间错位所导致的立法事实不明、各立法部门之间的缺乏充分沟通的困境，为协同立法奠定基本前提。在推动多主体联合参与规范衔接立法以保证立法主体正当性的同时，参与主体还应当对规范衔接所指向的对象问题、犯罪化的必要性以及保护法益的实质内容作出充分说明，为司法实践中法律适用提供立法依据。简言之，在多主体协同参与立法并从不同层面对立法实质内容加以说明的情况下，我们才能确保以协同立法为目标的犯罪化之必要性与科学性。与此同时，为了保障多主体参与交叉领域立法的"同步性"，避免不同部门法之间在制定或修改过程中的不同步，协同立法模式主张在关联性问题所引发的法律制定或修改时一并出台统一性的规范性文件，在其中明确对刑法条文增补或修改的具体内容，而无需依托于刑法修正案。[16]例如，如何在《证券法》中移入独立型附属刑法，并且针对该附属刑法条文的修改又同时涉及刑法中相关罪名的修改，协同立法模式主张立法机关在发布相关文件中直接将刑法修改部分纳入其中——而不是等待专门出台刑法修正案，并且可以考虑将文件名称变为《关于协同修改〈中华人民共和国证券法〉以及相关法律的决定》。概言之，修法规范载体的统一性有助于实现刑法规范输出的及时性与同步性，为协同立法的实现提供形式化保障。

---

[15] 封丽霞：《部门联合立法的规范化问题研究》，《政治与法律》2021年第3期，第2页。
[16] 姜瀛：《刑法修正中的规范衔接意愿与"机械对接"困局——"前附属刑法时代"协同立法方案之提倡》，《政治与法律》2022年第2期，第125页。

最后，本书提倡协同立法模式不仅具有理论正当性，将这一模式运用于立法实践，同样具有充分的可行性。目前，在行政立法领域，两个或两个以上国务院部门联合立法，已经成为实践中的一种常规立法形式，在实现法律、行政法规的精细化和可操作性方面发挥了重大作用，能够为规范衔接"协同立法"模式的实践展开提供可行性参考。《立法法》第 92 条规定："涉及两个以上国务院部门职权范围的事项，应当提请国务院制定行政法规或者由国务院有关部门联合制定规章"。立法机关已经认识到，立法实践中不可避免地要面对涉及多个领域或不同法律部门的交叉事项，如果将其完全交由某一立法机关或部门来处理，很可能会因为单方的认知局限与沟通的缺乏而影响到立法质量，甚至会导致立法实践中"怠政"或不作为。可以说，国务院有关部门联合制定规章的实践经验，可以为规范衔接"协同立法"模式提供可行参考。就刑法领域的协同立法而言，需要强调的是，刑法立法部门并非一定具有绝对的主导性，也并非一概被视为立法"牵头者"。事实上，协同立法牵头者的确立，主要是源于刑法立法事实线索的发现。如果立法事实线索是来源于相关部门法修改过程中的关联性思考或执法过程中的问题反馈，该部门便可以直接在部门法修改过程中牵头推动规范衔接立法文件的起草；若立法事实线索是直接源于社会关切的违法现象，则刑法部门往往会牵头推动规范衔接立法文件的起草。简言之，无论是刑法立法主导部门还是其他部门立法的主导部门，都可以成为牵头者负责起草相关刑法修正条文草案，并以之作为与参与者进一步协商与沟通的立法文件，最终共同推进立法进程。事实上，协同立法模式下立法商谈过程更是一个解释说明的过程，将各类参与主体置于立法协商中，还要求刑法立法主导部门应理性降低非刑事立法部门的犯罪化诉求，将其控制在理性的犯罪内，减少立法主体有限理性导致的立法认知偏差，最终实现立法达到事实性与有效性之间的统一。[17]

总体而言，协同立法不仅有助于实现刑法立法科学化、理性化，维持多元化立法的协调性。并且，从合理配置立法资源的角度来看，在当前刑法立法大一统模式下，在其他部门法制定或修改之后，刑法修正过程中再次讨论与该法相关的犯罪化问题，势必需要进行新的调研、审查，人力、物力都需要重新支出，必然会造成二次立法成本开销。[18] 协同立法可以降低立法成本，提升刑事立法的整

---

[17] 姜瀛：《刑法修正中的规范衔接意愿与"机械对接"困局——"前附属刑法时代"协同立法方案之提倡》，《政治与法律》2022 年第 2 期，第 127 页。
[18] 童德华：《当代中国刑法法典化批判》，《法学评论》2017 年第 4 期，第 86 页。

体效益,这也是刑法立法过程所要关注的重要价值。就理想状态下的附属刑法而言,当前的非刑事部门立法过程中似乎对附属刑法立法技术缺乏足够的了解,而且,对于究竟在哪些问题上有引入刑事罚则的必要性,非刑事部门立法也无法作出准确判断。因此,多部门联合参与的协同立法将有助于立法机关逐步掌握不同规范载体模式的技术特征,积累宝贵的立法经验。可以预计,规范衔接"协同立法"模式远比目前刑法修正过程中所采取的单主体立法过程复杂,且立法过程之中的沟通、协商成本较高,可能在一定程度上影响到立法效率。事实上,立法科学化追求意味着中国立法必须实现从追求立法数量到立法品质、从追赶立法速度到立法实效的根本转变,立法质量乃是衡量立法工作的生命线。

二、"少量多次"的分散式修法之提倡

相比于德日等域外大陆法系国家往往采取少量多次、相对小规模的频繁修法模式而言,我国通过刑法修正案对刑法典进行修改,整体上呈现出一种相对集中化的、将数个修法问题集攒在一起的修法模式,这确实有助于控制修法频率,确保刑法典处于一种形式上的相对稳定状态。不过,随着社会治理中刑法需求的提高,将数个刑法修改问题纳入到一个修正案的积攒式修法模式存在系列弊端,前文已经围绕"对于法典稳定性的过度追求"问题展开反思。

在社会高速发展的时代,社会治理过程中往往暴露出有待犯罪化或有必要对现行刑法进行调整的对象问题。此时,盲目地追求稳定性,仅仅是源于观念束缚,在刑事法治实践层面上并不具有实际意义。[19] 简言之,当前刑法立法大一统模式下,以刑法修正案积攒数个条文来集中修法是盲目追求刑法稳定性的体现,也是在无法科学运用立法技术、对刑法规范体系混乱局面心存恐慌,进而做出的简化选择。实际上,积攒式修法模式并不利于刑法及时回应社会发展、迅速弥补法律漏洞,并且造成了以抽象司法解释立法化来回应棘手社会治理问题的法治困境。将积攒式修法模式调整为一种相对简约化、频次较高的分散式修法模式,是维持多元化立法的必然选择。

首先,分散式修法模式主张避免大规模集中修法所带来的"广而不精"之修法弊端,但并不是说要简单对待修法中涉及的立法事实、保护法益或规范保护

---

[19] 参见张明楷:《〈刑法修正案(十一)〉对司法解释的否认及其问题解决》,《法学》2021年第2期,第3页。

目的等重要问题；恰恰相反，分散式修法模式强调我们将具体的、相对较少的立法问题直接纳入到立法进程中，实际上呈现出对象问题相对简约但研讨过程并不简单的立法样态，针对相对较少的立法问题采取一种细致的态度与反复讨论的方式，避免当前积攒式修法模式下针对数个问题可能均泛泛而谈的困境。[20] 易言之，当前以一部刑法修正案囊括数十个条文的修法过程并不是一种慎重对待刑事法治问题的态度，导致修法过程过于草率，空有修法的过程与形式却未必带来一种高质量立法的实质效果。相比之下，采取一种分散式修法模式，能够有助于立法者就具体立法问题展开充分研讨与论证，确保立法问题可以经过数次讨论最终形成一种立法结论。从立法过程上来讲，分散式修法模式所表现出的审慎态度，无论是犯罪化与非犯罪化，抑或是构成要件或法定刑的调整等具体问题，都是基于详细立法研讨所得出的结论最终转为为立法议案，这才是立法科学化的根本体现。

其次，将数个犯罪化问题逐步积攒后再寻求立法上整体回应的立法模式，已经滞后于社会发展的现实需求，成为我们不得不通过司法解释将表现出社会危害性的行为予以犯罪化的主要原因。在落实分散式修法模式的立法实践中，具体立法问题的线索发现可以来源于两个方面。一方面，社会发展过程反映出刑事热点问题与司法实践中暴露出的立法漏洞，都可能成为触发立法讨论的现实问题；多数情况下，全国人大代表会围绕上述问题提出议案，立法机关选择具有代表性的立法问题转化为立法事实，聚焦于该问题展开具体的、有针对性的立法研讨，这便可以进入到立法工作的常规路径。另一方面，这里有必要重要探讨的是，在两高提出的抽象性司法解释提请备案审查之际，可以将司法解释所涉及的犯罪化内容及时转化为刑法立法建议。同时，立法机关还应当确保刑法立法可以高效增设新罪以满足犯罪化的现实需求。事实上，如果提请审查的司法解释所涉及的行为在社会危害程度以及法益保护必要性方面均已达到犯罪化的实质要求，立法上不能无动于衷，而应当及时作出回应。针对司法解释备案审查过程中所发现的立法事实，应及时将之转化为在刑法分则中增设或修改具体罪名的立法动向，并且采取少量多次的分散式修法模式及时对刑法进行修改。简言之，面对犯罪化以及刑法规范输出的现实需求，科学、理性的做法应当是立法机关积极修改刑法予以及

---

[20] 张明楷教授参加回顾"97刑法"颁行二十年的学术访谈时指出，"日本对于刑法典的修改采取了少量多次的方式，也即修法相对频繁——进入21世纪后就曾18次修改刑法典，但是每次修法篇幅较小，且修法之前都是准备好几年，不是像我们时间太短"。参见张明楷、陈兴良、车浩：《立法、司法与学术——中国刑法二十年回顾与展望》，《中国法律评论》2017年第5期，第8页。

时回应,而并非以抽象性司法解释快速实现司法犯罪化,少量多次高效的"分散式"修法模式应当被立法实践所接受。

再次,采取少量多次的分散式修法模式,实现一种对具体立法问题精细化研讨,也有助于克服学界关于全国人大常委会在刑法修改权限问题的争议。有学者指出,"刑法修正案的以制定权为内容的增设新罪功能决定刑法修正案的立法主体应是全国人民代表大会,而不是全国人大常委会,因此由全国人大常委会通过和颁布刑法修正案的做法值得反思",[21]"全国人大常委会作为刑法修正案的立法主体,其通过刑法修正案的方式对刑法典进行修改甚至制定新的罪名却有违宪之嫌"。[22] 另有学者指出,"即使由全国人民代表大会常务委员会修改刑法中已经存在的罪名也应该慎重,不能频繁进行;全国人大常委会应当具有次要的、部分的立法权限,其通过刑法修正案对刑法典的'部分修改和补充'应该是'小修小补',不应是'大修大补',否则就会超越其立法权限,侵犯了全国人民代表大会的制订权"。[23] 还有学者认为,"全国人民代表大会常务委员会对于全国人民代表大会制定的法律,无论是基本法律还是普通法律都具有广义上的修改权,只不过在行使修改权时应受到两个条件的限制:一是只能进行部分补充和修改,二是不得同法律的基本原则相抵触。因此,通过采用刑法修正案的立法方式增设罪名和增加刑罚种类,完全属于全国人民代表大会常务委员会正常行使立法权的表现"。[24] 根据《立法法》第 10 条第二款和第三款的规定,"全国人民代表大会制定和修改刑事、民事、国家机构的和其他的基本法律"。"全国人民代表大会常务委员会制定和修改除应当由全国人民代表大会制定的法律以外的其他法律;在全国人民代表大会闭会期间,对全国人民代表大会制定的法律进行部分补充和修改,但是不得同该法律的基本原则相抵触"。可见,只有全国人大才有权制定与修改包括刑法在内的基本法律;全国人大常委会只有在不违反基本法律规定的基本原则的基础上,才可以对基本法律进行部分补充和修改。易言之,全国人大常委会可以对刑法典等基本法律的修改,但必须控制修改内容的规模,这里的"部分"应当被解释为"少量";如《刑法修正案(八)》一般对刑法典进行不篇幅的修改——并且成为近几次修法的基本趋势,确实有违立法法的本意。可以说,全

---

[21] 黄京平、彭辅顺:《刑法修正案的若干思考》,《政法论丛》2004 年第 3 期,第 50 页。
[22] 涂龙科、程兰兰:《刑法修正案立法权违宪之思考》,《昆明理工大学学报(社会科学版)》2009 年第 1 期,第 47 页。
[23] 张勇:《刑法修正案立法功能及其矫正》,《时代法学》2011 年第 2 期,第 42 页。
[24] 陈兴良:《刑法修正案的立法方式考察》,《法商研究》2016 年第 3 期,第 7-8 页。

国人大常委会以一部刑法修正案对刑法典中数个条文进行积攒式修改的做法，已经超越了立法权限；如果常态化的刑法修改幅度可以被限定在条文数量较少的小范围之内，也即采取本文所倡导的分散式修法模式，显然有助于化解当前关于修法权限的争议——缓和了立法权限与实践操作上的紧张关系，为全国人大常委会对刑法规范进行局部性修改补充确立正当性依据。所以，从立法权限合法性角度来讲，分散式修法模式也有其积极意义。

最后，以高空抛物行为的犯罪化问题为个案分析样本，我们可以对分散式修法模式的实践操作作初步展望。事实上，近年来，各地先后出现了高空抛物事件，包括造成人员伤亡或财产损失的情形，也包括影响到居民正常生活安宁的情形，民众、媒体与学界均在一定程度上反映出动用刑法手段予以规制的意愿；但由于立法机关未能对此类不法类型作出及时的立法反应，最高司法机关通过颁行司法解释（《高空抛物意见》）确立了通过以危险方法危害公共安全罪对高空抛物行为作出规定的路径。因此，相比于目前积攒式修法模式而言，少量多次的分散式修法模式具有更及时的回应性，可以避免——不及时增设罪名——重罪通过扩张解释甚至是类推解释的渠道不当地适用于新型违法行为，这反而造成了罪刑失衡，危及罪刑法定原则，[25] 其本质都是摆脱"法益"的解释机能约束进而将尚未被刑法分则类型化的行为直接纳入到刑法规制之中。[26] 事实上，在《高空抛物意见》这一司法解释提请备案审查阶段，备案审查机关应当基于罪刑法定原则与罪刑相适应原则对该条规定予以审查，最终给出否定意见。更为重要的是，审查机关还要以此为立法线索，对高空抛物行为的社会危害程度以及法益保护必要性进行评估，分析该行为是否具有刑法规制之正当性。当得出肯定结论后，即可以将《高空抛物意见》中的合理部分转化为立法建议，推进刑法修正与罪名增补。

总体而言，"多元化"立法涉及刑法典、单行刑法与附属刑法等不同规范类型，我们很难再像当前大一统立法模式下积攒数个条文进行修改，而是需要形成一种科学化、精细化的维持多元化刑法立法模式的方案。分散式修改模式与前文所提倡的协同立法模式相互契合，可以以少量条文或者是单一条文准确把握住问题导向，直接对刑法条文作出一体化的及时补充和完善。进而言之，如果某一

---

[25] 周光权：《论通过增设轻罪实现妥当的处罚——积极刑法立法观的再阐释》，《比较法研究》2020 年第 6 期，第 40 页。
[26] 参见叶良芳、武鑫：《法益概念的刑事政策机能之批判》，《浙江社会科学》2020 年第 4 期，第 58 页。

对象问题上确实存在着犯罪化的必要性以及由此引发的刑法立法需求，刑法立法应采取少量多次的分散式修法模式，并注重多部门之间的协同推进形成一种理性的刑法修改方式。[27] 易言之，面对立法活跃化时代的刑法规范输出需求，立法机关应当从几年通过一个修正案到一年内多次修法的转变；如《刑法修正案（十）》一般仅涉及一个条文的分散式修法模式是立法实践中的可行方案，是更为科学、理性的修法模式选择。

小　　结

直观来看，针对刑法立法模式与修改方式问题，秉持"多元论"立场的学者不仅仅要对当前单一法典化局面展开反思并指出其问题所在。更为重要的是，在反思的基础上，还需要对所提倡的"多元论"立场之实现方案或改革策略进行详细阐释与论证。关于"多元论"立法变革实现方案的详细阐释与论证，既是对一元论立场者质疑的回应，也是说明当前刑法立法模式具有改革可行性必然要求。简言之，秉持"多元论"立场的学者不仅仅要强调分散立法的正当性与必要性，更要拿出一个具体的变革方案，对刑法典中相关罪名的移出、独立型附属刑法的设置以及在非刑事部门法中移入刑法典罪名的方案作出具体说明，也即以可行性阐释来化解学界对"多元化"立法变革的疑虑。

本部分探讨了"多元化"立法变革的推进方案，寻求循序渐进地实现刑法立法模式与修改方式之变革，最小化地降低变革过程中引发的风险。具体来看，这种"多元化"立法变革的操作性意见包括如下方面。

其一，刑法典中行政犯的移出与非刑事部门法中独立型附属刑法的同步移入，涉及多个部门法与刑法典之间的互动过程，需要采取一种渐进性方案。在一段时间内，我们需要适应对刑法典做减法——而不是现在以"作加法"为基础的立法方案；并且，独立型附属刑法的设置具有相对开放性空间，可以基于明确性要求与罪刑相适应原则的指引，实现一种精细化立法，将具体的犯罪构成要件（违法类型）与法定刑准确对应，避免当前刑法典中概括式罪名与空白罪状所带来的模糊性、不确定性以及罪刑失衡的弊端。

其二，应当确保单行刑法是相对于刑法典的独立存在，立法机关应当适时选

---

[27] 参见张明楷：《〈刑法修正案（十一）〉对司法解释的否认及其问题解决》，《法学》2021年第2期，第10页。

择适宜开展单行刑法的特定犯罪治理领域，既要敢于在其中规定的罪刑式条文以赋予该部法律以单行刑法品性，又不能局限于（如《骗购外汇决定》）仅仅规定少量罪刑式条文，更可以在单行刑法中尝试引入特殊的程序性规定以及犯罪预防措施，使之体现出综合刑事立法的色彩。并且，在罪刑式条文的规定上，应当尽可能确保单行刑法与刑法典之间界限分明，减少交叉与冲突。

其三，为了维持"多元化"立法的稳定局面，避免独立型附属刑法、单行刑法对刑法典产生冲击，引发不必要的体系混乱；同时，也为了兼顾刑法在回应社会治理过程中的及时性与妥当性，刑法修改应采取协同立法（修法）与分散性立法（修法）相结合的模式，确保各类刑法规范载体类型之间、刑法与非刑事部门法之间在涉及共性立法问题时立法修法的同步性、一致性与及时性，如此才能保证多元化立法模式的良性运行，并与刑法的实质发展趋势、规范适用性以及犯罪治理功能相得益彰。

结 语

刑法变革中的『送出去』与『拿回来』

中国刑法颇具自身特色，呈现出"大"与"小"的不同面向，"大"即本书所研讨的"大一统模式"，"小"即学界通常所说的"小刑法结构"。这种形式上的"大"与实质上的"小"，反映出我国刑法的结构性错位。错位，即处于不当的位置，带来运行上的诸多不便。

从形式层面来讲，在刑法立法大一统局面下，作为刑法规范形式存在的罪刑式条文几乎全部集中在刑法典之中，排除了非刑事部门法规定具有独立罪刑条文的刑法规范的可能性。从实质层面来讲，在违法犯罪二元制裁体系之下，作为实质剥夺人身自由的行政拘留措施却始终处于刑事制裁体系之外。可以说，在处理刑法与其他部门法之间的关系时，一些规范被强制性地置于不妥当的位置，这是刑法的结构"错位"。

推进刑法立法的科学化与刑事制裁体系的法治化，需要变革结构错位之局面，实现一种"复归"，推进刑事法治建设中的"送出去"与"拿回来"。所谓"送出去"，实际上是一种形式化变革，也即推动当前单一法典化立法向多元化立法格局转变，在非刑事法律规范中设置独立型附属刑法、引入具有综合性的单行刑法，并将刑法典中分则中的行政犯等相关罪名移出并以附属刑法，或采单行刑法方式针对特定犯罪问题进行罪刑体系重构，实现一种将刑法典中相关罪名送给其他部门法的效果。所谓"拿回来"，实际上是一种实质性变革，也即推动刑法典外的自由剥夺措施（即行政拘留）脱离目前的行政制裁体系，纳入到刑事制裁体系之中，实现一种司法化与轻罪化的效果，促进我国刑法结构由"小刑法"向"大刑法"转型，将当前二元化违法犯罪制裁体系一并升级为一元化刑事制裁体系。本书重点探讨的是刑法立法模式与修改方式问题，所追求的是一种形式层面的刑法变革，也即实现"送出去"的目标。

事实上，改革开放以来，我国刑法立法逐步发展为当前的大一统局面，印证了"一统就死、一放就乱"的中国式发展特征。

一方面，刑法立法先是经历了改革开放初期的"放"与"乱"。在"79刑法"实施后，为了应对社会急速转型过程中的新型违法犯罪现象，立法机关主要通过单行刑法的方式对刑法典予以修改、补充；然而，上述做法并不是基于对刑法规范体系进行考量、对立法修法技术存在科学认识的理性决定，而是一种相对随意的"应激"反应。这种立法上的"自由放任"态度造成了刑法典与多部单行刑法并立且相互交错的基本格局，刑法规范体系过度分散、各类规范之间交叉、重叠导致条文不协调，引发法律适用上困境，这种"乱"局一直延续到1997年刑法系统修订。

另一方面，当前刑法立法处于"大一统"局面，逐渐呈现出"统"与"死"的趋势，展现出物极必反的发展规律，也需要进一步反思。客观而言，1997年对刑法系统修订确实起到了对刑法规范进行体系化整合的效果；此后，通过刑法修正案在形式上维护刑法典的稳定性，减少不同刑法规范之间的摩擦，实际上是对以往刑法规范体系混乱局面的纠偏。不过，在纠偏后，长期以来以刑法修正案所维系的刑法立法大一统局面，确有"矫枉过正"之嫌。

当然，"97刑法"系统修订过程中，学界也曾提出"如何消化吸收单行刑法"的技术性问题，遗憾的是，最终立法选择是将之全部纳入刑法典。事实上，当时理想的做法是将这些单行刑法中的诸多内容整合转化为独立型附属刑法，甚至刑法典中的部分内容（经济犯罪、社会管理犯罪）也可以被安置在相关部门法之中；此后，在相关非刑事部门法出台之际，也可以设置独立型附属刑法。而单行刑法则应当面向特定犯罪领域并寻求一种综合性、系统化的立法建构。可以说，对于刑法规范体系混乱局面的忌惮以及由此引发的对形式上整齐划一的迫切诉求，淹没了技术理性，使得我国刑法立法由一个极端发展到另一个极端。时至今日，刑法典、单行刑法与附属刑法三足鼎立的格局始终未能出现。一方面，我国在大量非刑事部门法的"法律责任"章节中均规定了不具有适用意义的"构成犯罪的，依法追究刑事责任"条款；另一方面，我国刑法分则中行政犯条文之多，在全世界范围内并不多见。以概括式罪名扩大刑法辐射范围却导致部分罪刑失衡、以空白罪状寻求规范衔接却难以承受规范指向模糊的解释负担。与此同时，立法机关似乎对单行刑法"讳莫如深"，颇有一种"一朝被蛇咬、十年怕井绳"之感。事实上，我国长期以来对单行刑法存在的技术误区一直未能匡正，只有真正理解单行刑法的技术特征与功能优势，才能有效运用这一立法模式。

或许在今天，我们已经逐步认识到，在社会变革的年代，将全部犯罪统一集中后形成的刑法典已经难以维系。本书提倡多元化立法并展开理性论证，是源于对当前大一统局面的结构性困境与功能性制约之双重反思，也是克服了特定的历史传统、观念制约以及技术误区所形成的科学方案。当前刑法立法大一统模式是一种较为简单、缺乏活力的选择，不能适应社会高速发展的需要，附属刑法立法模式与单行刑法模式的优势没有在犯罪治理的系统反应中体现出来，刑法规范载体形式制约着刑法实质功能的发挥。

可以肯定，刑事法治的内容是十分丰富的，其中的思想也是十分深刻的，对于刑事法治的研究进路也应当是多元化的。法治不应当是、或者说不仅仅是宏大叙事,而应当是具体的、有着润物细无声的价值追求。[1]进而言之,刑事法治不仅仅是一种理论上的思考,更是一种实实在在的、更够直接感受到的、具体的法治化进程。因此,刑事法治的研究路径不应局限于宏观理论上的高屋建瓴,更在于批判与反思。以"刑法立法模式与修改方式问题"为坐标开展反思与批判的过程将会表现出极强的"再生产能力",具体的刑事法律问题将不断地进入到研究视野,问题考察的深度与广度必将会有所突破。在追求刑事法治的过程中,具体法治的方法路径强调以细微处着手,将刑事法治的巨大工程分化为具体刑事法律问题的研讨;以一种"送出去"理念实现刑法立法模式与修改方式优化,表达出对具体法治的理性诉求。

---

[1] 陈兴良:《法治的界面》,法律出版社 2003 年版,(序言)第 1 页。

参考文献

一、中文文献

（一）著作类

封丽霞：《法典编纂论——一个比较法的视角》，清华大学出版社 2002 年版。
高铭暄：《中华人民共和国刑法的孕育诞生和发展完善》，北京大学出版社 2012 年版。
高铭暄、赵秉志：《中国刑法立法之演进》，法律出版社 2007 年版。
陈伟：《刑法立法方法研究》，上海三联书店 2020 年版。
林维：《刑法解释的权力分析》，中国人民公安大学出版社 2006 年版。
储槐植等：《刑法机制》，法律出版社 2004 年版。
[法] 克罗德·列维-斯特劳斯：《结构人类学》（1），张组健译，中国人民大学出版社 2009 年版。
[法] 米海依尔·戴尔玛斯-马蒂：《刑事政策的主要体系》，卢建平译，法律出版社 2000 年版。
[日] 穗积陈重：《法典论》，李求轶译，商务印书馆 2014 年版。
[德] 尼克拉斯·卢曼：《法社会学》，宾凯、赵春燕译，上海人民出版社 2013 年版。
[美] 哈伯特·L.帕克：《刑事制裁的界限》，梁根林等译，法律出版社 2008 年版，第 18 页。
[德] 罗伯特·阿列克西：《法律论证理论》，舒国滢译，中国法制出版社 2002 年版。
[法] 埃米尔·涂尔干：《社会分工论》，渠敬东译，生活·读书·新知三联书店 2000 年版。

（二）论文类

卢建平：《刑法法源与刑事立法模式》，《环球法律评论》2018 年第 6 期。
高铭暄：《新中国刑法立法的伟大成就》，《法治现代化研究》2020 年第 1 期。
陈金钊：《法典化语用及其意义》，《政治与法律》2021 年第 11 期。
张明楷：《刑法修正案与刑法法典化》，《政法论坛》2021 年第 4 期。
周光权：《法典化时代的刑法典修订》，《中国法学》2021 年第 5 期。
姚建龙、刘兆炀：《法典化语境下刑事立法的理性与抉择——刑法多元立法模式的再倡导》,《法治社会》2022 年第 5 期。

孙宪忠:《论民法典贯彻体系性科学逻辑的几个要点》,《东方法学》2020 年第 4 期。

朱明哲:《法典化模式选择的法理辨析》,《法制与社会发展》2021 年第 1 期。

苏永钦:《只恐双溪舴艋舟,载不动许多愁——从法典学的角度评价和展望中国大陆的民法典》,《月旦民法杂志》2020 年第 9 期。

赵秉志:《当代中国刑法法典化研究》,《法学研究》2014 年第 6 期。

陈兴良:《刑法修正案的立法方式考察》,《法商研究》2016 年第 3 期。

邹易材:《我国单行刑法保留的必要性研究——基于〈刑法修正案（九）〉施行时的思考》,《广西大学学报（哲学社会科学版）》2016 年第 4 期。

刘之雄:《单一法典化的刑法立法模式反思》,《中南民族大学学报（人文社会科学版）》2009 年第 1 期。

储槐植:《1997 年刑法二十年的前思后想》,《中国法律评论》2017 年第 6 期。

赵秉志、袁彬:《当代中国刑法立法模式的演进与选择》,《法治现代化研究》2021 年第 6 期。

黄明儒:《论刑法的修改形式》,《法学论坛》2011 年第 3 期,第 16 页。

孟庆华:《附属刑法的立法模式问题探讨》,《法学论坛》2010 年第 5 期。

童德华:《附属刑法：实现刑法参与国家治理的有效形式》,《时代法学》2020 年第 1 期。

黄京平、彭辅顺:《刑法修正案的若干思考》,《政法论丛》2004 年第 3 期。

魏东:《刑法修正案观察与检讨》,《法治研究》2013 年第 2 期。

张明楷:《刑事立法的发展方向》,《中国法学》2006 年第 4 期。

梁根林:《刑法修正：维度、策略、评价与反思》,《法学研究》2017 年第 1 期。

柳忠卫:《刑法立法模式的刑事政策考察》,《现代法学》2010 年第 3 期。

童德华:《当代中国刑法法典化批判》,《法学评论》2017 年第 4 期。

吴亚可:《在理论与实践之间：刑法再法典化的正当性根据检视》,《中外法学》2023 年第 1 期。

王钢:《德国近五十年刑事立法述评》,《政治与法律》2020 年第 3 期。

程红:《德国刑事立法的最新动态及解读》,《国外社会科学》2019 年第 4 期,第 36 页。

蔡荣:《中美刑法法典化进程之比较评析》,《刑法论丛》2018 年第 3 卷,法律出版社 2019 年版。

李仲民:《美国联邦刑法法典化述评》,《西南政法大学学报》2014 年第 4 期。

胡云腾:《刑法罪名确定研究》,《中国应用法学》2022 年第 3 期。

丁胜明:《以罪名为讨论平台的反思与纠正》,《法学研究》2020 年第 3 期。

高铭暄、孙道萃:《预防性刑法观及其教义学思考》,《中国法学》2018 年第 1 期。

王昭武:《法秩序统一性视野下违法判断的相对性》,《中外法学》2015 年第 1 期。

王怡:《论立法过程中的事实论证》,《政治与法律》2018 年第 7 期。

封丽霞:《部门联合立法的规范化问题研究》,《政治与法律》2021 年第 3 期。

[日] 西原春夫:《日本刑法与中国刑法的本质差别》,黎宏译,《刑法评论》（第 7 卷）,法律出版社 2005 年版。

[德] 汉斯·阿亨巴赫:《德国经济刑法的发展》,周遵友译,《中国刑事法杂志》2013 年第 2 期。

[德] 克劳斯·梯德曼:《德国经济刑法导论》,周遵友译,《刑法论丛》2013 年第 2 卷,

法律出版社 2013 年版。

[德] 米夏埃尔·库比策尔：《德国刑法典修正视野下的刑事政策与刑法科学关系研究》，谭淦译，《中国应用法学》2019 年第 6 期。

[美] 保罗·H·罗宾逊、马卡斯·德克·达博：《美国模范刑法典导论》，刘仁文、王祎译，《时代法学》2004 年第 2 期。

[德] 贝恩德·海因里希：《德国刑事政策的当前形势》，李倩译，江溯主编：《刑事法评论》（第 42 卷），中国人民大学出版社 2019 年版。

[德] 克劳斯·罗克辛：《刑法的任务不是法益保护吗？》，樊文译，《刑事法评论》（第 19 卷），北京大学出版社 2007 年版。

二、日文文献

（一）著作类

[日] 内田文昭『犯罪概念と犯罪論の体系』（信山社・1989）。

[日] 岡田好史『サイバー犯罪とその刑事法的規制』（専修大学出版局・2004）。

[日] 井田良、松原芳博『立法実践の変革（立法学のフロンティア 3）』（ナカニシヤ出版株式会社・2014）。

[日] 岩谷十郎・片山直也・北居功『法典とは何か』（慶應義塾大学出版会・2014）。

（二）论文类

[日] 木原浩之「英米法における新たな法典化運動の展開」横浜国際経済法学 20 巻 3 号（2012）。

[日] 井田良「最近の刑事立法をめぐる方法論的諸問題」ジュリスト 1369 巻（2008）。

[日] 西原春夫「刑法典の百年とこれからの刑法学」刑法雑誌 49 巻 2-3 号（2010）。

[日] 松原芳博「刑事立法と刑法学」ジュリスト 1369 巻（2008）。

[日] 橋爪隆「危険運転致死傷罪をめぐる諸問題」法律のひろば 10 号（2014）。

[日] 安冨潔「情報化社会における刑事立法の役割——コンピュータ犯罪からサイバー犯罪へ」慶応法学 42 巻 2 号（2019 年）。

[日] 高橋則夫「刑法的保護の早期化と刑法の限界」法律時報 75 巻 2 号（2003）。

后 记

  本书是源于国家社科基金项目的结题成果,是一段时间以来关于刑法立法模式与修改方式问题体系化思考的总结。

  对于刑法立法模式与修改方式问题的关注,最早始于2014年导师卢建平教授和我在《人民检察》联合发表的《犯罪"网络异化"与刑法应对模式》一文;在该文中,我们针对网络犯罪治理提出了立法技术层面的初步反思,也即在刑法立法大一统局面下,由于单行刑法与附属刑法等立法模式的缺位,抽象性司法解释便成为回应新型网络犯罪问题的现实选择,可以说,司法解释"造法"问题与我国刑法立法大一统局面下刑法规范输出不及时直接相关。此后,"公共政策对于刑事政策的影响模式问题"被确立为我的博士论文选题,笔者从"刑事政策制度化的规范载体形式"层面进一步反思了单一法典化立法的功能局限,并对单行刑法在贯彻刑事一体化、落实刑事政策制度化问题的技术性特征优势展开论证,由此强化了笔者围绕刑法立法模式问题展开系统研究的决心。2018年,导师卢建平教授在《环球法律评论》发表了《刑法法源与刑事立法模式》一文,该文对项目选题以及研究计划的确立具有重大启发意义,也促使我下决心加速推进刑法立法模式与修改方式等问题研究,并围绕刑法与非刑事法律规范、刑法立法与司法解释等多种的法律渊源展开全面思考。2019年,笔者在《当代法学》发表了《我国醉驾的"严罚化"境遇及其结构性反思——兼与日本治理饮酒驾驶犯罪刑事政策相比较》一文,以"醉驾"之个案问题为切入点,就我国刑法立法单一法典化模式的犯罪治理功能与日本附属刑法模式的犯罪治理功能展开对比分析与反思,围绕"刑法规范载体形式"与"刑法实质功能"之间的关联展开了初步研讨，该文为项目研究中引入"结构 - 功能主义"分析方法以及确立"立法形式反制实质功能"之基本命题奠定了前期基础。

以上回顾在一定程度上表明，国家社科基金项目的承担以及本书的写作并非一时兴起或偶然为之。正是基于一段时间的积累，笔者以刑法立法模式与修改方式问题为思考坐标，并将之融入具体问题分析之中，最终幸运地获批了国家社科基金青年项目；项目按期结题，获得"良好"评价。在提交结项材料之后，笔者花费一年左右时间对结题报告进行系统修改与补充；从全面性与前沿性的角度来讲，本书确实是关于刑法立法模式与修改方式问题的最新研究成果。当然，本书的出版并不意味着笔者关于刑法立法模式与修改方式问题研究的终结。恰恰相反，由于近年来学界对于刑法法典化问题保持着较高的关注度，无论是对法典化这一立法技术本身的理解，还是说刑法再法典化的基本定位，抑或是关于未来刑法法典化的体系设计与路径选择，都是值得回应的现实问题。因此，本书将推动笔者对我国刑法法典化的未来走向问题展开持续性研究。

同时，也应当承认，书中仍然存在一些难以令我完全满意之处，这为未来的深入研究指明了方向。一方面，从论证深度来看，笔者仍意犹未尽；关于"结构 - 功能主义"分析方法的运用、在结构建立以及功能性局限分析方面（第五章和第六章），论证仍可能有欠火候，这是将外部理论或分析方法植入刑法立法研究所要面临的主要挑战。另一方面，本书支持多元化刑法立法模式，主张推动未来的刑法立法模式转型。但立法上的实操方案究竟如何设计，本书最后一章虽展开论证，但其中不乏一些框架式分析。客观而言，多元化立法模式转型的实操方案涉及内容广泛，可以说是下一次刑法典系统编撰所要首先讨论的核心问题；其中牵涉到诸多具体问题或许只有进入立法实践之后才能被逐步挖掘。因此，目前本书关于多元化立法转型操作方案的研究仍是一个初步构想，希望更多学者跟进，围绕多元化立法模式转型中预期的实践操作难题展开深入对话、形成理论争鸣。

整体而言，一元与多元之间的辩证思考唤起了过往思绪，生活与工作之间的磨合碰撞留下了时代印记。可以说，在学术成果之外，笔者同样有所收获，些许感悟值得总结与分享。

第一，单一与多样。王小波将英国哲学家罗素（Russell）名言转述为，"须知参差多态，乃是幸福的本源"[1]（Diversity is essential to happiness），二十年前初读此语，至今记忆犹新。参差多态本是人性使然，诸多普世价值在纷繁复杂的世界之中也会遭遇解构与重塑。对"单一""一元化""绝对化"的过度强调，多会导致理解的局限与视野的狭隘。多样性乃是社会生活的根本，接受不同、理解差异并寻求互补，才是基本生存之道；而乌托邦的追求未必契合人生的真谛。去发现并容纳那些不同于自我的"他者"，丰富自我之外的认知，有助于产生包容之心，并深化对自我的理解，由不同塑造协同。

第二，功利与理想。可能世界与现实世界构成了我们的生活世界，"脚踩泥土、仰望星空"被描述为兼顾"可能"与"现实"的学者形象。以"十年磨一剑"的精神将独特思考转化为学术成果，由此获得学界认可、贴上"学术标签"，是学者追求的"星空"意境。然而，在不忘"仰望星空"的同时，青年学者却可能处于"深陷泥土、难以自拔"的窘境，自保的功利之心又是人之常情。青年教师都要面临着科研考核、职称晋升或非升即转的压力，有时无法对成果进行长时间打磨、将之尽善尽美。不过，仍然要对学术满怀敬畏之心，将兴趣与理想视为推进学术研究的内生力量。

第三，内卷与躺平。生存在张力之下的当代青年，状态并不是"既要……又要……"，而是"既不……又不……"；套用当下的流行说法，就是"既卷不动，又躺不平"，逐步演变成为"45°青年"。[2] 在社会不断加速以及非理性竞争加剧的局面下，努力的收效日趋衰减，青年人逐步开示厌倦甚至想要逃离。当然，即便如此，因"麻木或放逐"亦可能是"理性或责任"，多数青年学者无法只选择"内卷"或"躺平"的其中一项，或者说难以彻底摆脱另一项的影响；往往只能在生活琐事与工作压力交错、身体负荷与心理负担交织的不确定环境下寻求相

---

[1] 王小波：《思维的乐趣》，载王小波《理想国与哲人王》（杂文精编），陕西师范大学出版社2003年版，第19页。在《思维的乐趣》一书中，王小波引用了罗素的话，用了我们流传较为广泛的表述方式，即"须知参差多态，乃是幸福的本源"。事实上，该语本是出自罗素的《西方哲学史》（A History of Western Philosophy）卷三"近代哲学"第一篇"从文艺复兴到休谟"第四章"埃拉斯摩和莫尔"的末尾，也即"可是必须承认，莫尔的乌托邦里的生活也好像大部分其他乌托邦里的生活，会单调枯燥得受不了。参差多样，对幸福来讲是命脉，在乌托邦中几乎丝毫见不到。这点是一切计划性社会制度的缺陷，空想的制度如此，现实的也一样"（It must be admitted, however, that life in More's Utopia, as in most others, would be intolerably dull. Diversity is essential to happiness, and in Utopia there is hardly any. This is a defect of all planned social systems, actual as well as imaginary）。参见[英]罗素：《西方哲学史》（下卷），马元德译，商务印书馆1982年版，第40页。

[2] 参见邢婷婷：《"45°青年"：张力之下的青年境遇及其社会心态》，《探索与争鸣》2023年第2期，第33页。

对平衡，竭尽全力不迷失自我。

从 2019 年 7 月项目获批，到 2022 年 9 月提交结项材料，再到 2023 年 7 月本书定稿，其间过程也同时见证了生活、工作以及社会环境的复杂、多变与无常。

经历了与夫人、孩子三人同时在家上网课且空间资源相对紧张时的"鸡飞狗跳"，项目研究一度因客观条件而被搁置；也经历了将文献资料从家中搬到办公室准备"大干一场"，但又不得不匆匆忙忙搬回家中的波折反复，开始寻求"随遇而安"；还经历了居家办公期间科研能力"稳步不前"而烹饪技能"突飞猛进"的鲜明反差，获得了"东方不亮西方亮"的心理慰藉。

如此种种，突如其来，又悄然消逝，都将成为一段时间以来的难得记忆。

不变的是，夫人始终善意提醒：应当对生活与工作保持乐趣，以积极、理性的态度去看待复杂、多变与无常。在此，要对她的支持、鼓励与鞭策表达诚挚的谢意。

本书的完成要感谢导师卢建平教授。博士论文围绕"刑事政策制度化的规范载体形式"与"单一法典化局面"之间展开思辨，为项目获批以及本书完成奠定了前期基础。在国家社科基金项目申报以及完成书稿的过程中，笔者也多次向卢老师请教，受益良多，师恩永难忘。本书的出版要感谢大连海事大学法学院专项出版基金以及中央高校基本科研业务费项目的资助。

2024 年 7 月
于大阪大学